Thomas König

Entscheidungen im Politiknetzwerk

Thomas König

Entscheidungen im Politiknetzwerk

Der Einfluß von Organisationen auf die arbeits- und sozialrechtliche Gesetzgebung in den 80er Jahren

DUV Springer Fachmedien Wiesbaden GmbH

Die Deutsche Bibliothek — CIP-Einheitsaufnahme

König, Thomas:
Entscheidungen im Politiknetzwerk : der Einfluß von Organisationen auf die arbeits- und sozialrechtliche Gesetzgebung in den 80er Jahren / Thomas König. — Wiesbaden : Dt. Univ.-Verl., 1992
(DUV : Sozialwissenschaft)
Zugl.: Mannheim, Univ., Diss., 1990

Ursprünglich erschienen bei Deutscher Universitäts-Verlag GmbH, Wiesbaden 1992.

ISBN 978-3-8244-4095-5 ISBN 978-3-663-14625-4 (eBook)
DOI 10.1007/978-3-663-14625-4

Inhalt

Vorwort

Im Vorwort einer Dissertation finden sich in der Regel viele Angaben des Doktoranden über Beziehungen zu Bekannten, Freunden, Verwandten, Kollegen und Professoren, die zum Gelingen der Doktorarbeit einen Beitrag geleistet haben. Dem Leser bleibt es dann häufig überlassen, die "wichtigsten" Verbindungen zu identifizieren und eine Bewertung des vorgetragenen beruflichen Werdegangs vorzunehmen.
Nur auf diesen ersten Seiten kann sich der Leser - ungestört vom Analyseraster des Autors - eine eigene Meinung bilden; daher werden sie allgemein als der "nicht wissenschaftliche" Vorspann einer Arbeit bezeichnet und verführen das professionelle Publikum zum sofortigen Weiterblättern. Wie ist aber diese Leserreaktion zu interpretieren bzw. wie kann ihr schon aus Dankbarkeitsgründen entgegengewirkt werden ?
Eine Interpretationsmöglichkeit wäre, daß die zahlreichen und diffusen Angaben des Autors eine Bewertung nicht zulassen. Genauso könnte man vermuten, daß alle Promovenden die gleichen Voraussetzungen haben und die Beziehungen eine "quantité négligeable" darstellen.
Aus (sozial-)wissenschaftlicher Sicht können beide Schlußfolgerungen nicht überzeugen. Natürlich kann man zunächst ausschließen, daß der Vorspann für einen Vergleich mit anderen Promovenden geeignet bzw. der Autor an einem solchen interessiert ist.
Festzuhalten bleibt jedoch, daß die nicht-wissenschaftlichen Angaben des Autors kein übermäßiges Interesse beim Leser hervorrufen und eine Strategie entwickelt werden muß, die das vorschnelle Überblättern dieses Abschnitts verhindert.
Abhilfe könnten sicherlich systematischere Hinweise über das Gelingen einer Promotion versprechen, die das Interesse des Fachpublikums auf sich ziehen. Dabei sollte auf Verfahren wie beispielsweise die Netzwerkanalyse zurückgegriffen werden, die auch im Mittelpunkt der folgenden Arbeit stehen.
In diesem Zusammenhang kann eine erste inhaltliche Systemeingrenzung

mit dem Entscheidungsansatz vorgenommen werden: Es werden alle relevanten Akteure aufgenommen, die direkt oder indirekt am Zustandekommen dieser Dissertation beteiligt waren. Zweitens wird nicht auf die wenig verläßlichen Akteureinschätzungen des Autors, sondern auf die gegenseitigen Beurteilungen der Akteure über den geleisteten Beitrag zurückgegriffen. Und drittens sollten empirisch interpretierbare Aussagen getroffen werden, die den Leser nicht ermüden und gleichzeitig eine inhaltlich Differenzierung zwischen beruflichen und privaten Beziehungen ermöglichen, die alle zum erfolgreichen Abschluß beigetragen haben. Diese Forderung kann schon aus den einzelnen Typen von Akteuren abgeleitet werden, denn es handelt sich in der Regel nicht nur um berufliche (Professoren, Kollegen), sondern auch um private Kontakte (Verwandte, Bekannte bzw. Freunde). Natürlich wird es den Leser nicht erstaunen, daß in der folgenden - hypothetischen - (Netzwerk-)Analyse beispielsweise Freunde auch Kollegen sein können.
Alle Kriterien sollen mit einer einzigen Frage hinreichend erfüllt werden, die aus Sicht der Beteiligten zu beantworten war: "Für das Gelingen einer Dissertation sind in der Regel viele Personen verantwortlich. Bitte kreuzen sie alle Namen an, von denen Sie annehmen, daß sie einen relevanten Beitrag zu der vorliegenden Arbeit geleistet haben."
Die anschließenden Angaben wurden zusammengefaßt und erbrachten folgendes Resultat: An erster Stelle wurde Professor Dr. F.U. Pappi genannt, der allen Beteiligten als der Initiator und Leiter des in Zusammenarbeit mit Professor D. Knoke (University of Minneapolis) und von der VW-Stiftung finanzierten Forschungsprojekts "Das Politikfeld Arbeit in der Bundesrepublik Deutschland" bekannt war. Außerdem konnten sich nicht zuletzt durch den im Mai 1990 erfolgten Umzug vom Institut für Soziologie der Universität Kiel an den Lehrstuhl für Politische Wissenschaft I der Universität Mannheim sowohl die Kieler als auch die Mannheimer Kollegen von seiner intensiven Betreuung der Dissertation überzeugen. Vornehmlich aus Sicht der Mannheimer

Kollegen spielten aber auch Professor Dr. R. Wildenmann, Professor Dr. U. Widmaier, Professor Dr. W. Hirsch-Weber und Professor Dr. M. Kaase eine bedeutende Rolle, da sie dem Promovenden die ersten beruflichen Schritte ermöglichten bzw. als Gutachter der Arbeit fungierten. Eine "Cliquen"-Analyse verdeutlichte die Geschlossenheit des Mannheimer und des Kieler Freundes- und Kollegenkreises. Nur zwei Personen können als "Verbindungsbrücken" beider Cliquen ausgemacht werden; sie wurden sowohl von Mannheimer als auch von Kieler Seite aus genannt: Dies war Frau Dipl.-Soz. Beate Wieland, die vornehmlich in der ersten Promotionsphase Unterstützung leistete, aber auch bei der abschließenden Korrektur der Arbeit viel Zeit opferte. Beiden Cliquen war aber auch Frau Janet Strahl bekannt, der als Lebensgefährtin ein großer Erfolgsanteil anerkannt wurde. Eine zentrale Position innerhalb der Kieler Clique nahm Frau M.A. Gabriele Bischof ein, die dem Promovenden auch nach seinem Umzug wertvolle inhaltliche Hinweise gab. Interessanterweise erhielten alle anderen und hier nicht explizit aufgeführten Akteure mehr als drei Nennungen und auch den Eltern wurde eine relevante Position zugemessen.

Der Promovend hingegen bedankt sich ganz einfach für die private und berufliche Unterstützung bei allen Beteiligten, die einen wesentlichen Beitrag zum Gelingen der Arbeit geleistet haben.

I. Einleitung

Als die Partner CDU, CSU und FDP im März 1983 ihre Koalitionsvereinbarungen verabschiedeten, wurde der Bundesminister für Arbeit und Sozialordnung im Rahmen der Haushalts- und Arbeitsmarktpolitik beauftragt, einen Gesetzentwurf zur Flexibilisierung des Arbeitsmarktes bei gleichzeitiger Entlastung des Haushaltes vorzubereiten. Die finanziellen Entlastungen sollten insbesondere durch Einsparungen bei den Personalausgaben im öffentlichen Dienst und der Bundesanstalt für Arbeit erzielt und dem Kabinett noch in der ersten Hälfte der 10. Legislaturperiode vorgelegt werden. Für die von der Bundesregierung angestrebte Schaffung von zusätzlichen Beschäftigungsmöglichkeiten mußten im Rahmen des Beschäftigungsförderungsgesetzes 1985 Änderungen im Arbeits- und Sozialrecht vorgenommen werden. Folgende Einzelregelungen waren dafür vorgesehen:

- eine erleichterte Zulassung befristeter Arbeitsverträge;
- neue arbeitsrechtliche Regelungen zur Teilzeitarbeit;
- eine Änderung der Sozialplanregelung des Betriebsverfassungsgesetzes;
- eine Erweiterung des Ausgleichverfahrens für kleinere Unternehmen bei der Lohnfortzahlung;
- eine unentgeltliche Ausbildungsstellenvermittlung im Auftrag der Bundesanstalt für Arbeit bis Ende 1991;
- eine Förderung von Arbeitsbeschaffungsmaßnahmen;
- eine längere Arbeitnehmerüberlassung bis Ende 1991;
- eine schärfere Bestrafung bei illegaler Ausländerbeschäftigung;
- eine Erweiterung der beitragsrechtlichen Begünstigung des Alleinhandwerks bei der Ausbildung von Lehrlingen;
- eine Klarstellung im Kündigungsschutzgesetz für Saisonbetriebe (Baugewerbe) und
- eine Auflockerung der Dreijahresfrist bei Kassenkuren[1].

---

1 siehe Gesetzentwurf der Bundesregierung, Drucksache 393/84

Mit dem Beschäftigungsförderungsgesetz 1985 wurden neben dem Haushaltsbegleitgesetz 1984 die wohl einschneidensten Änderungen im Arbeits- und Sozialrecht vorgenommen, die eine neue Arbeitsmarktpolitik der Regierung Kohl verdeutlichen sollten. Im Gegensatz zu dem Haushaltsbegleitgesetz 1984 sollte ausdrücklich für diesen Entwurf ein Konsens aller beteiligter Gruppen erzielt werden. Im Verlauf der Gespräche wurden jedoch Forderungen der Rentenversicherer und Krankenkassenverbände laut, die infolge einer Ausweitung der Teilzeitbeschäftigung Nachteile für die Rentenkonsolidierung bzw. die Finanzierung des Gesundheitswesens befürchteten. Die Kritik der Gewerkschaften richtete sich vor allem gegen eine Einschränkung von Arbeitnehmerschutzrechten im Bereich des Kündigungsschutzes von befristeten Arbeitsverträgen, während die Arbeitgeber die neuen Vorschriften über die Zulassung befristeter Arbeitsverträge fast durchweg begrüßten. Allerdings hielten die zur Stellungnahme aufgeforderten Arbeitgebervertreter es nicht für angebracht, bestimmte Arbeitnehmergruppen, wie z. B. Frauen oder Schwerbehinderte, aus diesen Regelungen auszuschließen. Dies rief die Benachteiligtenverbände auf den Plan, die im Falle einer Einbeziehung dieser Arbeitnehmergruppen die Mobilisierung ihrer Mitglieder und - nach Absprache mit Kirchen- und Wohlfahrtverbandsvertretern - auch deren Widerstand androhten. Ähnliche medienträchtige Aktionen konnten im Verlauf der Verabschiedung der Gesundheitsreform, der Steuerreform, aber auch einzelner Gesetzesinitiativen wie zum Beispiel der Beratung des Paragraph 116 (Neutralität der Bundesanstalt für Arbeit) beobachtet werden.

Diese Vorfälle verdeutlichen einige Grundzüge und Probleme politischer Willensbildung und deren parlamentarischer Umsetzung:

- Parlamentarische Mehrheiten, zu denen im Falle der Bundesrepublik im Untersuchungszeitraum von 1983 bis Mitte 1988 (10. und 11. Legislaturperiode) auch noch ein Übergewicht der Koalitionspartner im Bundesrat hinzukam, werden auch von der Mehrheitspartei bzw.

den Mehrheitsparteien selbst als nicht ausreichend betrachtet, konsensfähige Reformen oder Gesetze zu verabschieden bzw. zu implementieren;

- es existieren einflußreiche Organisationen, die sich im Verlauf des Gesetzgebungsprozesses zu Wort melden;
- diese Organisationen werden zur Konsensbildung bei der Formulierung der Gesetzestexte auch im Rahmen öffentlicher Anhörungen während des Gesetzgebungsverfahrens herangezogen;
- Interessen an politischen Streitfragen werden an bestimmten Ereignissen wie z. B. der Einbringung einer Gesetzesinitiative deutlich;
- Informationen über anstehende Entscheidungen besitzen für die beteiligten Organisationen einen hohen Stellenwert;
- die Aktivierung politischer Mitstreiter erfolgt über eigene Kommunikationsnetzwerke;
- die Mobilisierung von Ressourcen zielt auf die Beeinflussung der politischen Entscheidungsträger ab[2].

Aus diesen Beobachtungen kann gefolgert werden, daß "staatliche Politik" das Produkt komplexer Interaktionen zwischen Regierung, Parlament und Interessengruppen ist, die sich um die Beeinflussung kollektiv bindender Entscheidungen bemühen. Motivation für das Verhalten der Organisation ist die Annahme, daß diese kollektiven Entscheidungen Konsequenzen für ihre Interessen haben.

Auf der Makroebene sind Politikprogramme wie etwa das Beschäftigungsförderungsgesetzes oder das Haushaltbegleitgesetzes eingebettet in Politikbereiche, die sich infolge staatlicher und gesellschaftlicher Aufgabenbewältigung in den vergangenen Jahrzehnten herausgebildet haben. Auf der einen Seite zeichnen sich diese Politikbereiche durch teilweise eigene Verfahrensregeln bei der Problemformulierung und -verarbeitung aus, die maßgeblich von dem Charakter der zuständigen

---

2 vgl. Laumann/Knoke: "The Organizational State, S.4, 1987

Institutionen geprägt sein können. Auf der anderen Seite können neue Themen oder eine neue Akzentuierung traditioneller Streitfragen nicht nur die Politikbereiche, sondern auch die Institutionen bzw. das Institutionengefüge verändern[3]. Die wechselseitigen Abhängigkeiten von Institutionen und Themen verdeutlichen die Notwendigkeit einer inhaltlichen Abgrenzung des Politikbereichs bzw. Politikfelds, die sowohl die thematische Vielfalt berücksichtigt als auch einen Einblick in die politikfeldtypische Interaktionsstruktur der beteiligten Organisationen geben sollte[4].

Besonders im arbeitspolitischen Bereich finden sich in der Bundesrepublik Institutionen wie etwa die Arbeitsgerichtsbarkeit oder die Tarifautonomie der Tarifpartner, die in anderen Politikfeldern nicht anzutreffen sind. Diese politikfeldtypischen Institutionen können mit ihren Verfahrensregeln wie etwa Geschäftsordnungen oder Zugangsberechtigungen das Verhalten der involvierten Akteure prägen.

Auf der Themenseite existieren arbeitspolitische Schwerpunkte wie beispielsweise das Tarifvertragsrecht, der Technische Arbeitsschutz, das Arbeitsvertragsrecht oder aber die Sozialpolitik für Arbeitnehmer, die infolge jahrelanger Auseinandersetzungen der Konfliktpartner entstanden und auch vom Gesetzgeber in größeren Regelwerken umgesetzt wurden

---

3 Beispielsweise kann die Herauslösung des Umweltthemenkomplexes aus dem Zuständigkeitsbereich des Innenministeriums und die Neueinrichtung des Umweltministeriums in der Bundesrepublik nicht zuletzt auf die Mitte der achtziger Jahre erfolgte breite Diskussion der Umweltschäden und -probleme zurückgeführt werden.

4 Einige Themen des Beschäftigungsförderungsgesetzes, die, etwas allgemeiner formuliert, die Regelung des Verhältnisses von Kapital und Arbeit betreffen, können in Deutschland bis zur Bismarckschen Sozialgesetzgebung Ende des 19. Jahrhunderts zurückverfolgt werden. Neben einigen klassischen Fragen des Arbeitsvertragsrechts wurden im legislativen Zusammenhang des Beschäftigungsförderungsgesetzes auch einzelne Regelungen wie etwa die Einschränkung der Kassenkurenfristen behandelt, die nicht dem Bereich der traditionellen Arbeitspolitik zugeordnet werden können.

(z. B. in Form des Betriebsverfassungsgesetzes oder des Mitbestimmungsgesetzes etc.). Diese Regelungswerke lassen erkennen, daß in modernen Großgesellschaften wie der Bundesrepublik Deutschland weitreichende Vereinbarungen oftmals gesetzlich verankert werden. In der deutschen Arbeitspolitik kann dies auf dem Gesetzgebungs- oder dem Verordnungsweg, aber auch in Form von Urteilen seitens der Arbeitsgerichtsbarkeit oder des Bundesverfassungsgerichts erfolgen. Daneben finden sich noch die Allgemeinverbindlichkeitserklärungen, mit deren Hilfe der Bundesarbeitsminister regionale Tarifabschlüsse für allgemeinverbindlich erklären kann.

Für das Gesetzgebungsverfahren zeichnete sich schon aus den o.g. Beobachtungen ab, daß sich die formalen Entscheidungsträger wie die Fraktionen des Bundestages im Entscheidungsfindungsprozeß mit den betroffenen Organisationen abstimmen. Dieser Abstimmungsprozeß setzt arbeitspolitische Informationsnetzwerke voraus, die sowohl der Früherkennung von politischen Alternativen dienen als auch den Zugang zu den fachlich zuständigen Stellen ermöglichen. Über diesen vertrauensvollen Informationsfluß können die Positionen eventueller Gegenspieler oder Mitstreiter ausgemacht werden, deren gemeinsames Ziel die Entscheidungsbeeinflussung ist. Als Resultat dieser Beziehungen werden einerseits Themenmuster eines Politikfelds erwartet, die sich aus den Interessen der Akteure herleiten und politikfeldtypische Schwerpunkte bzw. deren Veränderungen erkennbar machen. Andererseits werden akteurspezifische Strukturen vermutet, die sich in Form von zentralen/peripheren Netzwerkpositionen beispielsweise aus dem Bereich der gegenseitigen Machteinschätzung oder aber der Informationsweitergabe äußern und als Einflußpotentiale aufzufassen sind.

Von diesen allgemeinen arbeitspolitischen Interaktionsmerkmalen, die auf teilweise jahrelange Auseinandersetzungen bzw. Kooperationen bei der Problembewältigung zurückgeführt und als Policy-Netz bezeichnet werden können, müssen policytypische "Arenen" unterschieden werden, die sich an konkreten Ereignissen festmachen. Ein Ereignis stellt z. B. die auf der Tagesordnung aufgeführte Diskussion einer Gesetzesinitiative in einem Ausschuß des Bundestages dar, in deren Verlauf Inhalte beraten oder ausgehandelt werden. Diese Ereignisse, die mit der konkreten Definition und Verabschiedung von themenspezifischen Regelungen teilweise einzigartige Bedingungen schaffen, zeigen sich für Interdependenzen der beteiligten Akteure verantwortlich. Für die Interdependenzen ist anzunehmen, daß sie aus den unterschiedlichen Interessen der korporativen Akteure bzw. Organisationen an den zur Entscheidung anstehenden Themen resultieren. Diese gemeinschaftliche Orientierung könnte sich nicht nur an einzelnen Streitfragen festmachen, die im Rahmen beispielsweise einer einzigen Gesetzesinitiative formal behandelt werden. Oftmals stehen mehrere Entscheidungen auf der politischen Tagesordnung, die gleichzeitig inhaltlich ähnliche Themen umfassen und das Interesse der Akteure hervorrufen. Ein Beispiel aus dem arbeitspolitischen Bereich sind die Regierungs- und Oppositionseinbringungen zur Verlängerung des Montanmitbestimmungsgesetzes, die etwa zeitgleich verschiedene Optionen der Montanmitbestimmungs-Policy aufzeigten und unterschiedliche Präferenzen bei den Akteuren verursachten.

Auf der Organisationsseite führen die Interdependenzen häufig zu Handlungen, die der Entscheidungsbeeinflussung dienen und die Akteure gegenseitig in Rechnung stellen. Tritt etwa die Bundesvereinigung der Deutschen Arbeitgeberverbände (BDA) für eine Ausweitung befristeter Arbeitsverträge ein und mobilisiert zur Entscheidungsbeeinflussung Ressourcen, so muß die BDA mit Aktionen der Widersacher rechnen, die einer Verbreitung dieser Beschäftigungsform entgegenstehen. Die Aktionen leiten sich folglich aus den Bezugspunkten bzw. Interessenverflechtungen ab, die nicht ausschließlich zu bipolaren Konfliktstrukturen führen müssen. Lowis Policy-Typologie ging schon 1964 auf den Zusammenhang von Themen und Konfliktformen ein und zeigte auf, daß

Policies nicht zwangsläufig Verteilungskämpfe implizieren[5]. Aus soziologischer Sicht wird zu fragen sein, inwieweit die beteiligten Akteure über diese Interdependenzen und Interaktionen ein soziales System darstellen, das politikfeldtypische Eigenschaften aufweist und dessen Struktur die Politikgestaltung bzw. -formulierung determinieren kann.
Unterschiedliche Einstellungen zu Themen bzw. bipolare oder polypolare Akteurkonstellationen müssen nicht in Konflikten enden. Vielmehr ist davon auszugehen, daß in modernen Industriegesellschaften wie der Bundesrepublik Deutschland vornehmlich im arbeitspolitischen Bereich Konsensbestrebungen vorherrschen. Dies dürfte einerseits an der Einigungsbereitschaft der Beteiligten liegen, andererseits existieren Regelungsmechanismen und -instanzen, die bei größeren Auseinandersetzungen Kompromisse herbeiführen.
Wissenschaftlich-analytisch betrachtet bringt dieses Policy-Akteur-System, das nicht nur die Beziehungen der Akteure untereinander, sondern auch die Zusammenhänge von Ereignissen und die Wechselbezüge Akteur/Ereignis einschließen sollte, einige Schwierigkeiten mit sich. Nationale Politikfelder zeichnen sich durch eine Vielzahl von Akteuren und Themen aus, deren Verflechtungen und Konfigurationen einen hohen Forschungsaufwand erfordern. Darüberhinaus sind institutionelle Zusammenhänge und Besonderheiten zu beachten, die besonders auf Bundesebene und im arbeitspolitischen Bereich stark ausgeprägt sind. So erklärte es sich auch, daß die ersten umfangreicheren Policy-Netzwerk-Studien an Gemeinden durchgeführt wurden. "Altneustadt 1"[6] und "Towertown"[7] bzw. "Altneustadt 2"[8] können als Ausgangspunkt der folgenden Untersuchungen genannt werden.

---

5 vgl. Lowi: "American business, public policy, case-studies, and political theory", World Politics 16, S. 667-717, 1964

6 Laumann/Pappi: "Networks of Collective Action", New York 1976

7 Galaskiewicz: "Exchange Networks and Community Networks", Beverly Hills/London 1979

In der vorliegenden Arbeit wird daher im ersten Abschnitt auf die inhaltliche Abgrenzung des Politikfelds und dessen institutionellen Verfahrenswege eingegangen werden.

Im Gegensatz zu Einzelfallstudien wird davon ausgegangen, daß verschiedene Streitfragen in erkennbaren Politikfeldern eingebettet sind bzw. politikfeldtypisch behandelt werden.

Es folgt die Operationalisierung mit der Auswahl der Themen, Ereignisse und Akteure, die im Untersuchungszeitraum von 1983 bis 1988 im arbeitspolitischen Vordergrund standen. Die weitere Vorgehensweise in Form einer empirischen Erhebung ergibt sich schon aus der inhaltlichen Abgrenzung des Politikfelds, das auch aus Sicht der beteiligten Akteure ein soziales System darstellen sollte. Im Gegensatz zu korporatistischen Ansätzen wird in dieser Untersuchung der "Staat" nicht als ein Akteur aufgefaßt, sondern zerfällt seinerseits in einzelne Organisationen wie Ministerien, Fraktionen oder Länder, die unterschiedliche Positionen im Entscheidungsfindungsprozeß einnehmen. Im Verlauf der Befragung wurden von Oktober 1988 bis Februar 1989 insgesamt 126 Vertreter relevanter arbeitspolitischer Organisationen interviewt, die eine Serie von standardisierten Fragen zu beantworten hatten. Die Auswahl der befragten korporativen Akteure (Organisationen) erfolgte über den Entscheidungsansatz. Danach wurden zunächst die wichtigsten Themen bzw. Entscheidungen herausgearbeitet, und anschließend die relevanten Organisationen identifiziert, die im Verlauf des Entscheidungsfindungsprozesses beteiligt waren.

---

8 Pappi/Melbeck: "Das Machtpotential von Organisationen in der Gemeindepolitik", Kölner Zeitschrift für Soziologie und Sozialpsychologie 3, 1984, S. 557-584 und Pappi/Kappelhoff: "Abhängigkeit, Tausch und kollektive Entscheidung in einer Gemeindeelite", Zeitschrift für Soziologie 13, 1984 und ein Vergleich beider Studien bei Melbeck: "Die Machtstruktur deutscher und amerikanischer Städte in Abhängigkeit von institutionellen Rahmenbedingungen", Aus Politik und Zeitgeschichte, 25/90

Die im Fragebogen aufgeführten Punkte können grob in zwei Schwerpunkte eingeteilt werden: erstens die Interessenverflechtung der Akteure über Teilbereiche, Streitfragen und Ereignisse; zweitens die Netzwerkbeziehungen der Organisationen aus den Bereichen der Machtreputation und der Informationsweitergabe. Ausführlich werden in diesem Zusammenhang die Unterschiede des Informationssendens und -empfangens behandelt. Die Ergebnisse der politikfeldtypischen Interessenverflechtung bzw. der Interaktionsstruktur werden im dritten Kapitel vorgestellt.
Mit dieser Vorgehensweise wird die Notwendigkeit einer inhaltlichen Politikfeldabgrenzung unterstrichen. Über die Teilbereich- und Streitfragenanalysen werden thematische Politikfeldveränderungen aufgezeigt, die sich auch auf die Interaktionsstruktur auswirken können. Daher wird anschließend die inhaltlichen Bedeutung der Einzelnetzwerke der Machtreputation, des Informationssendens und -empfangens analysiert.
Neben der Herausarbeitung der politikfeldtypischen Akteur- und Themenkonfigurationen wird zentral auf die Erklärung des Entscheidungsfindungsprozesses bzw. des Ausgangs von Entscheidungen in den Kapiteln IV und V eingegangen werden. Wie schon zuvor erwähnt ist in diesem Zusammenhang von Konsensbestrebungen und -mechanismen auszugehen, die in der Bundesrepublik für die Regelung des Verhältnisses von Kapital und Arbeit anzutreffen sind. Bisher wurden solche Konsensprozesse mit Einzelfallstudien beispielsweise anhand der "Paritätischen Kommission in Österreich"[9] untersucht. Einstellungen und Konstellationen wurden aufgezeigt, um fallbezogene Kriterien für den Entscheidungsausgang bestimmen zu können. Vernachlässigt wurden nicht nur unter dem Aspekt der Fallstudie Handlungs- und Entscheidungsmodelle, die abstrakt die Zusammenhänge des Willensbildungs- und

---

9 vgl. Marin: "Die paritätische Kommission. Aufgeklärter Technokorporatismus in Österreich", Wien 1982 oder aber Schneider, V.: Technikentwicklung zwischen Politik und Markt: Der Fall Bildschirmtext", Frankfurt/New York 1989

Entscheidungsfindungsprozesses nachvollziehen lassen bzw. die Fülle von Informationen und Materialien dieser Prozesse verarbeiten können[10].

Ausgangspunkt für die folgende Analyse des Ausgangs von kollektiven Entscheidungen ist das Modell kollektiver Entscheidungen, das von Coleman in Anlehnung an die Beobachtung entworfen wurde, daß amerikanische Parlamentsabgeordnete Stimmen je nach Interesse an kollektiven Entscheidungen tauschen ("Log-Rolling"). Das Modell geht ganz allgemein von einer Menge rationaler Akteure aus, die unterschiedlich an themenspezifischen Ereignissen interessiert sind. Diese Ereignisse führen im Policy-Prozeß zu einer kollektiven Entscheidung. Die im Eigeninteresse handelnden Akteure werden versuchen, den Entscheidungsausgang in ihrem Sinne zu beeinflussen. Über ihre Interessenverflechtung bilden die Akteure ein soziales System; die zur Verfügung stehenden Kontrollressourcen ermöglichen ihnen die Beeinflussung einer kollektiven Entscheidung. Vermutlich besteht in den meisten Fällen eine Diskrepanz zwischen Interessenausrichtung und Kontrollressourcen. Es ist davon auszugehen, daß ein rationaler Akteur dann anhand seines spezifischen Interesses weniger benötigte gegen geeignete Kontrolle für Ereignisse tauschen wird. Nach Coleman führt der Tausch von Kontrolle über kollektive Entscheidungen zu einem Interessenausgleich im Sinne des Gesamtwohls, der zudem aus dem im Eigeninteresse vollzogenen Handlungen resultiert und einem Konsensmodell entspricht[11].

Die Modellannahmen des rationalen Akteurs, der speziellen Nutzenfunktion, der Geschlossenheit des Tauschsystems, der proportionalen Ressourcenallokation, der probabilistischen Entscheidungsregel und des vollkommenen Marktes lassen den neoklassischen Ursprung des Modells

---

10 Es bleibt in Anbetracht des Umfangs und der juristischen Abfassung - z. B. von Gesetzestexten - häufig der Urteilskraft des Forschers überlassen, nicht nur endgültige Inhalte zu identifizieren, sondern auch Gewinner und Verlierer zu benennen.

11 vgl. Coleman: "Individual interests and collective action", S. 15-163, Cambridge 1986

erkennen und zeigen die Notwendigkeit inhaltlicher und konzeptioneller Modellmodifikationen auf[12]. Diese Veränderungen werden durch eine systematische Einbeziehungen der Netzwerkresultate vorgenommen.
Weiterer Modifikationen bedarf es bei der Systemeinbindung von privaten Organisationen, die im Gegensatz zu amerikanischen Parlamentsabgeordneten keine formale Entscheidungsgewalt besitzen. Im Gesetzgebungsverfahren der Bundesrepublik Deutschland werden Interessengruppen in der Regel im Rahmen Öffentlicher Anhörungen an der parlamentarischen Problemdiskussion und -formulierung beteiligt. Informelle Kontakte von privaten Organisationen zu den staatlichen Stellen und Funktionsträgern läßt beispielsweise die geringe Anzahl von Gesetzgebungsanlässen, die auf Koalitionsvereinbarungen oder Regierungserklärungen zurückgeführt werden können, vermuten; Probleme werden über eigene Informationsnetzwerke an die Entscheidungsträger herangetragen bzw. werden diese veranlaßt, legislativ tätig zu werden. Diese Art von Beziehungen stellen Abhängigkeiten dar, die einerseits von den Verfahrensvorgaben, andererseits von dem Inhalt einer Policy geprägt werden.
In der Vergangenheit konnten auf wissenschaftlich-analytischer Seite weder die Verbandsforschung noch die Neokorporatismusdiskussion eindeutige Hinweise über die Abhängigkeiten der formalen Entscheidungsträger von Interessengruppen bzw. über die Machtverhältnisse im Entscheidungsfindungsprozeß geben. Die Analyse dieser Entscheidungsstrukturen, die eine Verbindung von Interessen- und Interaktionsstruktur erfordert, steht im Mittelpunkt der vorliegenden Arbeit.
Darüberhinaus sind die institutionellen Rahmenbedingungen bzw. die über Fraktionsdisziplin und Parteiendemokratie spezifischen tatsächlichen Mehrheitsverhältnisse, die auch durch den föderativen Aufbau der Bundesgesetzgebung zum Ausdruck kommen, zu beachten.

---

12 vgl. Coleman: "Foundations for a Theory of Collective Decisions", American Journal of Sociology 71, S. 615-627, 1966

Eine zentrale Aufgabe wird daher die Kontrollberechnung für Ereignisse auf der Ebene der arbeitspolitischen Gesetzgebung sein.

In diesem Zusammenhang werden zwei Modelle vorgestellt, die nicht nur die Machteinbindung privater Organisationen im Entscheidungsfindungsprozeß des Gesetzgebungsverfahrens leisten, sondern auch die im Untersuchungszeitraum vorherrschenden parlamentarischen Mehrheitsverhältnisse im Politikzyklus der jeweiligen Policy berücksichtigen. Es werden policyabhängige Kontrollvektoren berechnet, die sowohl die Interessenverflechtung der beteiligten Akteure als auch deren Informationsbeziehungen in Rechnung stellen. Anhand dieser Modelle wird der Frage nachgegangen, inwieweit rationaler Tausch in der Bundesrepublik über mehrere Ereignisse des arbeitspolitischen Politikfelds stattfand bzw. nachvollzogen werden kann.

Nach der Präsentation dieser Modelle wird im fünften Kapitel konkret das schon zuvor erwähnte Beschäftigungsförderungsgesetz behandelt. Diese Analyse geht den einzelnen Phasen einer Policy und den Einflußbestrebungen der beteiligten Organisationen nach. Sie beginnt mit den 1983 verabschiedeten Koalitionsvereinbarungen und untersucht die Frage, ob und an welcher Stelle des Politikzyklus Einflußversuche in Form von Inhaltsänderungen stattgefunden und sich im Gesetzestext niedergeschlagen haben. Im Kontext der Untersuchung von kollektiven Entscheidungen wird zu zeigen sein, ob und gegebenenfalls auf welcher Ebene - in Form von Ereignissen oder Streitfragen - Tauschprozesse ausgemacht werden können.

Natürlich hat dieser Analyseabschnitt den oben kritisierten Fallstudiencharakter. Allerdings werden Vorgehensweisen zur Präferenz- und Kontrollberechnung vorgestellt, die anschließend in einem Entscheidungsmodell eingebunden werden und Ausgänge von kollektiven Entscheidungen prognostizieren helfen. Darüberhinaus werden die Prognoseresultate mit den Gesetzestextänderungen im Verlauf der Formulierung des Beschäftigungsförderungsgesetzes verglichen bzw. überprüft.

Neben dieser weitgefaßten Aufgabenstellung liegt es schon in der Natur der Sache, daß aus sozialwissenschaftlicher Sichtweise rationale Entscheidungsmodelle, die zudem wie bei Coleman neoklassische Wurzeln haben, Unbehagen hervorrufen. Allerdings haben Prognosemodelle die Aufgabe, komplexe Entscheidungsstrukturen, wie sie in nationalen Politikfeldern anzutreffen sind, zu verdeutlichen. Gleichzeitig sollten die aus den politikfeldtypischen Interessen- und Interaktionsanalysen gewonnenen Resultate in die Operationalisierung und Beurteilung des Entscheidungsausgangs bzw. in dessen Modellierung eingehen. "Log-Rolling", wie von Coleman bei amerikanischen Parlamentsabgeordneten beobachtet und in seinem Modell nachvollzogen, könnte auch in ähnlicher Form in der Bundesrepublik anzutreffen sein.
Ein weiterer Aspekt, der die Abstraktionsdefizite vergegenwärtigt und die Notwendigkeit einer Modellformalisierung unterstreicht, kann an der "Forschungstradition" festgemacht werden, deren zentrale und zumeist präskriptiv geführten Diskussionsrichtungen im folgenden Abschnitt kurz präsentiert werden.

II. Theoretischer Bezugsrahmen

1. Die Tradition der Interessengruppen- und Verbandsforschung im Zeichen des (Neo-)Korporatismus

Die Untersuchung des Interaktionsprozesses zwischen privaten und staatlichen Organisationen fand vornehmlich in den sechziger Jahren im Rahmen der Interessengruppenforschung statt. Erst Ende der siebziger Jahre wurde sie mit der Neokorporatismusdiskussion wiederaufgenommen. Bei der begrifflichen Eingrenzung der in der Interessengruppen- bzw. Verbandsforschung zu untersuchenden Einheit wurden nach der an Organisationsmerkmalen orientierten Definition Max Webers nicht nur der Staat als "politischer Verband" und Betriebe als "Betriebsverbände", sondern auch Vereine, Parteien und Religionsgemeinschaften erfaßt: "Verband soll eine nach außen regulierende beschränkte oder geschlossene soziale Beziehung dann heißen, wenn die Innehaltung ihrer Ordnung garantiert wird durch das eigens auf deren Durchführung eingestellte Verhalten bestimmter Menschen: eines Leiters und, eventuell, eines Verwaltungsstabes, der gegebenenfalls normalerweise zugleich Vertretungsgewalt hat"[13]. Schon in bezug auf Staat und Betrieb erscheint diese Definition als zu weit gefaßt, obwohl sie ansonsten den Erfahrungsbereich sinnvoll abgrenzt. Die Einbeziehung von Vereinen, Religionsgemeinschaften und Parteien wurde heftiger kritisiert, da Verbände im Gegensatz zu Parteien keine direkte politische Beteiligung suchen und auch nicht bereit sind, Verantwortung für die getroffenen Entscheidungen zu übernehmen[14]. Daneben wurde auf die speziellen Interessen von Verbänden verwiesen, während Parteien die Interessen der Allgemeinheit

---

13 siehe Weber: "Wirtschaft und Gesellschaft", S. 34, Köln 1964 (Erstveröffentlichung Tübingen 1921, 1922)

14 vgl. Buchholz: "Interessen, Gruppen, Interessengruppen", S. 134, Tübingen 1970 oder Ellwein: "Das Regierungssystem der Bundesrepublik Deutschland", S. 146, 150, Opladen 1977

vertreten[15]. Ein weiteres Unterscheidungsmerkmal für Parteien bezieht sich auf deren Kandidatennominierung und die Durchführung von Wahlkämpfen[16]. Aus diesen Schwierigkeiten bei der Definition des Untersuchungsobjekts ergaben sich teilweise kuriose Lösungen: Buchholz zum Beispiel zählt Wirtschaftsparteien zu den Verbänden und wirft ihnen das "Führen einer falschen Flagge" vor[17]. Von Beyme und J. Weber schließen Parteien zunächst aus dem Objektbereich aus, um sie dann später mit der Kategorie "ein Verband formiert sich als Partei" wiedereinzuführen[18].

Trotz oder womöglich infolge dieser Definitionsprobleme wurde über die Beteiligung von Verbänden an gesellschaftlichen Entscheidungen weithin präskriptiv diskutiert. Sozialphilosophische Grundlagen bildeten hierbei zustimmend die Pluralismustheorie und ablehnend die monistischen Staatstheorien[19].

Die ersten weiterentwickelten Pluralismuskonzepte von Truman[20] und Latham[21], die sich zumeist auf gruppentheoretische Ansätze stützten[22],

---

15 vgl. Ehrmann: "Interest Groups", in: Shills, S. 486-492, 1968

16 vgl. Hennis: "Verfassungsordnung und Verbandseinfluß", Politische Vierteljahreszeitschrift 2, S. 32, 1961 sowie Oberndörfer: "Zur Typologie der Verbände", S. 20, 1977

17 siehe Buchholz: "Interessen, Gruppen, Interessengruppen", S. 328, 1970

18 vgl. v. Beyme: "Interessengruppen in der Demokratie", S. 37f. und S. 126ff., 1974 sowie Weber J.: "Die Interessengruppen im politischen System der Bundesrepublik Deutschland", S. 71ff., S. 302f., 1977

19 vgl. Vieler: "Interessen, Gruppen und Demokratie", S. 13, 1986

20 Truman: "The Governmental Process", 1951

21 Latham: "The Group Basis of Politics: Notes for a Theory", American Political Science Review 46, S. 376-397, 1952

22 Insgesamt können diese Ansätze bzw. Annahmen auf folgende Punkte reduziert werden:
- jedes Individuum gehört einer Mehrzahl von Gruppen an, ergo sind die Grundeinheiten von Gesellschaften Gruppen;

wiesen mit ihrer Annahme, daß bei politischen Entscheidungen alle Interessen in irgendeiner Weise Berücksichtigung finden, sowie mit der hieraus abgeleiteten mittel- und langfristigen Gleichgewichtsannahme Schwachstellen auf[23].

In der Folgezeit prägten zunehmend funktionale Aspekte die Pluralismusdebatte. Verbände wurden nicht mehr als die zentrale Variable, sondern vielmehr als ein wichtiger Faktor zur Erklärung politischer Systeme angesehen. Die Abkehr vom gruppentheoretischen Primat führte gleichzeitig zu einer Ausdehnung der Fragestellung auf fast alle sozialwissenschaftlichen Forschungsdisziplinen. Drei Grundfragen standen dabei im Mittelpunkt:

1. Inwieweit wirken sich die Beziehungen zwischen Verband und Verbandsmitglied auf das Verhalten des Verbands bzw. seiner Funktionäre aus ?
2. Wie stark determiniert die gesellschaftliche Struktur die Entstehung und Aktivität von Verbänden ?
3. Wie wirken die Verbände auf die politischen Entscheidungsträger wie Parlament, Regierung und Administration ein ?

Zur Frage der Beziehungen zwischen Verband und Mitglied wurde

---

- es gibt organisierte und potentielle Gruppen, wobei sich die letzteren auf gesellschaftliche Grundwerte beziehen und bei einer Bedrohung dieser Werte mobilisiert (organisiert) werden;
- Politik kann daher mit einem Gruppenwettbewerb gleichgesetzt werden und politische Entscheidungen lassen sich auf den Druck der betroffenen Gruppe zurückführen;
- eine direkte Herausbildung von Gegengruppen vermeidet die Möglichkeit eines Ungleichgewichts der Kräfte;
- Gegengruppen, potentielle und organisierte Gruppen führen zu einem gesellschaftlichen Konsens (Gleichgewicht), d.h., politische Entscheidungen entsprechen zumindest mittel- oder langfristig den Interessen der Betroffenen (vgl. Vieler: "Interessen, Gruppen und Demokratie", S. 16,17, Tübingen 1986).

23 vgl. Naschold/Narr: "Theorie der Demokratie", in: Einführung in die moderne politische Theorie, Bd. 3, S. 208ff., Stuttgart 1971

eingehend auf den Zusammenhang von Beitrittsverhalten und verbandlichem Leistungsangebot[24] sowie von Mitgliedsstrukturen und Oligarchierungstendenzen[25] hingewiesen. Bei den gesellschaftlichen Determinanten für die Verbandsentstehung und -aktivität wurden Ländervergleiche herangezogen[26], aus deren Resultaten einerseits die Abhängigkeit des Verbandsstils von der politischen Kultur und andererseits die Determinierung der allgemeinen Verbändestruktur durch das jeweilige Parteiensystem abgeleitet werden können[27]. Die ersten Untersuchungen über die Kontaktaufnahme zwischen Verbandsvertretern und politischen Entscheidungsträgern wurden in den Vereinigten Staaten durchgeführt und ergaben, daß die Einwirkung von Verbänden auf die Gesetzgebung kaum nachgewiesen werden konnte. Weiterhin wurden deren Beziehungen eher als ein Akt der Information und des gegenseitigen Aushandelns eingestuft.

Aus der Relativierung der These von der Übermacht der Verbände, die im Mittelpunkt der meisten Untersuchungen stand, erklärt sich auch das Abflachen der Interessengruppen- bzw. Verbändeforschung in der Bundesrepublik Ende der sechziger Jahre[28]. Die weitgehend erzielte Übereinstimmung in dem Ergebnis, daß der Einfluß von Verbänden auf staatliches Handeln nur sehr begrenzt sei[29], kann auf drei Gründe zurückgeführt werden, die zu diesem Konsens führten:

---

24 Olson: "The Logic of Collective Action", Cambridge 1965

25 Lipset/Coleman: "Union Democracy", New York 1956

26 Almond: "Comparative Study of Interest Groups and the Political Process", The American Political Science Review 52, S. 270-282, 1958

27 vgl. Narr/Naschold: "Theorie der Demokratie", in: Einführung in die moderne politische Theorie, Bd. 3, S. 231, Stuttgart 1971

28 vgl. die Zusammenfassung der Verbändeliteratur in der Bundesrepublik bei Heinze:"Verbändepolitik und Neokorporatismus", Opladen 1981

29 vgl. Weber: "Das Kräftesystem in der wohlfahrtsstaatlichen Demokratie", in: Nuscheler/Steffani (Hrsg.), Pluralismus, S.123ff., 1972 bzw. Eschenburg: "Herrschaft der Verbände?", 1955

1. Methodische Schwierigkeiten bei der Messung der Beziehungen und der Macht der Organisationen;

2. die auf Almonds Klassifikationsschema rekurrierende und vorherrschende politologische Annahme, daβ den politischen Parteien die Funktion der Interessenaggregation zukomme, während Verbände in der Bundesrepublik lediglich Interessen artikulieren;

3. die aus der Neokorporatismusdiskussion abgeleitete Feststellung, daβ die Macht- und Einfluβstrukturen von Verbänden nicht isoliert, sondern vor dem Hintergrund eines sich entfaltenden intervenierenden Staates bei gleichzeitiger kooperativer Einbindung von Interessengruppen betrachtet werden müssen[30].

Die einmütige Absage an die These der Verbändeübermacht aus den sechziger Jahren wurde erst Ende der siebziger Jahre mit der intensiven Debatte um den Neokorporatismus neu diskutiert. Die Vielzahl von Neokorporatismuspublikationen, deren verschiedene definitorische Konzeptionen und unterschiedliche Fragestellung lassen hier nur eine kurze schematische Darstellung zu[31].

---

30 vgl. Müller-Rommel: "Interessengruppenvertretung im Deutschen Bundestag", in: Thaysen/Davidson/Livingston (Hrsg.), US-Kongress und Deutscher Bundestag, S. 300, 1988

31 In der älteren Form weist der Begriff des Korporatismus auf eine ständisch gegliederte Gesellschaft oder ständestaatliche Ordnung vorindustrieller Prägung hin. Diese Gesellschaftsformation wurde in Deutschland durch korporative Ideen des frühen Nationalsozialismus oder deutlicher durch den "stato corporativo" des italienischen Faschismus diskreditiert. Auf dem Umweg über den angelsächsischen Terminus "corporatism" wurde der Begriff seit den siebziger Jahren meist als "Neokorporatismus" im deutschsprachigen (Forschungs)-Raum wiederaufgenommen (vgl. Mickel (Hrsg.): "Handlexikon zur Politikwissenschaft", S. 265-267, 1986).

Trotz der unterschiedlichen Fragestellungen, Definitionen und Resultate liegt den Neokorporatismusansätzen ein Muster zugrunde: (Neo-)Korporatismus mit seiner Interessenverquickung von Staat und intermediären Organisationen wird als existent hingenommen, bzw. seine Existenz ist Ausgangspunkt der verschiedenen Forschungsansätze[32]. Daneben werden staatliche Organisationen wie Parteien oder Ministerien konzeptionell zu einem einzigen "Staats-"Akteur zusammengefaßt. Im Vordergrund steht dann die Frage, welche Beziehungen dieser Einzelakteur zu intermediären Organisation hat bzw. inwieweit er deren Interessen verarbeitet oder nachkommt. Als Resultat finden sich Klassifikationen von politischen oder wirtschaftlichen Systemen, die mehr oder weniger als korporatistisch bezeichnet werden können. Häufig beziehen sich die Fragestellungen auch nicht auf die Erklärung empirischer Phänomene, sondern sind in erster Linie konzeptioneller Natur: Schmitter beispielsweise beginnt mit der Feststellung, daß die herkömmlichen Begrifflichkeiten zur Beschreibung derzeitiger Systemstrukturen nicht ausreichen. Terminologisch grenzt er Pluralismus von Interessenorganisationen, der sich nur auf die Existenz einer "Mehrzahl" von Interessengruppen bezieht, von korporatistischer, syndikalistischer und monistischer Interessenvermittlung ab[33]. Zusätzlich werden die staatlichen von den gesell-

32 vgl. hierzu auch Kastendieck: "Die Selbstblockierung der Korporatismusdiskussion", in Alemann, Neokorporatismus, S. 92-116, 1981

33 "Corporatism can be defined as a system of interest representation in which the constituent units are organized into a limited number of singular, compulsary, noncompetitive, hierarchically ordered and functionally differentiated categories, recognized or licensed (if not created) by the state and granted a deliberate representational monopoly within their respective categories in exchange for observing certain controls on their selection of leaders and articulation of demands and supports" (siehe Schmitter: "Still the Century of Corporatism", in: Pike/Stritch, The New Corporatism. Social Political Structures in The Iberian World, S.93f, London 1974)

schaftlichen Versionen dieser Systeme unterschieden, je nachdem, ob die für ihre Genese und ihr Funktionieren wichtigen Impulse beim Staat oder bei den Interessenorganisationen liegen. Bei der Begründung für die Entstehung der sich aus der Kombination dieser Faktoren ergebenden acht Systeme konzentriert sich Schmitter auf gesellschaftlichen Pluralismus und gesellschaftlichen Korporatismus und setzt sie in Beziehung zu Formen der sozio-ökonomischen Struktur[34]. Danach führen Prozesse struktureller Differenzierung auf der ökonomischen Ebene zur Ausbildung pluralistischer Strukturen, während die Formierung von Klassenstrukturen zwangsläufig die Ausbildung korporatistischer Formen der Interessenvermittlung nach sich zieht. Daneben kommen Staatshandlungen große Bedeutung für die Ausprägung der Interessenvermittlung zu[35].

Lehmbruch untersucht speziell die Frage, wie liberale Regierungen mit dem großen Erwartungsdruck von Interessenorganisationen umgehen. Dabei kann es zu einer Instrumentalisierung der Interessenorganisation kommen, die z.B. in der Form der "Konzertierten Aktion" einen liberalen Korporatismus kennzeichnet[36]. "Liberaler Korporatismus" ist ein andauerndes, gemeinsames und aufeinander abgestimmtes Handeln von Regierungen und großen Wirtschaftsverbänden[37]. Der Grad der

---

34 vgl. Schmitter: "Modes of Interest Intermediation and Models of Societal Change in Western Europe", Comparative Political Studies, Vol. 10, no.1, S. 7-38, 1977

35 vgl. Schmitter: "Interest Intermediation and Regime Governability in Contemporary Western Europe and North America", in: Berger, Organizing Interests in Western Europe. Pluralism, corporatism, and the transformation in politics, S.285-327, 1981

36 vgl. Lehmbruch/Lang: "Die Konzertierte Aktion. Ansätze zu einem neuen Korporatismus in der Bundesrepublik", in: Landeszentrale für Politische Bildung in Baden-Württemberg (Hrsg.), Der Bürger im Staat, Jg. 12, Heft 1, S. 202-208, 1977

37 vgl. Lehmbruch: "Wandlungen der Interessenpolitik im liberalen Korporatismus", in: Alemann/Heinze (Hrsg.), Verbände und Staat. Vom Pluralismus zum Korporatismus. Analysen, Positionen,

Formalisierung dieses Handelns spielt für die Bezeichnung eines Systems als korporatistisch keine Rolle. Von derartigen neokorporatistischen Handlungssystemen lassen sich klientelistische Systeme - wie z.B. Regelungen zwischen der Staatsadministration und den Bauernverbänden - unterscheiden[38]. Für das Auftreten neokorporatistischer Handlungssysteme können der Zentralisierungsgrad der Kooperationsfähigkeit ökonomischer Interessenverbände, die Fähigkeit der Regierung, mögliche kooperationsbedingte Opfer von Interessengruppen zu entschädigen, und die Neigung von Parteiensystemen, der Regierung Verhandlungsspielraum zu lassen, aufgeführt werden[39].

Ein weiterer Zweig der Neokorporatismusforschung beschäftigt sich mit den sozioökonomischen Funktionen von Interessenorganisationen. Der Forschungsschwerpunkt liegt hierbei auf dem ökonomischen System hochindustrialisierter Gesellschaften, das als institutionelles Muster der Entscheidung über Produktion, Austausch und Verteilung angesehen wird. Zunächst werden, wie z. B. bei Winkler, konzeptionelle Fragen diskutiert, die sich mit der Begrifflichkeit zur Umschreibung institutioneller Strukturen und ihrer Veränderung beschäftigen[40]. Seiner Auffassung

---

Dokumente, S. 50-71, Opladen 1979

38 Weitere Systematisierungsvorschläge wurden von Lehmbruch mit der Gliederung der Ansätze nach nationalen Wissenschaftstraditionen (vgl. Lehmbruch: "Some Problems of Defining Corporatism as State/Interest Groups Constellation, Journal of Voluntary Action Research, Vol. 11, No. 4, S. 53-62, 1982) und von Heisler, der die Beiträge hinsichtlich ihres wissenschaftstheoretischen Status (normativer Charakter, explikative oder deskriptive Relevanz) und nach ihrem theoretisch-analytischen Bezugsrahmen (marxistisch, funktionalistisch oder interaktionistisch) kategorisierte (vgl. Heisler: "Corporate Pluralism Revisted: Where is the Theory ?", Scandinavian Political Studies, Vol. 2, No. 3, S. 277-297, 1979), unternommen.

39 vgl. Lehmbruch: "Interorganisatorische Verflechtungen zwischen Parteien und organisierten Interessen im Neokorporatismus", in: Falter/Fenner/Greven (Hrsg.), Politische Willensbildung und Interessenvermittlung, S. 467-482, Opladen 1984

40 vgl. Winkler: "The Industrial State and Corporatism", in: Klages

nach reicht die herkömmliche Begrifflichkeit mit der Dichotomie Kapitalismus/Sozialismus zur Erklärung des Korporatismusphänomens nicht aus[41].

Offenkundig ist auch, daß sich z.B. die bei Winkler und bei Schmitter auftauchenden Bezeichnungen "Kapitalismus", "Korporatismus" und "Syndikalismus" inhaltlich unterscheiden. Dies eröffnet große Möglichkeiten zu terminologischen Verwirrungen und zu Kämpfen um die Legitimität von Namen[42].

Das weiterführende Postulat der Neokorporatismusdiskussion, Verbände als integrale Bestandteile eines engen Netzes funktionaler Politikverflechtung zwischen Staat und Parteien zu betrachten, stieß bereits bei der Klassifizierung von Interessengruppen auf Schwierigkeiten[43]. Weder die Aufgliederung der Verbände nach objektiven Kriterien noch deren widerspruchsfreie Zuordnung in eine klassifikatorische Typologie konnte hinreichend erfüllt werden[44]. Vielmehr setzten sich pragmatische Gesichtspunkte durch, mit deren Hilfe beispielsweise die Interdependenz

---

(Hrsg.), Beiträge der Organisationsforschung zur Analyse industrieller Gesellschaften, S. 32-42, Berlin 1979

41 Winkler versteht unter Kapitalismus Systeme, in denen private Akteure aufgrund von privatem Besitz über die Produktionsmittel entscheiden; in sozialistischen Systemen dagegen entscheiden öffentliche Akteure aufgrund von öffentlichem Besitz der Produktionsmittel (vgl. Winkler: "The Corporatist economy. Theory and Administration", in: Scase/Richard (Hrsg.), Industrial Society. Class, Cleavage and Control, S. 43-58, London 1977)

42 vgl. Meier: "Emile Durkheims Konzeption von Berufsgruppe", S.29f., 1987

43 vgl. die zusammenfassende Darstellung bei Heinze: "Verbändepolitik und Neokorporatismus" Opladen 1981

44 vgl. von Alemann: "Der Wandel organisierter Interessen in der Bundesrepublik", Aus Politik und Zeitgeschichte, BD. 49, S.6, 1985

zwischen Interessengruppen und Deutschem Bundestag aufgezeigt werden sollten[45].

Andere Fallstudien machen die Zielrichtung der Korporatismusforschung deutlich. Sie handeln von Politikprogrammen wie im Rahmen der Einkommenspolitik[46], der Gesundheitspolitik[47], der Sozialpolitik[48] oder dem Umweltschutz[49], die unter Beteiligung von Verbänden mit dem "Staat" verhandelt werden[50].

Das Untersuchungsdesign der vorliegenden Arbeit schließt eine Einbettung in die Neokorporatismusdiskussion aus folgenden Gründen

---

45 Abschlieβend wird in der Studie jedoch eingeräumt, daβ
- die Interessengruppenforschung groβe Defizite in der flächendeckenden Untersuchung der parlamentarischen Arena aufweist;
- keine Kausalitäten für die Steigerung der Verbandsdichte nach 1982 nachzuweisen waren;
- die Analyse letztlich nicht exakt belegen konnte, welcher Verband in welchen Ausschuβ über wieviel Macht und Durchsetzungskraft verfügt (vgl. Müller-Rommel: "Interessengruppenvertretungen im Deutschen Bundestag", S. 300-324, 1988).

46 vgl. Armingeon: "Neo-Korporatistische Einkommenspolitik: eine vergleichende Untersuchung von Einkommenspolitiken in westeuropäischen Ländern in den 70er Jahren", Frankfurt 1983 oder vgl. Lehmbruch: "Wandlungen der Interessenpolitik im liberalen Korporatismus", in: Alemann/Heinze (Hrsg.), Verbände und Staat. Vom Pluralismus zum Korporatismus, S. 50ff, 1979

47 vgl. Wiesenthal: "Die Konzertierte Aktion im Gesundheitswesen: Ein korporatistisches Verhandlungssystem der Sozialpolitik", in: Alemann (Hrsg.), Neokorporatismus, S. 180-206, 1981

48 vgl. Heinze/Olk: "Sozialpolitische Steuerung: Von der Subsidiarität zum Korporatismus", in: Glagow (Hrsg.), Gesellschaftssteuerung zwischen Korporatismus und Subsidiarität, S. 162-194, 1984

49 vgl. Voelzkow/Hilbert/Heinze: "Regierung durch Verbände - Beispiel der umweltschutzbezogenen Techniksteuerung", in: PVS, 28 Jahrgang, Heft 1, S.80-100, 1987

50 Streeck/Schmitter verweisen in diesem Zusammenhang auf ein neues Verhandlungssystem (vgl. Streeck/Schmitter: "Gemeinschaft, Markt und Staat - und die Verbände ? Der mögliche Beitrag von Interessenregierungen zur sozialen Ordnung", in: Journal für Sozialforschung, 25. Jg., Heft 2, S. 133-156)

aus: Erstens wird hier der Staat nicht als ein monolithischer Akteur angesehen, sondern zerfällt seinerseits in Organisationen wie Ministerien, Länder oder Fraktionen, die interesseabhängig handeln. Zweitens ergab sich schon aus der empirischen Sytemabgrenzung mit dem Entscheidungsansatz, daß die privaten Organisationen wie Gewerkschaften oder Arbeitgeberverbände kein - wie von Schmitter gefordertes - Repräsentationsmonopol in ihrer Kategorie besitzen. Drittens sind ihre Handlungen auf ein Politikfeld bezogen und lassen eine endgültige Systemtypologie nicht zu. Es kann sogar eher davon ausgegangen werden, daß es - nicht zuletzt aufgrund der verschiedenen institutionellen Verfahrensweisen - bereichsspezifische Konstellationen von Organisationen gibt, die eine systembezogene Einordnung erschweren. Und viertens steht im Mittelpunkt der Arbeit nicht die Frage, wie ihr Einfluß präskriptiv zu bewerten ist. Zentrales Erkenntnisinteresse ist vielmehr, ob Interessenverbindungen formal dargestellt werden können und auf welcher Ebene, etwa in Form von rationalem Tausch über Gesetzesinitiativen oder aber über einzelne Streitfragen hinweg, unterschiedliche Interessen verhandelt werden.

Daher wird in einem ersten Schritt auch zur Vermeidung terminologischer Überschneidungen mit der "Policy Analyse" die Forschungsrichtung aufgeführt werden, in deren Rahmen sich die Untersuchung bewegt. Anschließend wird unter inhaltlich-theoretischen Gesichtspunkten das zu analysierende Handlungs-oder Politikfeld bestimmt, dessen Bezugspunkte in einer empirischen Überprüfung auch für die Befragten erkennbar sein müssen. Innerhalb dieses Handlungsfeldes werden die für die Interaktionsprozesse vorgegebenen Zugangsmöglichkeiten (institutionellen Verfahren) unter Relevanzgesichtspunkten beschrieben. Nach der Präsentation des Politikfelds wird auf die Selektion der wichtigsten Akteure, die sich nicht an pragmatischen Erwägungen, sondern vielmehr an theoretischen Ansätzen orientierte, eingegangen. Die Politikfeldspezifika können zunächst über die Interessen an den Teilbereichen und an

den Streitfragen herausgearbeitet werden. Die Teilbereiche beruhen auf der historischen Gliederung eines Politikfelds, während über die Streitfragen aktuelle Problemlagen erkannt werden können.
Im Kapitel "Die Interessen- und Interaktionsstruktur" werden zusätzlich die Aktionen der Akteure aufgeführt, die sich aus ihren unterschiedlichen oder auch gemeinsamen Interessen an Themen herleiten. Hier können die aus der Sicht der Befragten perzipierten eigenen Möglichkeiten, aber auch deren Einschätzung über die Positionen der anderen beteiligten Akteure einen ersten Einblick in das Politikfeld verschaffen. Im Vordergrund stehen die Informationsnetzwerke, die Machtreputation und die Partizipation an Ereignissen.
Für die abschließende Beurteilung von Einfluß und Durchsetzungsfähigkeiten werden in einem weiteren Schritt zwei Entscheidungsmodelle präsentiert, die Aufschluß über strukturelle Handlungsweisen der Organisationen im arbeitspolitischen Entscheidungsfindungsprozeß geben und auch den Erfolg bzw. Mißerfolg von kollektiven Entscheidungen erklären sollen. Mit diesen Modellen wird der Frage nachgegangen, ob sich rationaler Tausch über Gesetzesinitiativen vollzieht. Die Elemente dieses Tauschmodells sind rational handelnde Akteure, die Interessen an politischen Entscheidungen haben und diese in ihrem Sinne zu beeinflussen versuchen.
Abschließend werden diese Tauschannahmen an einem konkreten Ereignis, das im Untersuchungszeitraum im arbeitspolitischen Mittelpunkt stand, modelliert. Mit Hilfe einer Dokumentenanalyse werden die Präferenzen, Positionen und Aktionen der Akteure herausgearbeitet. Es wird zu zeigen sein, ob und gegebenenfalls inwieweit die Vorstellungen einzelner Akteure in den einzelnen Stadien des Gesetzgebungsverfahrens Berücksichtigung fanden. Diese Analyse versucht zu klären, inwieweit Tausch auf der Ebene eines Gesetzes über einzelne Inhalte (Streitfragen) einer Initiative stattfindet.
Der für die Analyse angewandte Untersuchungsansatz beginnt daher mit

der Identifizierung eines Systems oder Netzwerkes einflußreicher korporativer Akteure, die unterschiedliche Interessen an einer Menge von politischen Streitfragen und relevante mobilisierbare Ressourcen in einem nationalen Politikfeld besitzen. Diese Akteure sind in ein Kommunikations- und Ressourcentauschnetzwerk eingebunden, dessen Informationsfluß ihnen die Vermittlung ihrer Interessen und Aktionen ermöglicht, mit denen sie die im Entscheidungsfindungsprozeß anstehenden Ereignisse zu beeinflussen versuchen. Diese Ereignisse, die in Form von Gesetzen, Verordnungen oder Gerichtsentscheiden teilweise einzigartige Bedingungen festschreiben, sind Anlaß und Motivation für das Handeln korporativer Akteure und deren Interaktionen.

2. Policy- und Netzwerkanalyse

In den vergangenen Jahren konnten sich verschiedene soziologische Ansätze bei der Untersuchung staatlicher Politik profilieren. Obwohl ihre Forschungsstrategien entweder eher theoretisch[51] oder historisch[52], seltener empirisch ausgerichtet[53] waren, lag den meisten Untersuchungen ein gemeinsames Erkenntnisinteresse zugrunde: Formale staatliche Vorgänge und Vorgehensweisen führen sie auf Strukturen und Prozesse zurück, die ihren Ursprung im gesellschaftlichen Bereich haben. Dies sind z. B. Klassen, Eliten, Parteien, Interessengruppen und Bürokratien, aber auch Massenmedien und nicht zuletzt die "Öffentliche Meinung".

---

51 z.B. Alford/Friedland: "Powers of Theory: Capitalism, the State, and Democracy", New York 1985 oder Poulantzas: "State, Power, and Socialism", London 1978

52 z.B. Scamenta/Skocpol: "States and Social Policies", Annual Review of Sociology 12, S. 131-157, 1986 oder Thomas/Meyer: "The expansion of the state", Annual Review of Sociology 10, S. 461-482, 1984

53 z.B. Useem: "The Inner Circle: "Large Corporations and Business Politics in the United States and the United Kingdom", New York 1983

Dabei nehmen diese Studien an, daβ diese gesellschaftlichen Determinanten die parlamentarische Kontrolle einer kollektiven Entscheidung unterlaufen würden, indem sie Einfluβ auf legislative und juristische Entscheidungen, auf administrative Vorgänge bei der Politikplanung und -implementation ausüben. Instrumentalistische Erklärungsansätze vermuten in diesem Zusammenhang eine kapitalistische Interessendominanz, die zu ökonomischen Klassengegensätzen führt, während Strukturalisten dem Staat durch die Einbindung von Gewerkschaften, Arbeitgebern und anderen Interessengruppenvertretern eine gröβere Autonomie zusprechen[54].

Ein weiterer analytischer Aspekt ergibt sich aus den Ansätzen, die staatliche Politik nur auf Eliten zurückführen, deren Interessen eher organisationsbedingt als klassenorientiert verfolgt werden[55]. Wenige empirische Untersuchungen gingen allerdings der Frage nach, inwieweit Elitenstrukturen Auswirkungen auf den Entscheidungsprozeβ haben[56]. Die aufgeführten Aspekte geben einen ersten Einblick in die zentralen

---

54 zum Beispiel bei Gold/Lo/Wright: "Recent developments in Marxists theories of the capitalist state", Monthly Review 27, S. 29-41, 1975 oder Miliband: "The State in Capitalist Society", London 1969 sowie Offe/Ronde: "Theses on the theory of the state", New German Critique 6, S. 137-147, 1975 auf der instrumentalistischen Seite und beispielsweise in jüngster Zeit auf der strukturalistischen Seite bei Walker: "The origins and maintenance of interest groups in America", American Political Science Review 77, S. 390-406, 1983 sowie Schlozman/Tierney: "Organized Interests and American Democracy", 1986

55 vgl. hierzu beispielsweise Field/Lowell/Higley: "Elitism", London 1980 oder Burton/Higley: "Elite theory: the basic contentions", 1984 oder Knoke: "Power structures", in: Long (Hrsg.), Handbook of Political Behavior 3, S. 275-332, 1981

56 Ausnahmen stellen Laumann/Pappi: "Networks of Collective Action: A Perspective on Community Influence Systems", New York 1976 sowie Galaskiewicz: "Exchange Networks and Community Politics", Beverly Hills 1979 und Laumann/Knoke: "The Organizational State", Wisconsin 1987 dar.

Forschungsfragen, die der folgenden Untersuchung zugrundeliegen und dem Forschungsfeld der Policy-Analyse zugeordnet werden können.
Die "policy analysis" beschäftigt sich in ihrem Kern mit den durch kollektive Entscheidungen festgelegten Politikprogrammen und geht sowohl auf Fragen der Genese, deren Konkretisierung im Willensbildungs- und Entscheidungsfindungsprozeß als auch deren Implementierung nach. "Policy" sollte daher nicht mit Regierungshandeln gleichgesetzt werden, sondern jeden abstrakten Handlungsentwurf, sowohl auf der Ebene von Individuen und Organisationen als auch von Regierungen umfassen. Diese weitreichende Fragestellung ließ die Policy-Analyse zum Sammelbegriff unterschiedlichster Forschungsansätze werden. Nach dieser Auffassung ist es auch nicht erstaunlich, daß sich die meisten Policy-Forscher auf eine eher allgemein gehaltene Definition verständigten: "Policy analysis is finding out, what governments do, why they do it, and what difference it makes"[57]. Ohne diese Ausweitung des Begriffs wäre es beispielsweise nicht möglich, Strategien anderer Akteure für die Analyse "öffentlichen Handelns" zuzulassen[58].
In der Policy-Forschung haben sich aus der Vielzahl der Möglichkeiten, Policies zu klassifizieren, in der Vergangenheit vier Aspekte herauskristallisiert, die unter analytischen Gesichtspunkten ein relativ vollständiges Bild von Policy ergeben. Zunächst wird durch die Definition einzelner "Politikfelder" der Gegenstandsbereich einer Policy typologisiert, der zugleich im wesentlichen die institutionellen Zuständigkeiten und Grenzen bestimmt. Diese "Nominalkategorien" von Policies stellen das Ausgangsfeld für die institutionellen Kompetenzen und Handlungssysteme dar, die sich auch historisch infolge der Herausbildung staatlicher Aufgaben und deren Bewältigung durch Aufgabenteilung in einer Art

---

57 siehe Dye: "Understanding Public Policy", S.1, 1976

58 vgl. Streeck/Schmitter: "Community, market, state - and associations ?", in: Streeck/Schmitter (Hrsg.), Private Interest Government, S.133-157, London 1985

Wechselwirkung entwickelten[59]. Daneben können laut Lowi für den einzelnen die Nutzen und Kosten einer solchen Policy unterschieden werden: Distributiver Charakter zeichnet eine Policy aus, die Leistungen oder Ressourcen vergibt, ohne dabei schwerwiegende Nachteile für andere aufzuwerfen. Dies können Güter sein, für die von einer Ressourcenknappheit nicht ausgegangen wird[60]. Die hier getroffenen Entscheidungen sind in der Regel für den Einzelnen oder kleine Gruppen von kurzer Reichweite, der Policy-Prozeß zeichnet sich durch eine hohe Konfliktlösungskompetenz der am Verfahren Beteiligten aus. Demgegenüber schichtet eine Policy mit redistributivem Charakter Leistungen und Ressourcen nach dem Kosten-Nutzen-Prinzip um, d.h. es entstehen Umverteilungskosten bzw. -nutzen für die jeweilig betroffene Gruppe; knappe Ressourcen werden mit dem Ergebnis eindeutig identifizierbarer Gewinner und Verlierer verteilt, und der Policy-Prozeß gestaltet sich häufig äußerst konfliktreich[61].

Neben dieser Unterscheidung nach Policy-Wirkungen zeigt das Steuerungsprinzip einer Policy deren Instrumentalisierung auf. Diese Instrumentalisierung obliegt im Policy-Prozeß dem Staat, dessen regulierendes Handeln (regulative Politik) zumeist durch die Setzung von Rechtsnormen erfolgt. Allerdings impliziert regulative Politik beispielsweise durch die Normierung von Handlungsmöglichkeiten häufig Kosten-Nutzen-Effekte, die von größerer Reichweite als die oben genannten redistributiven und distributiven Policies sein können. Der vierte Aspekt einer Policy betrifft die Frage nach deren Beschaffenheit; danach können grob materielle (z. B. Einkommensleistungen), immate-

---

59 siehe Windhoff-Héritier: "Policy-Analyse", S.21, Frankfurt 1987

60 vgl. Lowi: "American business, public policy, case-studies, and political theory", World Politics 16, S. 667-717, 1964

61 vgl. Hayes: "Lobbyists and Legislators", S. 20 ,21, New Brunswick 1981

rielle (z. B. Humandienstleistungen) und verhaltensnormierende Leistungen unterschieden werden[62].

Die angeführten Aspekte machen deutlich, daß Policies verfahrensorientiert sind und sich in verschiedenen Politikarenen mit womöglich unterschiedlichen Policy-Netzen abspielen. Das Policy-Netz wird dabei oftmals auf die Akteure und deren teilweise institutionalisierten Beziehungen bezogen, während die Politikarena bezüglich der Policy-Akteure eher prozess- bzw. konfliktorientiert und von der Entstehung und der Durchführung einer Policy abhängig sein soll[63].

Heclos Komplementärbegriff des Policy-Netzes umschreibt das Zusammenwirken der verschiedenen exekutiven, legislativen und gesellschaftlichen Institutionen und Gruppen bei der Entstehung und Durchführung einer bestimmten Policy, das sich einerseits über verschiedene Ebenen des politisch-administrativen Systems, andererseits über die legislativen und exekutiven Institutionen und Interessenverbände bis tief in die Gesellschaft hinein erstrecken kann[64]. Diese Umschreibung vom "Zusammenwirken" einzelner Institutionen und Gruppen wirft jedoch einige Probleme auf. Institutionen selbst handeln nicht, höchstens ihre Organe, und wie Gruppen zum kollektiven Handeln kommen, ist ein Problem eigener Art, auf das zumeist nicht weiter eingegangen wird. Daneben impliziert der Begriff "Netz" eine durch Beziehungen eines bestimmten Typs verbundene Menge von sozialen Einheiten wie z. B. Personen, Positionen, Organisationen usw., deren Bezugspunkte bzw. Art der Beziehungen festzulegen sind, was bei Heclo nicht erfolgt[65]. Im Gegensatz zu Heclos eher empirisch orientiertem Konzept nähert sich

---

62 vgl. Windhoff-Héritier: "Policy-Analyse", S.22-40, 1987

63 vgl. Windhoff-Héritier: "Policy-Analyse", S. 43, 1987

64 vgl. Heclo: "Issue Networks and the Executive Establishment", S. 102ff., in: King (Hrsg.), The New American Political System, Washington 1978

65 vgl. Pappi: "Entscheidungsprozesse im Politikfeld "Arbeit" im internationalen Vergleich", Vortragsmanuskript, S. 8, 1988

Katzenstein theoretisch dem Policy-Netzwerk. Er faßt das Verhältnis von Staat und Gesellschaft im Policy-Prozeß als eine "symbiotische Beziehung" auf[66]. Hanf/Scharpf gehen noch genauer auf die Verbindung zwischen dem formalen Netzwerk-Konzept, seinem Nutzen für die "interorganizational analysis" in der Organisationssoziologie und seiner möglichen Anwendung in der Policy-Forschung ein. Hier wird das Netzwerk als eine große Anzahl von privaten und staatlichen Akteuren aufgefaßt, die auf unterschiedlichen Stufen und funktionalen Ebenen des Staates und der Gesellschaft in den Policy-Prozeß involviert sind. Das Netzwerk umschreibt aber auch die gegenseitigen Beziehungen und die Abhängigkeiten, die das Handeln dieser individuellen Organisationen strukturieren[67].

Während die Untersuchung des Policy-Netzes auf die allgemeinen Interaktionsmerkmale von Organisationen in einem Politikfeld abzielt, kann der Politikarenabegriff auf die Interdependenzstruktur oder die Interessenverflechtung der an einem Policy-Prozeß beteiligten Akteure bezogen werden[68]. Die Struktur einer Politikarena ist im wesentlichen abhängig von der Policy-Form (redistributiv, distributiv und regulativ).

---

66 In Zusammenhang mit einer die Außenwirtschaftspolitik vergleichenden Studie schreibt Katzenstein: "The governing conditions of social forces in each of the advanced states find their institutional expression in distinct policy networks which link the public and the private sector in the implementation of foreign economic policy. The notion that coalitions and policy networks are central to the domestic structures defining and implementing policy rests on the assumption that social life is structured not exclusively of course, but structural nontheless by just those formal insitutional mechanism" (siehe Katzenstein: "Between Power and Plenty. Foreign Economic Policies of Advanced Industrial States", S. 19, Madison 1978

67 vgl. Scharpf: "Interorganizational Policy Studies: Issues, Concepts and Perspectives", in Hanf/Scharpf (Hrsg.), Interorganizational Policy Making. Limits to Coordination and Central Control, S. 345-367, 1977

68 vgl. hierzu auch Boudon: "Widersprüche kollektiven Handelns", S. 186-194, 1979

Die Beteiligung an der jeweiligen Politikarena begründet sich mit der erwarteten Kosten-Nutzen-Funktion einer zur Verteilung anstehenden Ressource, deren antizipierte Wirkungen zu politischen Auseinandersetzungen, die den Entscheidungsfindungsprozeβ beeinflussen, führen können.
Die Intensität des Konflikts ermöglicht zugleich die Klassifizierung der Policy-Form. Erschwerend für die Einordnung ist jedoch der häufig dynamische Charakter einer Policy, deren (antizipierte) Kosten-Nutzen-Funktion sich im Verlauf des Entscheidungsfindungsprozesses verändern und damit auch Veränderungen der Politikarena nach sich ziehen kann. Weiterführend kann das Policy-Netz als die objektive Struktur der Beteiligten, die in das Politikfeld betreffenden Policy-Prozesse involviert sind, bezeichnet werden. Die Politikarena reduziert sich auf die Teilnehmer an einer Policy, deren Aktivitäten aus den subjektiven Erwartungen resultieren und die über das Policy-Netz Zugang zur Politikarena haben. Dieses Zusammenschmelzen des Politikarena-Begriffs vollzieht sich aufgrund der analytischen Unterscheidung der Policy-Form, die nicht an und für sich redistributiv, distributiv bzw. regulativ sein kann, sondern vielmehr die Einschätzungen und Erwartungen der Betroffenen einer Policy widerspiegelt.

Zu Beginn der achtziger Jahre wurde dieses Grundkonzept des Policy-Netzes mit mehr oder weniger ähnlichen Begriffen wie "policy sector"[69], "policy (actor) system"[70], "policy community"[71], "policy game", "policy

69 vgl. Benson: "A Framework for Policy Analysis", in: Rogers et al (Hrsg.), Interorganizational Coordination: Theory, Research, and Implementation, S. 137-201, Ames 1982

70 vgl. Sabatier: "Knowledge, Policy-Oriented Learning, and Policy Change: An Advocacy Coalition Framework", in: Knowledge: Creation, Diffusion, Utilization 8, S. 649-692, 1987

71 vgl. Jordan/Richardson: "Policy communities: the British and European style", Policy Studies Journal 11 (June), S. 603-615, 1983

domain", "policy arena" und auch "policy regime"[72] umschrieben. Kenis/Schneider führen diese Begriffsvielfalt auf mindestens drei generelle Transformationen oder Veränderungen zurück, die sich Ende der siebziger Jahre vollzogen:

- die von kompetenten Beobachtern konstatierte Transformation des politischen Gestaltungsprozesses;
- Transformationen der konzeptionellen und theoretischen Entwicklungen in der policy analysis;
- die Entwicklung eines methodologischen Apparats zur strukturellen Analyse sozialwissenschaftlicher Phänomene[73].

Im Einzelnen beziehen sich diese Punkte auf folgende Veränderungen:

- Die zunehmende Relevanz von organisierten Unternehmungen im sozialen und politischen Bereich, die von einer wachsenden Anzahl kollektiver Akteure und Organisationen begleitet werden;
- Eine weitere wichtige Veränderung kann im Trend zur Sektoralisierung gesehen werden, die vornehmlich im Rahmen einer steigenden "funktionalen Differenzierung" diskutiert wird: Policies, Programme und Akteure werden zunehmend in begrenzten, funktional diffenzierten Bedingungen definiert. Gleichzeitig vollzieht sich neben dieser Sektoralisierung und steigenden funktionalen Differenzierung eine zunehmende gesellschaftliche Komplexität und eine wachsende gegenseitige Abhängigkeit der Akteure;
- Die Sektoralisierung und die Zunahme organisierter Interessen und korporativer Akteure bedeutet zugleich im Rahmen des Policy-Prozeß mehr Partizipation und Intervention der sozialen und politischen

---

72 vgl. Rainey/Milward: "Public Organizations: Policy Networks and Environment", in: Hall/Quinn (Hrsg.), Organizational Theory and Public Policy, S. 133-146, London 1983

73 siehe Kenis/Schneider: "Policy Networks and Policy Analysis", S. 6, 1989

Akteure. Richardson/Jordan bezeichnen diesen Trend "overcrowded policy making"[74];

- Moderne Gesellschaften zeichnen sich durch eine Ausdehnung des "state policy making" aus. Heclo spricht in diesem Zusammenhang von "policy growth", obwohl die Ressourcen des Staates im Vergleich zu seiner zunehmenden Einbindung nicht ausgeweitet wurden[75];
- Mit dem "policy growth" des Staates setzte sich die Ansicht durch, daβ der Staat kein monolithischer Block, sondern eine Menge von relativ selbständigen (institutionellen) Einheiten darstellt, die sich über die Industrien, Sektoren, Gesellschaften und über die Zeit hinweg verändern[76];
- Eng verbunden mit dieser "Dezentralisation" des Staates ist die Beobachtung einer zunehmenden Verflechtung von staatlichen und privaten Organisationen. Dieser Trend wird durch die Ergebnisse neuerer Studien bestätigt[77].

Zur Herausarbeitung der Beziehungen, der Konfigurationen und Strukturen wird auf die "network analysis" zurückgegriffen, die in den letzten Jahren einen wahren Aufschwung in der Einführung neuer methodologischer Verfahren erlebt hat[78]. Für die Verbindung beider Forschungstraditionen spricht zunächst, daβ einerseits die Untersuchung von Policy ein interessantes und bedeutsames "Anwendungsfeld" für die

---

74 siehe Richardson/Jordan: "Overcrowded Policy-Making. Some British and European Reflections", Policy Science 15, S. 247-268, 1983

75 vgl. Heclo: "Issue Networks and the Executive Establishment", in: King (Hrsg.), The New American Political System, S.88ff.

76 vgl. Evans/Rueschemeyer/Skocpol (Hrsg.): "Bringing the State Back", 1989

77 vgl. z.B. Marin: "Die paritätische Kommission. Aufgeklärter Technokorporatismus in Österreich", Wien 1982 oder Laumann/-Knoke: "The Organizational State", 1987

78 für eine methodologische Einführung in die Netzwerkanalyse siehe Knoke/Kuklinski: "Network Analysis", Beverly Hills 1982, oder Pappi F.U.: "Methoden der Netzwerkanalyse", München 1988

"network analysis" darstellt; andererseits kann sich der Policy-Forscher mit der "network analysis" eines "Handwerkzeugs" bedienen, das ihm die Analyse komplexer Strukturen und relationaler Konfigurationen in Systemen von Akteuren erlaubt[79]. Dies bestätigen auch die Ergebnisse neuerer Studien, die mit Hilfe der Netzwerkanalyse Strukturen der politischen Kommunikation und des Ressourcentauschs zwischen politischen und privaten Akteuren aufzeigen konnten[80].
Auf der Seite der Wissenschaft führten diese Veränderungen zu neuen Forschungsprogrammen und -problemen in der policy analysis. Hier konnte sich weder ein technologischer bzw. methodologischer Fortschrittsoptimismus noch die Unterscheidung von Policyplanung und -implementation durchsetzen. Vielmehr wird in jüngster Zeit der gesamtheitlichen Betrachtung von Policies mit deren strukturellen und wirkungsgebundenen Klassifikationen Vorzug gegeben[81].
Für die Analyse erscheint es sinnvoll, zunächst die "Nominalkategorie" Politikfeld, das soziale System mit seinen konkreten Elementen (sprich Institutionen und beteiligten Akteure) zu definieren. Es sind die institutionellen Rahmenbedingungen und -verfahrenswege zu beschreiben, die eine Policy in einem Politikfeld kanalisieren. Institutionen und deren historisch gewachsene Aufgabenteilung können beispielsweise ein Policy-Netz prägen, ohne zwangsläufig zu verschiedenen nationalen Politikarenen zu führen. Nach dieser inhaltlichen Politikfeld- und Zuständigkeits-

---

79 vgl. Kenis/Schneider: "Policy Networks as an Analytical Tool for Policy Analysis: A Review and some Suggestions", S. 2, Beitrag zur Konferenz "Policy Networks: Structural Analysis of Policy Making", Köln 1989

80 z.B. Domhoff: "Who Rules America Now ? A View for the '80s", New York 1983 oder Laumann/Knoke: "The Organizational State: A Perspective on National Energy and Health Domains", Madison 1987

81 vgl. Mayntz: "Political Intentions and Legal Measures: The Determinants of Policy Decisions", in: Dainith (Hrsg.), Law as an Instrument of Economic Policy: Comparativ and Critical Approaches, S. 56-71, 1988

abgrenzung sollte die politikfeldtypische Interaktions- und Interdependenzstruktur herausgearbeitet werden, die unterschiedliche Verhaltensmuster der Beteiligten zu erklären vermögen. Dieses leitet sich aus der durch die Perzeption bestimmter Kosten und Nutzen entstehenden Politikarena mit ihrer wechselseitigen Festlegung einer Policy-Form ab.

3. Das Politikfeld "Arbeit"

Das Politikfeld "Arbeit" beschäftigt sich inhaltlich mit den kollektiven Entscheidungen auf der nationalen Ebene im politischen System der Bundesrepublik Deutschland, welche die industriellen Beziehungen als Verhältnis von Kapital und Arbeit regeln und im Bereich des Arbeitsrechts in die Ressourcenverteilung zwischen diesen Produktionsfaktoren eingreifen[82]. Dieser Prozeβ kollektiver Entscheidungsfindung wird in einem Politikfeld von relevanten Akteuren (Organisationen) bestimmt[83]. Zur Verdeutlichung einzeln abgegrenzter Politikfelder kann Parsons Definition eines sozialen Systems, das eine Vielzahl von Akteuren auf der Basis eines gemeinsamen Symbolbezugs integriert, herangezogen werden. Die Systemmitgliedschaft in einem sozialen System wird festgelegt durch die gemeinsame Bedeutung und Betroffenheit, die Mitglieder bei ihren Interaktionen in Rechnung stellen. Die gemeinsame Bedeutung oder die gemeinschaftliche Orientierung stellt einen verbindenden Bezugspunkt dar, der die Abhängigkeit der Akteure voneinander

82 vgl. auch Müller-Jentsch: "Soziologie der industriellen Beziehungen", S. 230, 1986

83 Innerhalb des breiten Feldes der Wirtschaftssoziologie und der politischen Soziologie kann dieser Ansatz am besten als der "multipler Eliten" (vgl. Knoke: "Power Structures", S. 386-388, 1981) oder die "managerial perspective" (vgl. Friedland: "Powers of Theory: Capitalism, the State, and Democracy", S. 161-268, 1985) bezeichnet werden. Nach diesen Ansätzen wird das politische und wirtschaftliche System moderner Industriegesellschaften als Komplex formaler Organisationen betrachtet, die untereinander um knappe gesellschaftliche Ressourcen und deren kollektive Allokation konkurrieren.

verdeutlicht. Das symbolische System umfaßt sämtliche Bezugspunkte, die ihm von den Akteuren beigemessen werden, und ist daher ein (Sub-)System "identified by specifying a substantive criterion of mutual relevance or common orientation among a set of consequential actors concerned with formulating, advocating, and selecting courses of action (i.e., policy options) that are intended to resolve the delimited substantive problems in question"[84]. Diese Bezugspunkte umschreiben das Politikfeld, das den politischen Prozeß mit seinen Akteuren zum Inhalt hat.

Anhand dieser Definition eines Politikfelds wurden zunächst die wesentlichen inhaltlichen Policy-Fragen festgelegt[85], die dann in einer empirischen Erhebung von den Befragten im Sinne einer auch für sie gültigen Systemabgrenzung zu beurteilen waren[86]. Unabhängig von den Arten kollektiver Entscheidungen organisieren die Policy-Fragen (Issues) ein Politikfeld von der inhaltlichen Seite her. Sie tragen daher zum

84 siehe Knoke/Laumann: "The social organization of national policy domains: an exploration of some structural hypotheses", in: Marsden/Lin (Hrsg.), Social Structure and Network Analysis, S.256, Beverly Hills 1982

85 vgl. zu einer rein analytischen Definition von Arbeitspolitik Jürgens/Naschold: "Thesen und Materialien zur Arbeitspolitik", in: Hartwich (Hrsg.), Gesellschaftliche Probleme als Anstoß und Folge von Politik, S. 113, 123ff., Opladen 1983

86 Das hier angewandte Grundkonzept basiert auf der Untersuchung der Herausbildung einer Politik als Resultat eines Interaktionsprozesses interessierter Akteure. Dabei wird sowohl der strukturellen als auch der prozessualen Dimension Bedeutung zugemessen. Die Untersuchung des "policy process" als Interessenkampf, Entscheidungsfindungs- und Problemverarbeitungsprozeß mit identifizierbaren Ereignissen (z. B. Einbringung eines Gesetzentwurfs in den Deutschen Bundestag) auf der einen Seite (prozeßorientiert) und die Strukturanalyse (bezogen auf die relevanten Akteure, deren Ressourcen, soziale Beziehungen untereinander etc.) spiegeln beide Dimensionen wider, die jedoch nicht separat behandelt werden (vgl. das Konzept der Energie- und Gesundheitspolitik in den USA bei Laumann/Knoke/Kim: "An organizational approach to State policy formation: A comparative study of energy and health domains", S. 1-19, 1985).

Verständnis der Policy in einem Politikbereich bei. Die wichtigsten arbeitspolitischen Issues wurden in erster Annäherung durch Verschlüsselung der wesentlichen möglicherweise kontroversen Inhalte der wichtigsten Ereignisarten (z.B. Gesetzesvorhaben) im Untersuchungszeitraum bestimmt. Wegen der Bedeutung unterschiedlicher institutioneller Arenen für das Politikfeld "Arbeit" wurde die öffentliche Aufmerksamkeit, die definitionsgemäß für die Auswahl eines Issues relevant ist, anhand von Spezialpublikationen ausgemacht[87]. Die Vereinigungsmenge der aus diesen Quellen (Gesetzesvorhaben, DAS PARLAMENT, Jahresberichte der BDA und DIE MITBESTIMMUNG aktuell) gewonnenen Themen bildete die Grundgesamtheit der Issues[88]. Bei der konkreten Auswahl war ein Kriterium das wiederholte Auftreten eines Themas, das durch Kenntnis des Politikfelds ergänzt wurde.

---

87 Dabei lag die Annahme zugrunde, daß zunächst die Öffentlichkeit erfaßt werden muß, die von der Arbeit des Bundestages und eventuell noch des Bundesrates hergestellt wird. Die Medienresonanz dieser Arbeit wurde mit Hilfe der jährlichen Inhaltsverzeichnisse der Zeitung DAS PARLAMENT für die Jahrgänge 1983 bis 1987 und einer Durchsicht der Einzelausgaben des Jahrgangs 1988 für die Monate Januar bis Juni festgestellt.
Eine zweite wichtige Quellenart sind die Publikationen der größten Interessenverbände, in erster Linie der Bundesvereinigung der Deutschen Arbeitgeberverbände (BDA) und des Deutschen Gewerkschaftsbundes (DGB). Für die BDA wurden die jährlichen Gesamtüberblicke ausgewertet, die den ersten Teil der offiziellen Jahresberichte (1983 bis 1987) bilden. Bei den Gewerkschaften fiel die Auswahl auf die monatliche Ausgabe der Zeitschrift DIE MITBESTIMMUNG, die einen Überblick über wichtige Ereignisse im Politikfeld "Arbeit" gibt.

88 Bestimmte Themen werden in mehreren Jahren und in allen Quellen angesprochen. Andere treten zeitlich konzentriert, aber in allen Quellen eines Jahres auf. Wieder andere werden nur in einzelnen Quellen thematisiert wie z.B. wichtige Arbeitsgerichtsentscheidungen, die in der Regel nur in der Zeitschrift DIE MITBESTIMMUNG besprochen werden. Für die Auswahl der wichtigsten Issues im Untersuchungszeitraum ergibt diese Abstufung einen Hinweis auf die Wichtigkeit.

Als Sammelbegriff der zunächst ausgewählten Policy-Fragen könnte das Politikfeld am besten mit dem amerikanischen Begriff "labor policy" tituliert werden, dessen deutsche Übersetzung "Arbeitspolitik" jedoch nicht in derselben Bedeutung geläufig ist. Hierunter fallen in der deutschen Politikwissenschaft technische, ökonomische, soziale und politische Probleme des betrieblichen Arbeits- und Produktionsprozesses sowie dessen direkte und indirekte Regulierung[89]. In jüngster Zeit werden diese Probleme vor allem an der Einführung neuer Technologien festgemacht, die allerdings in den arbeitspolitischen Policy-Fragen nur einen von vielen Bezugspunkten ausmachen. Von der Policy-Form ausgehend umfassen die hier behandelten Fragen weitgehend Teile des kodifizierten Arbeitsrechts und können somit zunächst als regulative Policy bezeichnet werden. Darunter fallen das kollektive Arbeitsrecht mit dem Tarifvertragsrecht und dem Betriebsverfassungsrecht, das Arbeitsvertragsrecht als individuelles Arbeitsrecht und das Arbeitsschutzrecht[90]. Darüberhinaus werden Fragen der Sozialpolitik für Arbeitnehmer, die direkt an die Stellung der Arbeitnehmer im Erwerbsprozeß anknüpfen und an deren Kosten die Arbeitgeber unmittelbar und nicht nur mittelbar über Steuern beteiligt sind, und die Arbeitsmarktpolitik hinsichtlich ihrer direkten Arbeits- und Beschäftigungsförderung untersucht. Ergänzt wird dieses Politikfeld mit Themen der Diskriminierung im Beschäftigungssystem, dem Schutz besonderer Personengruppen sowie der Arbeitsgerichtsbarkeit, deren fallbezogene Rechtssprechung häufig Steuerungsprobleme der Politik in Fragen des Arbeitsrechts deutlich macht.

Die sicherlich weitgefaßte und weitreichende Themen- und Aufgabenstellung wurde schließlich mit dem Begriff "Politikfeld "Arbeit"" bezeichnet,

---

89 vgl. Jürgens/Naschold: "Thesen und Materialien zur Arbeitspolitik", in: Hartwich, Gesellschaftliche Probleme als Anstoß und Folge von Politik, S.128, 1983

90 vgl. Söllner: "Grundriß des Arbeitsrechts", S.32, 1987

da auch die Begriffe "Industrielle Beziehungen" sowie "Arbeitsbeziehungen" direkt aus dem Englischen übernommen sind und für den Gegenstandsbereich zumeist unbefriedigende und ideologisch vorbelastete Konnotationen aufweisen. Die von Müller-Jentsch vorgenommene Bezeichnung "Austauschbeziehungen zwischen Kapital und Arbeit" kommt dem englischen Inhalt und den behandelten Policies weitaus näher. Zudem vermeidet sie Überschneidungen mit dem Terminus "Arbeitsbeziehungen", der oftmals die Relationen zwischen den Arbeitenden im Arbeitsprozeβ, die Arbeitsorganisation etc. zum Inhalt hat. Dennoch dürfte sie für die Bezeichnung des Politikfelds ungeeignet sein, da sie auch Regelungen der direkt am Arbeitsprozeß Beteiligten einschließt[91]. Daher wurde der zum einen unverfängliche Begriff "Arbeit" ausgewählt, der die rechtliche Komponente unterstreicht.

3.1 Institutionelle Verfahrenswege: Gesetzentwürfe, Verordnungen, Gerichtsurteile, Allgemeinverbindlichkeitserklärungen

Das Grundkonzept der vorliegenden Politikfeldstudie basiert auf einer Menge von sowohl staatlichen als auch privaten Organisationen, die auf Bundesebene kollektiv bindende Entscheidungen zu beeinflussen versuchen. Inhaltlich werden arbeitspolitische Fragen behandelt. Die kollektiv bindenden Entscheidungen umfassen den legislativen, exekutiven, aber auch den judikativen Sektor. Bei der Regelungen der arbeitspolitischen Fragen, die auch heute den Kernbereich der Sozialstruktur von demokratischen Industriegesellschaften bestimmen, nimmt der moderne Sozialstaat eine entscheidende Rolle ein[92]. Innerhalb des Policy-Prozesses tritt staatliches Handeln in Form von Gesetzesinitiativen, Verordnungen oder Gerichtsentscheidungen mit einzelnen Politikereignissen (z.B.

---

91 vgl. Müller-Jentsch: "Soziologie der industriellen Beziehungen, S. 7, 1986)

92 vgl. Müller-Jentsch: "Soziologie der industriellen Beziehungen", S. 230, 1986

Hearings, Abstimmungen im Parlament etc.) auf, die politische Streitfragen (Issue) thematisieren können. Für die Untersuchung wurden Politikereignisse als zeitlich determinierte Entscheidungspunkte in einem kollektiven Entscheidungsfindungsprozeß definiert. Konkret impliziert ein Ereignis die Verwicklung eines korporativen Akteurs, der an einer für das Politikfeld "Arbeit" relevanten Entscheidung teilnimmt[93]. Kollektiv bindende Entscheidungen werden formal auf einem von der Verfassung oder einem Gesetz vorgesehenen Verfahrensweg hergestellt, in dessen Verlauf politische Institutionen und Institutionengefüge für die Setzung der Rahmenbedingungen dieses Entscheidungsfindungsprozesses verantwortlich zeichnen. Ein typisches Ereignis ist z.B. die Entscheidung zu einem Gesetzesvorschlag, die in einer Ausschußsitzung bei dem entsprechenden Tagesordnungspunkt gefällt wird. Eine Ereignissequenz leitet sich aus einem gesetzlich oder geschäftsordnungsmäßig vorgeschriebenen Ablauf von Ereignissen her. In der Regel beginnt sie mit der Einbringung eines Gesetzentwurfs und wird fortgesetzt mit der ersten, zweiten und dritten Lesung im Bundestag. Ergänzt wird die Ereignissequenz durch Besprechungen des Gesetzentwurfs in Ausschußsitzungen bzw. nach der Verkündung des Gesetzes durch die inhaltliche Implementation per Verordnung.
Im Vordergrund der Untersuchung des Politikfelds "Arbeit" steht folglich die Analyse staatlichen Handelns auf Bundesebene. Einzelne Tarifvereinbarungen sind damit ausgeschlossen. Staatliches Handeln kann im Policy-Prozeß einerseits durch die Setzung von Rechtsnormen (regulative Politik) - insbesondere der Regelung des Tarifvertragsrechts, der Montanmitbestimmung etc. -, andererseits durch Regelungen des Systems "sozialer Sicherheit" (Sozialversicherung), aber auch anderer Leistungen an die Arbeitnehmer, die vom Arbeitgeber unmittelbar aufgebracht werden müssen ((re-)distributive Politik), kategorisiert werden.

93 vgl. Laumann/Knoke: "The Organizational State", S.107, 1988

Für das Politikfeld "Arbeit" konnten insgesamt vier institutionelle Verfahrenswege unterschieden werden:

1. die Gesetzgebung des Bundes,
2. die Verordnungen der Bundesregierung,
3. die Urteile der obersten Gerichte und
4. die Allgemeinverbindlichkeitserklärungen von Tarifverträgen durch das Bundesministerium für Arbeit.

Im Verlauf dieser Entscheidungsfindungsprozesse können Politikereignisse, die den unterschiedlichen Akteuren die Möglichkeit geben, sich themenspezifisch und damit interesse- und intensitätsabhängig an diesem Prozeß zu beteiligen, ausgemacht werden.

Vor der Einbringung eines Gesetzentwurfs in den Entscheidungsfindungsprozeß muß jedoch ein Problem von den Akteuren zunächst als relevant erkannt werden. Anschließend werden im Stadium der Generierung von Entscheidungsoptionen verschiedene Lösungsmöglichkeiten des Problems ventiliert, die auf die Tagesordnung der zuständigen Gremien gesetzt werden. Diese Phase der Problemerkennung, -definition und der daraus resultierenden Lösungsmöglichkeiten entspricht dem Issue-Attention-Zyklus, der von der formalen und institutionell vorgegebenen Ereignis-Sequenz unterschieden werden kann. Erst von hier ab kann die Ereignisanalyse im oben ausgeführten Sinn beginnen[94]. Ereignissequenzen können jedoch miteinander verbunden sein, indem verschiedene Gesetzesvorschläge zur Lösung desselben Problems eingebracht werden. Neben diesem Ereignisszenario, das die inhaltlich miteinander verbundenen Ereignissequenzen zusammenfaßt, werden häufig verschiedene thematische Schwerpunkte in einem Ereigniskomplex abgehandelt (z.B. in Reformgesetzen), die eine Analyse der Zusammenhänge erschweren. Die Schwerpunkte des Ereigniskomplexes müssen zunächst zur Erklärung der Zuständigkeiten bzw. Interessen der Akteure identifiziert werden.

---

94 vgl. dazu Laumann/Knoke: "The Organizational State, S. 13-17, 1987

Die Ereignisanalyse basiert auf einem Tauschmodell kollektiver Entscheidungen, das sich in seinem Grundmodell zielorientierter Akteure, die Ressourcen besitzen und die unterschiedliches Interesse am Ausgang von Ereignissen haben, zusammensetzt[95]. Diese Ereignisse finden im Rahmen des Policy-Prozeß statt. Die an diesem Prozeß partizipierenden Akteure versuchen, unter Mobilisierung von Ressourcen Einfluß auf den kollektiven Entscheidungsfindungsprozeß auszuüben.
Im modernen Sozialstaat der Bundesrepublik Deutschland ist der Policy-Prozeß weitgehend im Parlament institutionalisiert. Der Gesetzgebungsprozeß bietet den Akteuren Möglichkeiten, sich an teilweise (zeitlich) festgelegten Ereignissen (Parlamentsausschüsse, Hearings etc.) zu beteiligen. Die vier ausgemachten Verfahrenswege und deren Operationalisierung im Politikfeld "Arbeit" werden in den folgenden Abschnitten vorgestellt.

3.1.1 Das Gesetzgebungsverfahren

Das formelle Gesetz ist im demokratischen Rechtsstaat - abgesehen von der Verfassungsurkunde - die ranghöchste Äußerung der staatlichen Gewalt; aus diesem Grunde sind die anderen Staatsgewalten, also die aus Regierung und Verwaltung bestehende vollziehende Gewalt sowie die Rechtssprechung an das verfassungsmäßig zustandegekommene Gesetz gebunden[96]. Das institutionalisierte Verfahren des Gesetzgebungs-

---

95 Die Prozesse, die im Politikfeld "Arbeit" zu diesen Entscheidungen führen, werden mit Hilfe einer Theory der kollektiven Entscheidung modelliert, die ursprünglich von Coleman (1973) unter Annahme eines vollkommenen Marktes für den Ressourcentausch formuliert worden ist und später modifiziert wurde, um auch Abweichungen von dieser Annahme zuzulassen (vgl. Marsden: "Restricted access in networks and models of power", S. 686-717 und Pappi/Kappelhoff: "Abhängigkeit, Tausch und kollektive Entscheidungen in einer Gemeindeelite", S. 87-177, 1984).

96 Diese Bindungswirkung, die man in der deutschen Rechtssprache als

prozesses legt die formalen Zugangs- und Einflußmöglichkeiten der Akteure - und damit die Ereignisse - klar fest. Die Öffentlichen Anhörungen des federführenden Ausschusses, die im Vorfeld eine schriftliche Stellungnahme erlauben, bieten den Akteuren in der Regel die Möglichkeit, zwischen der ersten und der zweiten Beratung eines Gesetzentwurfs im Bundestag Änderungsvorschläge in den anschließend zur Abstimmung anstehenden Gesetzestext einzubringen[97]. Daher wurden alle Verhandlungsprotokolle der sich inhaltlich mit dem Politikfeld "Arbeit" beschäftigenden federführenden Ausschüsse in eine Datenbank aufgenommen[98].

---

den Vorrang des Gesetzes bezeichnet, bedeutet, daß die Fragen, die in einem förmlichen Gesetz entschieden sind, von den gesetzesvollziehenden Gewalten Exekutive und Judikative nicht anders entschieden werden dürfen (vgl. Busch/Handschuh/Kretschmer/Zeh: "Wegweiser Parlament", S. 301-306, 1988).

97 Laut Geschäftsordnung des Deutschen Bundestages werden Gesetzentwürfe generell in drei Beratungen im Bundestag behandelt (Par. 78 Geschäftsordnung des BT). Am Schluß der ersten Beratung wird ein Gesetzentwurf vorbehaltlich einer abweichenden Entscheidung (gem. Abs. 2) mindestens einem Ausschuß überwiesen, wobei der federführende Ausschuß zu bestimmen ist. Den Bericht an den Bundestag gemäß Par. 66 kann nur dieser federführende Ausschuß erstatten, der sich jedoch zuvor mit den möglicherweise zusätzlich beauftragten Ausschüssen abstimmen sollte. Normalerweise finden diese Ausschußsitzungen unter Ausschluß der Öffentlichkeit statt. Zur Information über einen Gegenstand seiner Beratung kann ein Ausschuß öffentliche Anhörungen von Sachverständigen, Interessenvertretern und anderen Auskunftspersonen vornehmen. Bei überwiesenen Vorlagen ist der federführende Ausschuß auf Verlangen eines Viertels seiner Mitglieder dazu verpflichtet, ansonsten erfolgt eine Anhörung auf Beschluß des Ausschusses.
Die Ergebnisse des federführenden Ausschuß werden dem Bundestag in seiner zweiten Beratung mitgeteilt. Während dieser Beratung können Änderungsvorschläge eingebracht und beschlossen werden, die in der dritten Beratung eines Gesetzentwurfs zur Abstimmung anstehen (vgl. Deutscher Bundestag: "Geschäftsordnung des Deutschen Bundestags", Stand 1986)

98 Zusätzlich wurden alle Informationen der in diesem Rahmen er-

Zunächst wurden sämtliche Merkmale eines Gesetzentwurfs in der Datenbank verschlüsselt. Anschließend wurden für die Analyse der Gesetzgebung anhand der Veröffentlichung des Deutschen Bundestages/Bundesrates (Hrsg.) "Stand der Gesetzgebung des Bundes", Abschlußband 10. Wahlperiode 1983-1987 bzw. "Stand der Gesetzgebung des Bundes", Loseblattsammlung 11. Wahlperiode 1987" sämtliche Gesetzentwürfe (Regierungsvorlagen), Gesetzesvorlagen (eingebracht von Abgeordneten) und verabschiedete Gesetze identifiziert. Hierbei wurden alle Gesetze, Gesetzentwürfe und Gesetzesvorlagen berücksichtigt, die in der Sachgruppe "Arbeit und Sozialordnung" (G) aufgeführt sind. Ergänzt wurden diese durch einige Formulare der Sachgruppen "Inneres" (B), "Justiz" (C), "Bildung und Wissenschaft" (O), "Jugend, Familie und Gesundheit" (I), "Ernährung, Landwirtschaft und Forsten" (F), "Wirtschaft" (E) und "Finanzen" (D), soweit diese Berührungspunkte mit dem Politikfeld "Arbeit" aufwiesen[99]. Im Gegensatz zu Haushaltsbegleitgeset-

---

folgten Öffentlichen Informationssitzungen (Thema - Gesetzentwurf, angehörte Organisationen, Namen der Vertreter, beisitzende Ministerien bzw. Ländervertreter, Zeitpunkt etc.) gespeichert.

99 Die zur Vercodung der Gesetze, Gesetzentwürfe bzw. -vorlagen erfaßten Daten betrafen den Gesetzestitel (1), den Inhalt (2) — der nochmals zusammengefaßt wurde und sämtliche Änderungen aufgrund der Ausschußempfehlungen berücksichtigt —, die Zielsetzung des Gesetzes bzw. des Gesetzentwurfes und der —vorlage (Hauptcode (3), Nebencode (3a)), den Akteur (4), das Datum der Einbringung in den Bundesrat (6), der Ausschußüberweisung in den Bundesrat (7), der Stellungnahme des Bundesrates (8), der Einbringung in den Bundestag (9) und der 1. Lesung im Bundestag (10), den federführenden Ausschuß des Bundestages (10a) — in den die Vorlage überwiesen wurde —, die anderen Ausschüsse des Bundestages (10b) — die sich mit der Vorlage befaßten, das Datum der Ausschußempfehlung (11), den Inhalt dieser Empfehlung (11a), das Datum der 2. Lesung im Bundestag (12), der 3. Lesung im Bundestag (13) und den anschließend gefaßten Beschluß (14), das Datum der 2. Einbringung in den Bundesrat (15), der 2. Ausschußüberweisung im Bundesrat (16) und der 2. Beratung im Bundesrat (17), die Stellungnahme des Bundestags (18), die Einberufung des

zen, die eine spezifische Einflußnahme verschiedener Interessengruppen vermuten lassen, erschien es sinnvoll, die innerhalb des Untersuchungszeitraums verabschiedeten Haushaltsgesetze auszuklammern. Aus forschungstechnischen Gründen (Identifizierung der Akteure, Befragung und theoretischer Rahmen in Form des Tauschmodells) wurden internationale Vereinbarungen (Sachgebiet "Völkerrechtliche Vereinbarungen, Arbeit und Sozialordnung" (XG)) in die Untersuchung nicht aufgenommen. Der folgende Überblick zeigt die Gesamtzahl der Gesetzentwürfe in allen Politikfeldern und im Politikfeld "Arbeit", deren politische Initiatoren (politische Akteure) und Werdegang im Untersuchungszeitraum von 1983 bis 1988 auf. Zudem wird eine tabellarische Übersicht dieser Aktivitäten, gegliedert nach den arbeitspolitischen Teilbereichen (Haupt- und Nebencode), gegeben.

Nach Tabelle 1 betrafen 15-20 % aller von 1983 bis 1988 eingebrachten Gesetzesinitiativen das Politikfeld "Arbeit". Besonders der Bundestag zeichnet sich in diesem Zeitraum durch eine Vielzahl von arbeitspolitischen Einbringungen aus. Die Hälfte aller Bundestagsinitiativen entfällt auf die SPD-Fraktion, deren Aktivitäten geschlossen abgelehnt wurden.

Vermittlungsausschusses (19) und das Datum der Verkündung des Gesetzes (20).
Die Vercodung der Einberufung des Vermittlungsausschusses (19) bezieht sich auf die Frage, ob dieser sich mit dem Gesetz auseinanderzusetzen hatte. Nach der gleichen Frage wurde die Stellungnahme des Bundesrates (18) verschlüsselt (ja/nein).
Im Falle einer Ablehnung der Einbringung eines Gesetzvorhabens des Bundesrates in den Bundestag ist dies zudem im Feld Beschluß (14) vermerkt worden.

Tabelle 1: Gesetzentwürfe von 1983 bis Mitte 1988:

	Allgemein	Politikfeld Arbeit
1. Gesamtzahl der Gesetzesentwürfe		
Gesamtzahl	812	112
Regierungsvorlagen	373	34
Länder (BR)	195	28
Bundestag (BT)	244	50
davon interfrakt.	3	
CDU/CSU, FDP, SPD	14	1
CDU/CSU, FDP	53	14
CDU/CSU	1	
SPD	93	25
DIE GRÜNEN	80	10
2. Beim BT eingebracht		
Gesamtzahl	665	87
Regierungsvorlagen	349	30
Länder (BR)	72	7
Bundestag (BT)	244	50
3. Vom BT verabschiedet		
Gesamtzahl	362	42
Regierungsvorlagen	279	26
Länder (BR)	33	4
Bundestag (BT)	53	12
davon interfraktionell	0	
CDU/CSU, SPD, FDP	12	1
CDU/CSU, FDP	40	11
SPD	1	0
DIE GRÜNEN	0	0

Für die Untersuchung stand zunächst die inhaltliche Gliederung der Gesetzesinitiativen nach Teilbereichen im Vordergrund. Diese Teilbereichsgliederung des Politikfelds "Arbeit" resultiert aus den Schwerpunkten des kodifizierten Arbeitsrechts, die sich in der Bundesrepublik teilweise seit Beginn des 20. Jahrhunderts in Gesetzen oder Verordnungen herausbildeten und noch heute Gültigkeit besitzen. In Tabelle 2 werden diese Teilbereiche und die auf sie rekurrierenden Regelungen aufgeführt, die gleichzeitig Anhaltspunkte für die Vercodung (Hauptcode, Nebencode) der Gesetzesinitiativen von 1983 bis 1988 waren:

Tabelle 2: Teilbereiche des Politikfelds "Arbeit" und ihre historischen Bedingungen

Teilbereich	Codifizierte Regelungen
1. Tarifvertragsrecht	Tarifvertragsgesetz 1949
2. Unternehmensmitbestimmung	Mitbestimmungsgesetz 1976, Montanmitbestimmungsgesetz 1951, Par. 76ff. BetrVG
3. Betriebsverfassung	Betriebsverfassungsgesetz 1972, Bundespersonalvertretungsgesetz
4. Innere Organisation / Gewerkschaften u. Arbeitgeberverbände	Art. 9 Abs 3 GG (Verbändegesetz
5. Technischer Arbeitsschutz	Gewerbeordnung, Reichsversicherungsordnung, Geräte sicherheitsgesetz 1968, Chemikaliengesetz 1980, Gefahrstoffverordnung 1975
6. Arbeitsvertragsrecht	BGB, HGB, GewO, Bundesurlaubsgesetz, Vermögensbildungsgesetz, Kündigungsschutzgesetz, Arbeitnehmerüberlassungsgesetz
7. Arbeitszeitschutz	Arbeitszeitordnung 1938, Ladenschlußgesetz 1956, GEWO
8. Sozialpolitik für Arbeitnehmer	Gesetz zur Verbesserung der betriebl. Altersversorgung, RVO (Unfallverhütung), AFG (Arbeitslosigkeit)
9. Schutz besonderer Personengruppen	Schwerbehindertengesetz, Mutterschutzgesetz, Jugendarbeitsschutzgesetz
10. Diskriminierung im Beschäftigungssystem	Arbeitsrechtliches EG-Anpassungsgesetz
11. Arbeitsmarktpolitik	Arbeitsförderungsgesetz 1969, Beschäftigungsförderungsgesetz 1985
12. Arbeitsgerichtsbarkeit	Arbeitsgerichtsgesetz 1953

Die Vergabe der Codes 1—12 richtete sich im wesentlichen nach den Leitlinien des Bundesministerium für Arbeit und Sozialordnung und ergab folgende Verteilung[100]:

100 Die Vergabe des Hauptcodes orientierte sich an dem Bereichskriterium und bezog sich daher auf die Frage, welche der o.g. Teilbereiche des Politikfelds "Arbeit" in erster Linie inhaltlich von dem Gesetz bzw. dem Gesetzentwurf oder der —vorlage berührt werden (Issuebezogen). Zum Beispiel wurde der Bildungsförderung von arbeitslosen Jugendlichen der Hauptcode (11) "Arbeitsmarktpolitik (Arbeitsförderung)", der Ausweitung des Bezugs von Sozial- oder Krankenversicherung auf arbeitslose Jugendliche der Hauptcode (8) "Sozialpolitik für Arbeitnehmer" gegeben. Folglich hatte der Gesetzestitel eine eher untergeordnete Bedeutung (vgl. Halbach/Mertens/Schwedes/Wlotzke: Recht der Arbeit, Bonn 1987).
Die Nebencode—Verschlüsselung bezog sich eher auf die Auswirkungen des Gesetzesinhalts. Diese können sowohl eine Gruppe als auch einen der o.g. Teilbereiche betreffen. Beispielsweise wurden Zeitregelungen beim Jugendarbeitsschutzgesetz mit Hauptcode (7) "Arbeitszeitordnung" und Nebencode (9) "Benachteiligte Gruppen am Arbeitsmarkt" codiert. Insofern sind Vorruhestandsregelungen mit dem Hauptcode (6) "Arbeitsvertragsrecht" und dem Nebencode (11) "Arbeitsmarktpolitik (Arbeitsförderung)" versehen worden.
Gesetze bzw. Gesetzentwürfe oder —vorlagen, die der Sachgruppe "Arbeit und Sozialordnung" (G) zugeordnet sind und keinem der o.g. Teilbereiche entsprechen, wurden mit (0) verschlüsselt.

Tabelle 3: Haupt- Nebencodeverteilung der arbeitspolitischen Entscheidungen

HC / NC	1	2	3	4	5	6	7	8	9	10	11	12	
12			2										2
11						11	8	2	2				23
10							1						1
9			1			1	5	4			2		13
8			1			1	1		2		2		7
7						2							2
6			5				1	2	3		1		12
5							1						1
4			1				1						2
3	1					2	1	1					5
2			1										1
1						2							2
													71
	2	4	10	1	0	22	17	28	10	3	14	1	112

Fälle insgesamt: 158

Vercodung (0) = für das Themengebiet nicht-relevante Fälle: 46

Daraus folgt: Vergabe des Hauptcodes in insgesamt 112 Fällen

Anzahl der Fälle mit Hauptcode ohne Nebencode(s) = 66

Anzahl der Nebencodes (insg.): 71

Die Verteilung der Haupt- und Nebencodes läßt die arbeitsrechtlichen Schwerpunkte der Regierung Kohl vermuten. Arbeitsvertragsrechtliche Fragen (6), die Arbeitsmarktpolitik (11) und die Regelungen der

Arbeitszeitordnung (7) standen im tagespolitischen Vordergrund, während die klassischen Arbeitnehmer-Arbeitgeber-Konfliktfelder aus den Bereichen des Tarifvertragsrechts und der Unternehmensmitbestimmung eine untergeordnete Rolle spielten. Ob sich diese Vermutung auch aus Sicht der befragten relevanten Organisationen bestätigt, wird jedoch noch zu untersuchen sein.

Nach der inhaltlichen Vercodung der im Politikfeld "Arbeit" relevanten Gesetzesinitiativen und der thematischen Abgrenzung des Politikfelds per Issues wurden die Art (Öffentliche und nichtöffentliche Informationssitzungen der Ausschüsse) und die Anzahl (Häufigkeit der Sitzungen) der in diesem Bereich eingebrachten Gesetzentwürfe ermittelt. Für die Endauswahl der Ereignisse wurden folgende Kriterien angelegt:

1. Öffentliches Interesse an einer Entscheidung (Häufigkeit und Bedeutung der dieses Ereignis betreffenden Issues, ermittelt durch Inhaltsanalyse der Zeitschriften DAS PARLAMENT, DIE MITBESTIMMUNG, der Jahresberichte des BDA und der Gesetzestexte);
2. Häufigkeit der im Rahmen des entsprechenden Gesetzentwurfs durchgeführten (nichtöffentlichen) Ausschußsitzungen;
3. Häufigkeit der Öffentlichen Informationssitzungen eines inhaltlich das Politikfeld "Arbeit" betreffenden Gesetzentwurfs.

Mit diesem Verfahren konnten bei der Endauswahl 32 Gesetzesinitiativen ermittelt und in die Befragung aufgenommen werden.

3.1.2 Verordnungen

Neben den Gesetzen, Gesetzentwürfen und -vorhaben wurden Verordnungen auf ihren inhaltlichen Bezug zum Politikfeld "Arbeit" untersucht. Für die Bundesrepublik gilt, daß für die Gesetzesimplementation Verordnungen und andere Arten von Vorschriften von entscheidender Bedeutung sind. Die Gesetze bestimmen die institutionelle Arena, in der Politikkern des Gesetzes für den Gesetzesvollzug konkretisiert wird: "Die Rechtsverordnung ist eine hoheitliche Anordnung für eine unbestimmte Vielzahl von Personen zur Regelung einer unbestimmten Vielzahl von Fällen, die nicht im förmlichen Gesetzgebungsverfahren ergeht, sondern von den dazu ermächtigten Organen der vollziehenden Gewalt (insbes. Regierung, Minister) erlassen wird"[101]. Die Rechtsnorm ist demnach als Rechtsnorm zwar Gesetz im materiellen, nicht aber im formellen Sinn; sie ist zudem von den Verwaltungsvorschriften, die nur verwaltungsintern wirken, zu unterscheiden. Nach Art. 80 I GG können die Bundesregierung, ein Bundesminister oder die Landesregierungen durch Gesetz ermächtigt werden, Rechtsverordnungen zu erlassen. Dabei sind Inhalt, Zweck und Ausmaß der erteilten Ermächtigung im Gesetz zu bestimmen, und es muß schon aus der Ermächtigung für den Bürger erkennbar und vorhersehbar sein, was von ihm gefordert werden kann. Der vollziehenden Gewalt darf keine Globalermächtigung erteilt, sondern ihr dürfen nur ausführende, konkretisierende Regelungen überlassen werden. Art. 80 I GG gilt zwar unmittelbar nur für die Rechtsnorm zur Ausführung von Bundesgesetzen. Als Ausprägung des rechtsstaatlichen und demokratischen Verfassungssystems ist der Grundsatz aber auch für die Gesetzgebung derjenigen Bundesländer verbindlich, deren Verfassungen keine ausdrückliche Vorschrift dieses Inhalts aufweisen. In der Rechtsnorm ist das ermächtigende Gesetz anzugeben; sie bedarf zu ihrer Wirksamkeit der Verkündung im Gesetzblatt. In vielen Fällen ist für die Rechtsnorm der Bundesregierung oder eines Bundesministers nach Art. 80 II GG die Zustimmung des Bundesrates erforderlich[102].

Besonders im Bereich des technischen Arbeitsschutzes werden ständig Anpassungen an den neuesten Stand der Technik mit Hilfe verschiedener sekundärer Regelwerke vorgenommen. Ein Zentralbegriff des Arbeitsschutzrechtes ist die Arbeitssicherheit, die im wesentlichen die

---

101 siehe Avenarius: "Kleines Rechtswörterbuch", S. 326, Bonn 1985

102 vgl. Avenarius: "Kleines Rechtswörterbuch", S.326, 327, Bonn 1985

Ziele des Arbeitsschutzes beschreibt. Im engeren Sinne werden diese durch Maßnahmen

1. zur Verhütung von Arbeitsunfällen, Berufskrankheiten und sonstigen arbeitsbedingten Gesundheitsgefahren;
2. zur Erhaltung der Arbeitskraft des Arbeitnehmers, d.h. zur Verhütung frühzeitiger Verschleißerscheinungen und
3. zur Wahrung eines sittlichen Empfindens

konkretisiert.

Arbeitssicherheit beschränkt sich folglich auf die Ausgestaltung des Arbeitsplatzes und kann auf den sogenannten technischen Arbeitsschutz reduziert werden.

Zu den Rechtsvorschriften, die dem technischen Arbeitsschutz zuzurechnen sind, zählen die Arbeitsschutzbehörden insbesondere die Paragraph 120a ff. Gewerbeordnung, die aufgrund Paragraph 24 der Gewerbeordnung erlassenen Rechtsverordnungen, die Arbeitsstättenverordnung, die Gefahrstoffverordnung und das Sprengstoffrecht.

Vom technischen Arbeitsschutz ist der soziale Arbeitsschutz abzugrenzen, der vor allem die Arbeitszeitordnung, die Sozialvorschriften im Straßenverkehr und ferner die Vorschriften, die dem Schutz besónders schutzbedürftiger Personengruppen dienen, umfaßt. Eine eindeutige Zuordnung ist häufig jedoch nicht möglich, da vielfach Vorschriften des sozialen Arbeitsschutzes (z.B. Arbeitszeitregelungen) auch der Verhütung von Arbeitsunfällen dienen.

Gegenüber dem privaten Arbeitssicherheitsrecht, das sich auf das Arbeitsvertragsrecht stützt und sich größtenteils auf individuelle (den konkreten Arbeitsplatz betreffende) Verstöße des Arbeitgebers gegen arbeitsschutzrechtliche Bestimmungen bezieht, kann das öffentlich-rechtliche Arbeitssicherheitsrecht als wichtiger eingestuft werden. Durch das öffentlich-rechtliche Arbeitssicherheitsrecht werden der Arbeitgeber und der Arbeitnehmer gegenüber dem Staat oder einem sonstigen Träger hoheitlicher Gewalt verpflichtet, die erforderlichen Arbeitssicherheitsmaßnahmen zu treffen. Die Beteiligten befinden sich - im Gegensatz zum

Privatrecht - in einem Über- und Untergeordnetenverhältnis. Zumeist wird das öffentlich-rechtliche Arbeitssicherheitsrecht in zwei weitere Kategorien - des staatlichen und des autonomen Arbeitsschutzrecht - unterteilt. Das staatliche Arbeitsschutzrecht kann alle Arbeitgeber erfassen und wird vom Bund oder den Ländern erlassen. Das autonome Arbeitsschutzrecht beinhaltet die von den Unfallversicherungsträgern nach Paragraph 708, 769 und 801 RVO erlassenen Unfallverhütungsvorschriften. Sie können - abweichend vom staatlichen Arbeitsschutzrecht - nur die Mitgliedsunternehmen und Versicherten des Unfallversicherungsträgers erfassen. Dieser Unterschied ist allerdings sehr gering, da alle Versicherungsträger in der Regel gleichlautende Unfallverhütungsvorschriften vorgeben. Gegenstand des staatlichen Arbeitsschutzrechtes ist der Gesamtbereich des Arbeitsschutzes, d.h. die Verhütung von Arbeitsunfällen und Berufskrankheiten, von sonstigen arbeitsbedingten Erkrankungen und von frühzeitigen Verschleißerscheinungen, die Wahrung des sittlichen Empfindens der Arbeitnehmer und sonstige Forderungen nach einer menschengerechten Gestaltung der Arbeit. Bestandteil der Unfallverhütungsvorschriften kann entsprechend der gesetzlichen Ermächtigungsgrundlage nur die Verhütung von Arbeitsunfällen und Berufskrankheiten sein. Per Anordnungen bzw. Vollstreckung (Verwaltungsrecht) kann gegen Zuwiderhandlungen vorgegangen werden. Staatliche Anordnungen werden vor dem Verwaltungsgericht, von den Unfallversicherungsträgern erlassene Anordnungen vor den Sozialgerichten behandelt.

Zu den wichtigsten Bundesgesetzen zählen Paragraph 120a ff. und Paragraph 24 ff. der Gewerbeordnung, das Chemikaliengesetz, das Jugendarbeitsschutzgesetz, das Mutterschutzgesetz, das Gesetz über technische Arbeitsmittel, das Gesetz über Betriebsärzte, Sicherheitsingenieure und andere Fachkräfte der Arbeitssicherheit. Nach Artikel 83 und 84 GG führen die Länder (konkurrierende Gesetzgebungsbefugnis) die Bundesgesetze als eigene Angelegenheit aus, soweit dies das

Grundgesetz nicht anders bestimmt oder zuläßt. Die Bundesregierung kann zudem mit Zustimmung des Bundesrates allgemeine Verwaltungsvorschriften erlassen, an die die Landesbehörden (nicht die Arbeitgeber) gebunden sind (z. B. Paragraph 24 GewO). Im übrigen werden die Verwaltungsvorschriften zum Vollzug von Bundesgesetzen von den Ländern erlassen.

Der Staat regelt somit den Arbeitsschutz auf der Basis der Gewerbeordnung, des Gerätesicherheitsgesetzes, des Chemikaliengesetzes usw. durch Verordnungen wie z. B. die Arbeitsstättenverordnung oder die Gefahrstoffverordnung. Die Berufsgenossenschaften sind von der Reichsversicherungsordnung ermächtigt, Unfallverhütungsvorschriften zu erlassen, die dann vom Bundesminister für Arbeit (BMA) zu genehmigen sind und im Bundesarbeitsblatt bekannt gemacht werden. Dies ist neben den normalen Verordnungen des BMA eine weitere institutionelle Arena im Bereich sekundärer Regelwerke. Zusätzlich kann davon die Erfassung sicherheitstechnischer Tatbestände in DIN-Normen, in VDE-Bestimmungen oder in der Liste maximaler Arbeitsplatzkonzentrationen (MAK-Werte-Liste) unterschieden werden.

Diese "vorschriftsähnlichen Regelwerke" werden ebenfalls im Bundesarbeitsblatt publiziert[103]. Die Kommissionen, die diese sicherheitstechnischen Normen erarbeiten, stellen weitere institutionelle Arenen dar.

Innerhalb der Untersuchung des Politikfelds "Arbeit" wird den Rechtsnormen ein anderer Stellenwert als den zuvor analysierten Gesetzen, Gesetzentwürfen und -vorlagen eingeräumt. Diese Einschätzung stützt sich auf die o. g. Definition von Rechtsnormen, die zum Erlaß Gesetze zur Voraussetzung haben und somit in direkter Abhängigkeit von diesen zu sehen sind. Aufgrund ihrer konkretisierenden Eigenschaft in Teilbereichen des Politikfelds "Arbeit" können Rechtsverordnungen als "verlängerter Arm" einiger Gesetze bezeichnet werden und fließen somit

---

103 siehe Halbach/Mertens/Schwedens/Wlotzke: "Recht der Arbeit", S.416, Bonn 1987

in die Betrachtung mit ein. Anhand des Bundesgesetzblattes wurden sämtliche Verordnungen für den Untersuchungszeitraum vom 29.3.1983 (Konstituierung des Bundestags 10. Wahlperiode) bis einschließlich 31.12.1987 identifiziert (insgesamt 991 Verordnungen). Danach wurden die zustimmungsbedürftigen Verordnungen (insgesamt 503) gekennzeichnet und das Datum der Verkündigung anhand des Bundesgesetzblattes aktualisiert[104].

Inhaltlich haben Verordnungen einen spezifizierenden bzw. technischen und konkretisierenden Charakter. Eine erste sinnvolle themenbezogene Kategorisierung der fast 991 Verordnungen konnte mittels des Schlagwortverzeichnis des Bundesgesetzblattes nach folgenden Punkten vorgenommen werden:

Tabelle 4: Inhaltliche Schwerpunkte arbeitspolitischer Verordnungen

1. Berufsausbildung	21. Erziehungsurlaub
2. Meisterprüfung	22. Ausbildungsförderung
3. Erschwerniszulagen	23. Krankenversicherung
4. Renten	24. Landwirte
5. Sonderzuschläge	25. Hebammen
6. Hüttenknappschaftliche Zusatzversicherung	26. Bundesbesoldung 27. Arbeitserlaubnis
7. Ärzte	28. Mehrarbeitsvergütung
8. Unterhaltshilfe	29. Wohnungshilfe
9. Bundessozialhilfe	30. Schwerbehinderte
10. Kurzarbeitergeld, Arbeitslosengeld, Arbeitslosenhilfe	31. Trennungsgeld 32. Jahresarbeitsverdienst
11. Rehabilitation	33. Zulassungskosten
12. Vermögensbildung	34. Klagerecht
13. Nebentätigkeiten	35. Eingangsabgabenbefreiung
14. Sozialversicherung	36. Arbeitszeit
15. Krankenfürsorge	37. Beamtenversorgungsgesetz
16. Kleinerzeugerbeihilfe	38. Künstlersozialabgabe
17. Arbeitsentgelt (+ Honorar)	39. Haftpflicht
18. Reichsversicherung	40. Berufsschadensausgleich
19. Kindererziehungsgeld	41. Unfallversicherung
20. Mutterschutz	42. Unfallentschädigung

104 Deutscher Bundesrat - Abteilung Dokumentation und Datenverarbeitung - (Hrsg.): "Zustimmungsbedürftige Verordnungen - Stand 10.3.1988"

Mit dieser ersten inhaltlichen Kategorisierung reduzierte sich die Gesamtzahl (insgesamt 991) auf 211 für das Politikfeld "Arbeit" relevante Verordnungen. Anschließend wurden diese den einzelnen Teilbereichen (1-12) anhand des Verordnungstitels zugeordnet:

Tabelle 5: Verteilung der relevanten arbeitspolitischen Verordnungen auf die Teilbereiche

Teilbereich	Anzahl
1. Tarifvertragsrecht	0
2. Unternehmensmitbestimmung	0
3. Betriebsverfassung	0
4. Innere Organisation von Gewerkschaften und Arbeitgeberverbänden	0
5. Arbeitsvertragsrecht	34
6. Technischer Arbeitsschutz	0
7. Arbeitszeitschutz	1
8. Sozialpolitik für Arbeitnehmer	33
9. Schutz besonderer Personengruppen	9
10. Diskriminierung im Beschäftigungssystem	110
11. Arbeitsmarktpolitik	23
12. Arbeitsgerichtsbarkeit	1

Zur inhaltlichen Abgrenzung wurden im nächsten Auswahlschritt die Verordnungstexte herangezogen[105]. Zunächst wurden die für das Politikfeld "Arbeit" relevanten Verordnungen durch die Aufnahme der Gefahrstoffverordnung (1986) im Teilbereich "Technischer Arbeitsschutz" ergänzt (Gesamtheit: 212). Die meisten der oben genannten Verordnungen konnten jedoch die für die Endauswahl (Ereignisse) erforderlichen Kriterien nicht erfüllen. Diese waren:

1. Zugehörigkeit zu einer Ereignissequenz, die mit einem Gesetz, das im Untersuchungszeitraum verabschiedet wurde, beginnt;

105 Neben dem Bundesgesetzblatt (1983 bis 1988) konnte dabei auf eine Textsammlung des Arbeitsrechts (Nipperdey I, Stand Januar 1987) und der Arbeitssicherheit (Nipperdey II, Stand Februar 1988) zurückgegriffen werden.

2. Erwähnung einer Entscheidung in der Grundgesamtheit der Issues. Auf diese Weise sollte sichergestellt werden, daβ die policy-relevanten Verordnungen in die Auswahl gelangen[106].

Eine Durchsicht der Regelwerke in bezug auf die im Untersuchungszeitraum erfolgten Unfallverhütungsvorschriften bzw. Anpassungen der sicherheitstechnischen Normen machte deutlich, daβ es sich hierbei um Fortschreibungen handelte, die unter dem Gesichtspunkt der Routineentscheidungen ebenfalls zu vernachlässigen sind.

Nach dieser Vorgehensweise blieb nur die Gefahrstoffverordnung übrig, die an Policy-Relevanz den anderen Ereignissen gleichkam.

3.1.3 Die Gerichtsbarkeit

Auβer in Gesetzen und Verordnungen werden verbindliche Regeln von den Gerichten festgelegt. Das Politikfeld "Arbeit" hat mit der Arbeitsgerichtsbarkeit sogar eine eigene gerichtliche Regelungsinstanz, die neben dem Bundesverfassungsgericht als oberste Instanz fungiert.

Die Zuständigkeiten des 1953 eingerichteten Bundesverfassungsgerichts (Organstreitigkeiten, Verfassungsbeschwerde, konkrete und abstrakte Normenkontrolle) machen den Unterschied zu anderen demokratischen Verfassungssystemen und seine Rolle im politischen System der Bundesrepublik Deutschland deutlich. So ist in den Vereinigten Staaten

106 Fast alle Verordnungen entsprachen entweder einer Routineentscheidung (z.B. die alljährliche Erhöhung eines Versicherungsprozentsatzes im Teilbereich "Sozialpolitik für Arbeitnehmer" bzw. "Arbeitsmarktpolitik"), oder sie beschäftigten sich mit kurzgefaβten Verordnungstextänderungen (z.B. Jahreszahl im Teilbereich "Arbeitsvertragsrecht") und erfüllten somit nicht die o.g. Kriterien. Die im Teilbereich "Diskriminierung im Beschäftigungssystem" aufgeführten 110 Verordnungen bezogen sich im wesentlichen auf die Änderung des Verordnungstitels bei der Berufsausbildung/Meisterprüfung, indem sie die weibliche Form des angestrebten Berufsabschlusses ergänzten; sie wurden auch aus der weiteren Untersuchung ausgeklammert.

die Verfassungsgerichtsbarkeit mit der Kompetenz aller Gerichte (gleich welche Ebene), über Verfassungsfragen zu entscheiden, weit dezentralisierter. Der Supreme Court ist in erster Linie Appellationsinstanz, zumal in den USA nur konkrete Normenkontrolle ausgeübt wird. Dagegen nimmt das Bundesverfassungsgericht aufgrund seiner Kompetenzfülle als "Hüter der Verfassung" eine entscheidende Rolle im politischen System ein[107].

Aufgrund der Stellung des Bundesverfassungsgerichts wurden seine innerhalb des Untersuchungszeitraums getroffenen Entscheidungen inhaltlich auf ihren Bezug zum Politikfeld "Arbeit" geprüft und gegebenenfalls aufgenommen. Das Bundesverfassungsgericht kann jedoch nur im Falle einer Verfassungsbeschwerde von "jedermann" angerufen werden; ansonsten beschränkt sich die Antragsberechtigung auf Regierungsmitglieder, Landes- oder Kommunalorgane, Mitglieder des Bundestags und in der für das Politikfeld "Arbeit" voraussichtlich interessantesten Verfahrensart, nämlich der konkreten Normenkontrolle, auf jedes Gericht.

Das Rechtsstaatsprinzip eröffnet allerdings jedem Bürger, der sich in seinen Rechten verletzt sieht, die Möglichkeit des Rechtswegs zu einem unabhängigen Gericht. Bei Streitigkeiten aus dem Arbeitsleben sind es die Arbeitsgerichte, an die sich der einzelne zur verbindlichen Entscheidung wenden kann. Die Arbeitsgerichtsbarkeit ist entsprechend der Rechtspflege ein selbständiger Zweig, der seine rechtliche Grundlage im Arbeitsgerichtsgesetz aus dem Jahre 1953 findet[108]. Die Arbeitsgerichtsbarkeit ist dreistufig organisiert und in der ersten und zweiten Instanz mit einem Berufsrichter als Vorsitzendem und zwei ehrenamtlichen Richtern aus Kreisen der Arbeitnehmer und Arbeitgeber besetzt.

---

107 vgl. v. Beyme: "Das politische System der Bundesrepublik Deutschland", S. 215ff., München 1981

108 vgl. Halbach/Mertens/Schwedes/Wlotzke: "Recht der Arbeit", S. 429, Bonn 1987

In der zweiten Instanz der Landesarbeitsgerichte müssen sich die Parteien im Urteilsverfahren durch den Vertreter einer Gewerkschaft oder eines Arbeitgeberverbandes oder durch Rechtsanwälte vertreten lassen. Diese Regelung gilt auch für eine etwaige Beschwerdeschrift. Die dritte Instanz mit dem Bundesarbeitsgericht ist in der Besetzung mit drei Berufsrichtern und zwei ehrenamtlichen Richtern aus Kreisen der Arbeitnehmer und der Arbeitgeber professionalisierter als die beiden ersten Instanzen. Hier muß der Beschwerdeführer im Beschlußverfahren die Rechtsbeschwerdeschrift bzw. -begründung durch einen Rechtsanwalt unterzeichnen lassen. Im Urteilsverfahren muß er sich zudem von einem Rechtsanwalt vertreten lassen. Die Arbeitsgerichte und die Landesarbeitsgerichte sind ressortmäßig den Arbeitsministerien der Länder, das Bundesarbeitsgericht dem Bundesminister für Arbeit und Sozialordnung zugeordnet. In der sachlichen Zuständigkeit sind die Gerichte im Urteilsverfahren zuständig für alle Rechtsstreitigkeiten

- zwischen Tarifvertragsparteien oder zwischen diesen und Dritten aus Tarifverträgen, über das Bestehen oder Nichtbestehen von Tarifverträgen und aus Maßnahmen zum Zwecke des Arbeitskampfes;
- zwischen Arbeitnehmern untereinander und Arbeitnehmern und Arbeitgebern aus dem Arbeitsverhältnis und hiermit im Zusammenhang stehenden Ansprüchen über das Bestehen oder Nichtbestehen eines Arbeitsverhältnisses, aus Verhandlungen über die Eingehung eines Arbeitsverhältnisses und aus dessen Nachwirkungen, aus unerlaubten Handlungen im Zusammenhang mit dem Arbeitsverhältnis sowie über Arbeitspapiere und
- zwischen Arbeitnehmern oder Arbeitgebern und gemeinsamen Einrichtungen der Tarifvertragsparteien oder Sozialeinrichtungen des privaten Rechts über Ansprüche im Zusammenhang mit dem Arbeitsverhältnis.

Im Beschlußverfahren sind die Gerichte zuständig für Streitigkeiten aus dem Betriebsverfassungsgesetz, für die meisten Streitigkeiten aus dem

Mitbestimmungsgesetz sowie für Entscheidungen über die Tariffähigkeit und Tarifzuständigkeit einer Vereinigung[109].

Diese weitgefaßte Zuständigkeit der Arbeitsgerichte kann auf vier Bereiche reduziert werden:

- im Urteilsverfahren
  1. Rechtsstreitigkeiten zwischen den Tarifvertragsparteien;
  2. alle individualrechtlichen Ansprüche zwischen Arbeitnehmern und Arbeitgebern und damit (1. + 2.) fast 98% aller Fälle[110];
- im Beschlußverfahren
  3. betriebsverfassungsrechtliche Streitigkeiten und
  4. Streitigkeiten über die Tariffähigkeit einer Vereinbarung[111].

In der Untersuchung des Politikfelds "Arbeit" werden nur den kollektiven Regelungen der betriebsverfassungsrechtlichen Auseinandersetzungen und der Streitigkeiten über die Tariffähigkeit einer Vereinbarung Bedeutung zugemessen. Die Ausklammerung der in bilateralen Verhandlungen erzielten Tarifverträge, die auch der Gruppe der Kollektivverträge zuzuordnen sind, entspricht dem Regelungsverfahren "Tarifautonomie", das eine Parität und Autonomie der Vertragsparteien enthält und somit einer Analyse des Policy-Prozesses nicht zuträglich wäre. Genauso können individuelle Regelungen (z. B. Einzelarbeitsvertrag, einzelne Kündigungsverfahren) vernachlässigt werden.

Das Bundesarbeitsgericht hat vor allem für den Bereich des Arbeitskampfes verbindliche Prinzipien wie das Ultima ratio Prinzip oder den Grundsatz der Verhältnismäßigkeit aufgestellt, die als Richterrecht mangels eines gesetzlichen Arbeitskampfrechts für diesen wichtigen

---

109 vgl. Halbach/Mertens/Schwedes/Wlotzke: "Recht der Arbeit", S. 437, Bonn 1987

110 vgl. Däubler: "Das Arbeitsrecht - 2. Arbeitsplatz - Arbeitslosigkeit - Kündigung - Arbeitsgerichtsbarkeit", S. 485, Hamburg 1981

111 vgl. Müller-Jentsch et al.: "Beiträge zur Soziologie der Gewerkschaften", S. 237f., Frankfurt 1979

Bereich der Wirtschaftsverfassung verbindlich sind. In den Untersuchungszeitraum fällt z. B. die Warnstreikentscheidung des Bundesarbeitsgerichts von 1984, nach der kurze Warnstreiks nach Auslaufen der tariflichen Friedenspflicht, aber noch während der Verhandlungsphase zulässig sind. Diese Entscheidung legalisierte die gewerkschaftliche Streiktaktik der "neuen Beweglichkeit"[112].

Derartige Entscheidungen von grundsätzlicher Bedeutung für das Arbeitsrecht fällt das Bundesarbeitsgericht oder auch das Bundesverfassungsgericht nicht alle Tage. Daneben fallen viele Entscheidungen im Urteilsverfahren oder im Beschlußverfahren zur Entscheidung betriebsverfassungsrechtlicher Streitigkeiten an, die das Arbeitsrecht ohne weitreichende Präzedenzwirkung in bestimmten Details auslegen bzw. fortentwickeln[113]. Im Sinn der Untersuchungsziele wäre es zu aufwendig gewesen, alle Entscheidungen des BAG und die das Politikfeld "Arbeit" berührenden Entscheidungen des Bundesverfassungsgerichts und der anderen obersten Gerichte wie insbesondere des Bundessozialgerichts in eine Grundgesamtheit der Gerichtsentscheidungen aufzunehmen. Als Auswahlprinzip bot sich auch hier wie im Falle der Verordnungen die öffentliche Aufmerksamkeit für einzelne Entscheidungen an, die mit Hilfe der Inhaltsanalyse ermittelt wurde. Dies führte zur Aufnahme des oben erwähnten Urteils über die "Neue Beweglichkeit", einem Beschluß des Bundesarbeitsgerichts, der dem Betriebsrat ein erzwingbares Mitbestimmungsrecht für betriebliche Zulagen zum tariflichen Entgelt einräumt und einer Entscheidung des BAG, die dem Betriebsrat Initiativrecht bei der Einführung von Kurzarbeit zur Vermeidung von Kündigungen zubilligt.

---

112 vgl. Söllner: "Grundriß des Arbeitsrechts", S. 97, München 1987

113 vgl. Söllner: "Grundriß des Arbeitsrechts", S. 318-322, München 1987

3.1.4 Allgemeinverbindlichkeitserklärungen

Die letzte institutionelle Arena für kollektive Entscheidungen auf Bundesebene sind die Allgemeinverbindlicherklärungen von Tarifverträgen[114]. Der Bundesminister für Arbeit und Sozialordnung kann auf Antrag einer Tarifvertragspartei einen Tarifvertrag für alle Arbeitgeber und Arbeitnehmer des Tarifbereichs ohne Berücksichtigung der Verbandszugehörigkeit für allgemeinverbindlich erklären. Dazu muß Einvernehmen mit dem Tarifausschuß hergestellt werden, der beim BMA angesiedelt und paritätisch aus Vertretern der Spitzenorganisationen von Arbeitgebern und Arbeitnehmern besetzt ist. Zur Zeit sind ca. 560 Tarifverträge allgemeinverbindlich, wobei es sich in der Regel um Manteltarifverträge handelt. Die Policy-Relevanz der eigentlichen Allgemeinverbindlicherklärung muß als gering eingestuft werden, die wichtigen Fragen werden in den Tarifverträgen selbst durch die Tarifpartner entschieden. Da die Verträge nur die Verbandsmitglieder binden, wurden sie aus dem nationalen Politikfeld als kollektive Entscheidungen untergeordneten Ranges ausgeschlossen. Erst die Allgemeinverbindlicherklärungen stellen formal die hier interessierende kollektive Entscheidung dar. Da es sich dabei aber größtenteils um Routineentscheidungen zu handeln schien, konnte nur das Hilfsmerkmal der öffentlichen Aufmerksamkeit einen Hinweis auf die Policy-Relevanz liefern. Im Untersuchungszeitraum traf dieses Kriterium nur auf das Thema der tariflichen Festschreibung von Ladenschlußzeiten zu; eine Allgemeinverbindlicherklärung wurde bereits im Vorfeld verhindert. Das Thema wurde in die Issueliste aufgenommen, die institutionelle Arena der Allgemeinverbindlichkeitserklärungen wurde mangels ihrer Policy-Relevanz für das Politikfeld "Arbeit" ausgeklammert.

---

114 vgl. zur Geschichte der Allgemeinverbindlichkeitserklärungen Weitbrecht/Berger: "Zur Geschichte der Arbeitsbeziehungen: Deutschland, Österreich, Schweiz", in: Endruweit et al. (Hrsg.), Handbuch der Arbeitsbeziehungen, S. 483-520, Berlin 1985

3.2 Der Entscheidungsansatz: Streitfragen, Ereignisse und Akteure

Die Politikfeldanalyse benötigt - wie jede empirische Analyse - ein konzeptionelles Raster, das unter einem Relevanzgesichtspunkt die Beobachtung lenkt. Die Einschnitte und die verschiedenen Vorgehensweisen, welche die theoretischen Voraussetzungen eines solchen Konzeptes beinhalten, sollten daher vorab verdeutlicht werden.

Bei der Identifizierung von Akteuren impliziert der jeweils zugrundeliegende Ansatz verschiedene Vorgehensweisen, die sich auf die Selektion der Akteure auswirken können. Generell können drei Ansätze unterschieden werden: der Positionsansatz, der sich auf das Innehaben einer Position innerhalb einer formal konstituierten Gruppe bezieht, und die Mitgliedschaft in Verbindung zu einigen Merkmalen hin untersucht; der Reputationsansatz, der sich zur Abgrenzung der Akteure auf das Urteil kenntnisreicher Informanten stützt; der dritte und hier gewählte Entscheidungsansatz, der zunächst die symbolischen Bezugspunkte umfaßt, einige bedeutsame Ereignisse bzw. Aktivitäten und in diesem Zusammenhang die relevanten Akteure identifiziert. Forschungstechnische Gründe machen die Auswahl plausibel: Neben der eher deskriptiven Verteilungsanalyse mit dem Positionsansatz fehlen auf den Politikbereich beschränkte Mitgliederlisten, die eine Anwendung dieses Ansatzes erst sinnvoll erscheinen lassen würden. Körperschaften, Stiftungen und Anstalten des öffentlichen Rechts sowie deren Dachorganisationen werden z. B. nach Anlage 2 der Geschäftsordnung des Deutschen Bundestages in der "Lobbyliste" des Deutschen Bundestages nicht aufgenommen, obwohl deren Teilnahme an Ereignissen in den Protokollen des Ausschusses für "Arbeit und Soziales" des Deutschen Bundestages dokumentiert wird[115].

---

115 vgl. Bundesminister der Justiz (Hrsg.): "Bekanntmachung der öffentlichen Liste über die Registrierung von Verbänden und deren Vertretern", Bundesanzeiger, Nr. 144a, S. 4, Bonn 31.3.1988

Genauso unsicher und fehlerhaft kann die Auswahl kenntnisreicher Informanten ausfallen, die einflußreiche Akteure in dem betreffenden Politikfeld nennen sollen. "Insider-Wissen" wurde lediglich zur Ergänzung bzw. Validierung der getroffenen Akteurauswahl herangezogen.
Mit dem Bedeutungskriterium hingegen konnten die relevanten Akteure ermittelt und das zu untersuchende System durch deren soziale Beziehungen untereinander definiert werden. Das hier angewandte Grundkonzept basiert auf der Untersuchung der Herausbildung einer Politik als Resultat eines Interaktionsprozesses interessierter Akteure. Dabei wird sowohl der strukturellen als auch der prozessualen Dimension Bedeutung zugemessen. Die Untersuchung des Policy-Prozesses als Interessenkampf, Entscheidungsfindungs- und Problemverarbeitungsprozeß mit identifizierbaren Ereignissen auf der einen Seite (prozeßorientiert) und die Strukturanalyse (bezogen auf die relevanten Akteure, deren Ressourcen, soziale Beziehungen untereinander etc.) auf der anderen Seite spiegeln beide Dimensionen wider, die jedoch nicht separat behandelt werden. Das Policy-Akteur-System schließt die Beziehungen zwischen den Akteuren untereinander, die Zusammenhänge von Ereignissen und die Wechselbezüge von Akteur/Ereignis mit ein.
Organisationen wie Interessengruppen, politische Parteien, Ministerien oder Bundesbehörden können als wichtige Akteure in nationalen Politikfeldern moderner Großgesellschaften ausgemacht werden, deren Geschäftsführer, Vorstandsmitglieder oder Sprecher im Sinne ihrer jeweiligen Organisation handeln. Persönliche Strategien bzw. individuelles Handeln einzelner Inhaber von Führungspositionen treten infolge der hohen strukturellen Differenzierung dieser Organisationen in den Hintergrund. Organisationen als korporative Akteure handeln durch ihre Agenten, die ihre Aufgaben in der Regel als Fulltime-Jobs wahrnehmen. Das politische und wirtschaftliche System moderner Industriegesellschaften wird also als Komplex formaler Organisationen betrachtet, die untereinander um knappe gesellschaftliche Ressourcen und deren kollektive

Allokation konkurrieren. Der Staat steht den Interessengruppen nicht als einzelner kollektiver Akteur gegenüber, sondern zerfällt seinerseits in verschiedene Behörden wie Ministerien oder oberste Bundesbehörden, die im Eigeninteresse der Organisation unterschiedliche Gesichtspunkte in die Politikformulierung einbringen. Die wichtigen Akteure im parlamentarischen Raum sind die Fraktionen oder Untergruppen der Fraktionen, die für das jeweilige Politikfeld zuständig sind. Daneben treten die Interessenverbände als die wichtigen Konkurrenten um Macht und Einfluß im Politikbereich. Alle diese Organisationen mobilisieren ihre jeweiligen politischen Ressourcen, um politische Entscheidungen in ihrem Interesse zu beeinflussen.

Von der Akteursseite her betrachtet wurde der nationale Politikbereich "Arbeit" als Menge der sich mit arbeitspolitischen Issues befassenden korporativen Akteure abgegrenzt, deren Interessen und Handlungen die anderen Akteure in diesem Politikbereich in Rechnung stellen müssen. Dieses letztere Kriterium garantiert die eingangs erwähnte empirische Systemabgrenzung aus der Sicht der Beteiligten. Durch theoretische Vorentscheidung sind einzelne Personen als Akteure ausgeschlossen, und durch empirische Anwendung ergibt sich der Ausschluß der Organisationen, die keinen entscheidenden Einfluß auf die Definition und Lösung der Bereichsissues haben[116]. Daher wurden objektive Kriterien für die Auswahl der relevanten Organisationen herangezogen:

1. Zuständigkeit für das Politikfeld in der Bundesregierung und im Parlament;
2. Einladungen von Interessengruppen zu Anhörungen der zuständigen

---

116 Dieses Verfahren hat sich sowohl bei der Untersuchung lokaler Machtstrukturen (vgl. Laumann/Pappi: "Networks of Collective Action: A Perspective on Community Influence Systems", New York 1976) als auch bei einer vergleichbaren nationalen Politikfeldstudie in den USA (vgl. Laumann/Knoke: "The Organizational State", Wisconsin 1987) bewährt.

Bundestagsausschüsse und der Ministerien bei der Vorbereitung von Gesetzesvorlagen;

Zur Identifikation der am Gesetzgebungsprozeβ beteiligten Akteure konnten alle Stenographischen Protokolle der Öffentlichen Informationssitzungen des Bundestagsausschusses "für Arbeit und Sozialordnung" hinzugezogen werden. Eine Erlaubnis, Einsicht in die nichtöffentlichen Sitzungsprotokolle dieses Bundestagsausschusses zu nehmen, ermöglichte die Identifizierung weiterer Akteure. Ergänzt wurden die Sitzungsprotokolle des Ausschusses "Arbeit und Soziales" durch Informationen aus Anhörungen anderer federführender Ausschüsse, die sich inhaltlich mit dem Politikfeld "Arbeit" befaβten.

Bei den Interessengruppen war ein einziges Kriterium ausschlaggebend: die mindestens zweimalige Teilnahme an einer Anhörung des Bundestagsausschusses für Arbeit und Sozialordnung im Zeitraum 1983 bis 1988. Auf dieses Weise konnten insgesamt 78 Interessengruppen identifiziert werden. Dazu kommen noch die Betriebsräte von vier Betrieben bzw. Unternehmen und drei Einzelunternehmen, die ebenfalls mindestens zweimal an Anhörungen teilnahmen. Sachverständige aus Universitätsinstituten oder sonstigen Forschungseinrichtungen wurden aufgrund der o.g. theoretischen Annahmen ausgeschlossen.

Über eine Auswertung der Anwesenheitslisten aller Sitzungen des Bundestagsausschusses "Arbeit und Soziales" konnte auch ermittelt werden, welche Abteilungen der verschiedenen Bundesministerien und welche Ländervertretungen besonders häufig bei den Beratungen des Ausschusses anwesend waren. Diese Auswertung führte zu dem Ergebnis, daβ alle Ländervertretungen in die Auswahl aufgenommen wurden, daneben die Abteilungen des Bundesarbeitsministeriums und die folgenden anderen Bundesministerien: Inneres, Justiz, Finanzen, Bildung/Wissenschaft, Wirtschaft und Jugend, Familie, Frauen und Gesundheit.

Bei den Parteien fiel die Entscheidung aus theoretischen Gründen zum

einen auf die vier Bundestagsfraktionen als eigene Akteure, wobei das für den Politikbereich Arbeit zuständige Fraktionsvorstandsmitglied befragt wurde. Hinzu kamen der Fraktionsobmann, der im Bundestagsausschuß für Arbeit und Sozialordnung Sprecher der Mitglieder seiner Fraktion ist. Außerdem wurden die Parteiorganisationen selbst durch Hereinnahme der Bundesvorstände bzw. bei der CSU der Landesleitung berücksichtigt. Hinzu kamen für SPD und CDU wichtige Parteivereinigungen wie die Arbeitsgemeinschaft für Arbeitnehmerfragen bei der SPD und die Sozialausschüsse, der Wirtschaftsrat und die Mittelstandsvereinigung bei der CDU bzw. CDU/CSU.
Die Grundgesamtheit für die Befragung umfaßte nach dieser Vorauswahl 126 Organisationen. Aufgrund der ersten Befragungsergebnisse wurde diese Grundgesamtheit um eine Organisation, den Deutschen Bauernverband, ergänzt[117].

117 Der Bauernverband wurde zunächst dem Politikfeld "Agrar" zugeordnet. Im Verlauf der Befragung stellte sich heraus, daß auch agrarpolitische Entscheidungen (z.B. das Agrarsoziale Ergänzungsgesetz) seit der 10. Wahlperiode im Ausschuß "Arbeit und Soziales" entschieden werden. Die Gründe hierfür können nur vermutet werden. Eine Annahme ist, daß agrarpolitische Entscheidungen im Ausschuß "Arbeit und Soziales" auf weniger Widerstand stoßen.

III. Die Interdependenz- und Interaktionsstruktur des Politikfelds "Arbeit"

Von Oktober 1988 bis einschließlich Februar 1989 wurden die insgesamt 126 korporativen Akteure bezüglich ihrer Teilnahme im Politikfeld "Arbeit" in der Zeit von März 1983 bis Juli 1988 interviewt[118]. Die wichtigsten konzeptionellen Fragen betrafen die Auswahl der Akteure (siehe Kapitel 3.2), die im Untersuchungszeitraum im Vordergrund stehenden Themen und Ereignisse (siehe Kapitel 3.1) sowie die Organisation der politischen Aktivitäten. Eine zentrale Fragestellung behandelte das Problem, inwieweit die soziale Beziehungsstruktur der Organisationen im Politikfeld "Arbeit" den politischen Prozeß beeinflußt, in dessen Verlauf politische Vorschläge generiert, dann auf die Tagesordnung gesetzt und anschließend durchgeführt oder blockiert werden. Um diese Fragen zu beantworten, wurden zunächst die maßgeblichen Organisationen bzw. korporativen Akteure der Organisation identifiziert und um ein Interview gebeten. Befragt wurde eine aus der Dokumentenanalyse erkennbare Person, typischerweise ein hauptverantwortlicher Geschäftsführer, Abteilungsleiter oder Direktor der betreffenden Organisation, die im Verlauf des Interviews eine Serie von standardisierten Fragen über die Interessen und Aktivitäten ihrer Organisation zu beantworten hatte. Die Fragen zielten zunächst auf vier generelle Punkte ab:

1. Welches spezifische Interesse hatte die Organisation an den Teilgebieten des Politikfelds "Arbeit"?
2. Wie stark war die befragte Organisation an den im Untersuchungszeitraum auf der politischen Tagesordnung stehenden arbeitspolitischen Streitfragen interessiert?

118 Für die Befragung konnte eine Rücklaufquote von 99% erzielt werden. Lediglich ein mittlerweile pensionierter Firmenvertreter, dessen Position infolge einer Umstrukturierung seiner Firma auch nicht wiederbesetzt wurde, fiel aus.

3. Welche relationalen Interaktions- bzw. Kommunikationsmerkmale hat die Organisation mit anderen Organisationen, und welche Rolle kann ihr im Politikfeld "Arbeit" zugeschrieben werden?
4. In welche politischen Ereignisse war die Organisation im o.g. Untersuchungszeitraum involviert bzw. welche Aktivitäten wurden zur Entscheidungsbeeinflussung unternommen?

1. Arbeitspolitische Teilbereiche

Die Teilbereiche gliedern ein Politikfeld und umfassen mit den Regeln für das Tarifvertragsrecht, der Betriebsverfassung/Unternehmensmitbestimmung und für die Innere Organisation der Verbände sowohl regulative als auch - z. B. mit dem Bereich Sozialpolitik für Arbeitnehmer - distributive Politikformen[119].

Sie resultieren aus den Arbeitsrechtregelungen, die in der Vergangenheit im Politikfeld "Arbeit" verabschiedet wurden und noch bis heute Gültigkeit besitzen. In Tabelle 2 wurden die wichtigsten codifizierten Regelungen der Arbeitspolitik und ihre historischen Bedingungen aufgeführt.

In den ersten Nachkriegsjahren wurden mit der Verabschiedung des Tarifvertraggesetzes (1949), des Montanmitbestimmungsgesetzes (1951), des Betriebsverfassungsgesetzes (1952) und des Arbeitsgerichtsgesetzes (1953) arbeitspolitische Schwerpunkte gesetzt, die noch stark unter dem Einfluß alliierter Vorstellungen standen und vornehmlich vom Mitbestimmungsgedanken geprägt waren. Erst die sozialliberale Koalition griff die Idee der Betriebsverfassung, den Vertretern der Arbeitnehmer auf der betrieblichen Ebene mehr Mitspracherechte zu geben, wieder auf. Die Novelle des Betriebsverfassungsgesetzes von 1972 behielt zwar die Grundsätze des Gesetzes von 1952 bei, schuf aber im Verhältnis zum bisherigen Recht vor allem

119 vgl. von Beyme: "Staat", S.109-117, 1985

- einen stärkeren Einfluß des Betriebsrats durch Ausbau und Verstärkung der Mitbestimmungsrechte,
- eine Vermehrung der Initiativ-, Kontroll- und Teilnahmerechte der Gewerkschaften in der Betriebsverfassung,
- eigene Rechte des einzelnen Arbeitnehmers,
- einen größeren Schutz des Engagements der Arbeitnehmer in tarifpolitischen, sozialpolitischen und wirtschaftlichen Fragen und
- eine Erleichterung der Arbeit der Betriebsräte u.a. durch vermehrte Freistellung und größere soziale Absicherung[120].

Obwohl die Novelle des Betriebsverfassungsgesetzes nur in Ansätzen eine Beteiligung der Arbeitnehmer an den wirtschaftlichen Unternehmerentscheidungen gewährte, stand der Gesetzentwurf der sozialliberalen Regierung im Mittelpunkt der arbeits- und sozialpolitischen Diskussion der siebziger Jahre[121].

Ein weiterer arbeitspolitischer Schwerpunkt der sozialliberalen Koalition war die 1974 erfolgte Einbringung des Mitbestimmungsgesetzes, das eine paritätische Mitbestimmung in Aufsichtsräten von Betrieben mit mehr als 2000 Arbeitnehmern vorsah. Zwar konnte die paritätische Mitbestimmung nach fast zweijähriger Beratung verhindert werden, doch legten im Frühjahr 1978 30 Arbeitgeberverbände und eine Reihe von Unternehmen Verfassungsbeschwerden beim Bundesverfassungsgericht gegen das am 15.1.1972 in Kraft getretene Gesetz ein[122]. In dieser Zeit wurde aber auch mit dem Schwerbehindertengesetz (1974) das Schwerbeschädigtengesetz von 1953 abgelöst. Mit dieser Initiative wurde in dem Teilbereich Schutz besonderer Personengruppen nicht nur der Personengeltungsbereich der Schwerbehindertenregelungen erweitert, sondern auch Beschäftigungsgebote und Ausgleichabgaben eingeführt. Daneben wurde

---

120 siehe Halbach/Mertens/Schwedes/Wlotzke: "Recht der Arbeit", S. 299, Bonn 1989

121 vgl. Söllner: "Grundriß des Arbeitsrechts", S. 156,157, München 1987

122 vgl. Lampert: "Sozialpolitik", S. 332, Berlin 1980

im Sinne der angestrebten Ausdehnung von Arbeitnehmerrechten die Einrichtung von Schwerbehindertenvertretungen in den Betrieben vorgeschrieben.
Neben diesen medienträchtigen Ereignissen verabschiedete die sozialliberale Koalition die Arbeitsstättenverordnung (1975) und das Chemikaliengesetz (1980) aus dem Bereich "Technischer Arbeitsschutz".
Im Gegensatz zu diesen Gesetzen, die insgesamt auf verstärkte Regulierungsbestrebungen der SPD/FDP-Koalition in der Arbeitspolitik schließen lassen, wurde das 1979 in Kraft getretene Arbeitsgerichtsgesetz zur Beschleunigung und Bereinigung des arbeitsgerichtlichen Verfahrens durchgeführt. Grund für die Änderung war, daß einerseits wegen der konjunkturellen Schwierigkeiten, andererseits aber auch wegen des zunehmenden Rechtsbewußtseins der Arbeitnehmer die Eingänge bei den Gerichten für Arbeitssachen seit mehreren Jahren in starkem Maße zugenommen hatten[123].
Allgemein kann festgehalten werden, daß die Gliederung des Politikfelds "Arbeit" nach Teilbereichen aus den arbeitspolitischen Schwerpunkten resultiert, die von den jeweiligen Regierungen verfolgt wurden und sich in codifizierten Regelungen wiederfinden. Für die Befragung wird aus Organisationssicht zu prüfen sein, inwieweit sie ihre Zuständigkeit für einen Politikbereich ansehen, die sie aus ihren bisherigen Aufgabenschwerpunkten ableiten.
Den Befragten wurde zunächst eine Liste mit den zwölf Teilgebieten des Politikfelds "Arbeit" vorgelegt, die sie auf einer Sechs-Punkte-Skala (0-5) bezüglich ihres Interesses an dem jeweiligen Teilgebiet ausfüllen sollten. Tabelle 6 zeigt das durchschnittliche Interesse der nach Organisationstypen gruppierten Akteure an den einzelnen Teilgebieten.

---

123 siehe Halbach/Mertens/Schwedes/Wlotzke: "Recht der Arbeit", S. 429, Bonn 1987

Tabelle 6: Teilbereiche des Politikfelds "Arbeit": Durchschnittliches Interesse der Organisationstypen

Teilbereiche	Gewerkschaften und Betriebsräte	Arbeitgeberverbände und Unternehmen	Kommunale Spitzen und Öff. Arbeigeber	Gesundheitswesen	Sonstige Berufsverbände	Sozialversicherungsverbände	Kirchen u. Wohlfahrtsverbände	Benachteiligtenverbände	Fraktionen des BT. u. Parteien	Bundesministerien, insbes. BMA	Ländervertretungen	Gesamt
1. Tarifvertragsrecht	4.66 (17)	3.09 (12)	4.50 (6)	3.42 (4)	2.25 (2)	2.76 (5)	3.12 (3)	2.60 (2)	3.64 (11)	3.07 (4)	2.90 (3)	3.39
2. Unternehmensmitbestimmung	4.38 (14)	2.76 (8)	2.66 (3)	2.28 (1)	3.00 (3)	1.30 (1)	2.00 (1)	2.40 (1)	4.23 (14)	2.76 (5)	4.00 (7)	3.06
3. Betriebsverfassung	4.72 (16)	2.80 (10)	3.16 (2)	2.71 (3)	2.00 (1)	1.61 (1)	2.50 (1)	2.80 (2)	4.29 (16)	3.00 (6)	4.20 (6)	3.27
4. Innere Organisation von Gewerkschaften, Arbeitgeberverbände	4.33 (15)	2.61 (8)	3.16 (3)	2.42 (2)	1.00 (0)	3.07 (6)	1.00 (0)	2.80 (3)	3.58 (9)	2.23 (2)	2.10 (1)	2.83
5. Arbeitsvertragsrecht	4.16 (15)	3.71 (14)	4.50 (5)	2.85 (2)	3.50 (3)	3.23 (4)	3.37 (3)	2.40 (1)	3.76 (11)	3.53 (7)	4.00 (7)	3.64
6. Technischer Arbeitsschutz	3.83 (11)	2.85 (9)	2.50 (2)	3.14 (3)	2.25 (0)	2.23 (4)	1.12 (0)	2.60 (2)	3.00 (5)	2.53 (4)	3.60 (7)	2.83
7. Arbeitszeitschutz	3.77 (11)	3.57 (14)	3.66 (3)	2.85 (3)	2.00 (1)	1.53 (0)	3.25 (4)	2.40 (2)	4.05 (14)	3.23 (5)	4.20 (9)	3.31
8. Sozialpolitik für Arbeitnehmer	4.55 (16)	4.04 (14)	4.50 (5)	3.57 (4)	3.00 (3)	4.84 (13)	4.12 (7)	4.60 (4)	4.47 (17)	4.15 (10)	4.20 (8)	4.27
9. Schutz besonderer Personengruppen	4.05 (14)	2.52 (5)	4.00 (4)	3.85 (5)	3.25 (3)	4.23 (11)	4.50 (8)	5.00 (5)	4.41 (16)	3.76 (9)	3.80 (6)	3.83
10. Diskriminierung Beschäftigungssystem	4.00 (13)	2.14 (1)	3.83 (4)	2.71 (3)	3.50 (2)	2.38 (4)	2.62 (3)	4.60 (4)	4.05 (12)	3.92 (8)	3.80 (6)	3.32
11. Arbeitsmarktpolitik	4.33 (14)	3.80 (14)	3.66 (3)	2.85 (2)	3.00 (2)	2.53 (2)	4.25 (7)	3.80 (4)	4.52 (16)	3.61 (8)	4.80 (10)	3.85
12. Arbeitsgerichtsbarkeit	3.55 (12)	2.61 (8)	2.50 (2)	2.42 (2)	1.75 (1)	2.30 (2)	1.25 (0)	1.60 (1)	2.82 (4)	2.84 (3)	2.80 (3)	2.61
Anzahl der Organisationen	18	21 (*2)	6	7	4 (*1)	13	8	5	17	13	10 (*1)	123

( ): Anzahl der Organisationen mit "starkem" (4) oder "sehr starkem" (5) Interesse
(*): Anzahl der Organisationen ohne Angaben (missing)

Die Gewerkschaften haben an fast allen Teilbereichen des Politikfelds "Arbeit" das höchste Interesse und werden nur in sechs Bereichen knapp von anderen Organisationstypen übertroffen. Einen besonders hohen Interessenvorsprung besitzen sie in den "klassischen" Teilgebieten Tarifvertragsrecht, Unternehmensmitbestimmung und Betriebsverfassung. Die Arbeitgeberorganisationen hingegen weisen durchschnittlich ein nur mittelmäßiges Interesse an den Teilgebieten des Politikfelds "Arbeit" auf und fallen besonders in den Bereichen "Schutz besonderer Personengruppen" und "Diskriminierung im Beschäftigungssystem" ab. Anders die Öffentlichen Arbeitgeber und Kommunalen Spitzenverbände, die sich in den "vertragsrechtlichen" Bereichen wie z. B. Tarifvertrags- oder Arbeitsvertragsrecht hervortun und sich auch für die sozialpolitischen Gebieten überdurchschnittlich hoch interessieren. Diese Themengebiete, insbesondere die Sozialpolitik für Arbeitnehmer und der Schutz besonderer Personengruppen, werden auch von den Sozialversicherungsverbänden, den Kirchen/Wohlfahrtsverbänden, den Benachteiligtenverbänden und von den Organisationen aus dem Gesundheitswesen als die interessantesten Bereiche angesehen. Aber auch die Bundesministerien und die Abteilungen des Arbeitsministeriums legen ihr Hauptaugenmerk auf diese sozialpolitischen Themengebiete. Sehr verschieden verteilt sich das Interesse der Länder, während die Parteien in allen Bereichen vordere Plätze einnehmen.

Die Teilbereichsangaben geben erste Aufschlüsse über die strukturelle Interessenverteilung der einzelnen Organisationstypen am gesamten Politikfeld "Arbeit". Die Interessenverteilung kann als Maßstab für die von den Befragten perzipierte Zuständigkeit für einen Politikteilbereich angesehen werden, die sich aus ihren bisherigen Aufgabenschwerpunkten ableitet. Neben dieser Interessenverteilung der Organisationen wird in Schaubild 1 auf die Teilbereichstruktur eingegangen, die sich aus dem Zusammenhang der Teilbereiche aufgrund von Unterschieden und Gemeinsamkeiten in den Interessenprofilen der Akteure ergeben. Als

Verfahren wurde die Faktorenanalyse benutzt, mit deren Hilfe die Gesamtstruktur der Ähnlichkeiten der Teilbereiche herausgearbeitet wird. Dabei werden Teilbereiche zu einem Faktor nach den Gemeinsamkeiten in der Interesseneinstufung der Akteure zusammengefaßt[124].

Die Faktorenanalyse erbrachte eine Lösung mit vier Faktoren, deren erster und wesentlicher Faktor inhaltlich die Teilbereiche der "traditionellen" Arbeitspolitik umfaßt[125]. Der zweite Faktor bezieht sich hauptsächlich auf den sozialpolitischen Teilbereich[126]. Auf dem dritten

---

124 In einem ersten Schritt wurde mit den Programmpaket SPSS eine iterierte Maximum-likelihood-Faktorenanalyse mit der Korrelations-Matrix der Interessenangaben von 125 der 126 Organisationen an den Teilbereichen angefertigt. Ein größerer Sprung bei den Faktoreigenwerten lag zwischen dem vierten und fünften Faktor.
Die Vier-Faktoren-Lösung erbrachte eine erklärte Gesamtvarianz von 71,1%; die Chi-Quadrat-Statistik lag bei 47.4 mit 24 Freiheitsgraden. Vor der Rotation laden fast alle Teilbereiche auf dem ersten Faktor, nur die Sozialpolitik fiel dabei mit .30 aus dem Rahmen (< .40). Diese positiven Ladungen können als Gesamtinteresse an den Teilbereichen des Politikfelds "Arbeit" aufgefaßt werden. Zur Berechnung der Faktorbeziehungen wurde das Achsenkreuz oblique, d.h. mit einer Veränderung des Winkels der Achsen zueinander, rotiert.
Der im Schaubild aufgezeigte Plot wurde mit dem Programmpaket UCINET angefertigt. Mit dem Dimension-Baustein wurden die euklidischen Distanzen zur räumlichen Darstellung berechnet. Für die multidimensionale Skalierung wurde die Korrelationsmatrix der zwölf Teilbereiche eingelesen und nach sieben Iterationen ergab sich ein Stress von .148. In einem zweidimensionalen Raum wird allgemein für ein Dutzend Punkte ein Stress (Kruskal-Stress) zwischen .15 und .20 als "fair" angesehen. Mehr Punkte können einen höheren Stress implizieren; mehr Dimensionen verringern den Stress (vgl. Kruskal/Wish: "Multidimensional Scaling", Beverly Hills 1978).

125 Hierunter fallen die Bereiche des Tarifvertragsrechts, der Unternehmensmitbestimmung, der Betriebsverfassung und des Arbeitsvertragsrechts.

126 Hier steht die Sozialpolitik für Arbeitnehmer und der Bereich Schutz besonderer Personengruppen im Mittelpunkt.

Faktor laden die Bereiche "Arbeitszeitschutz", "Diskriminierung im Beschäftigungssystem" und "Arbeitsmarktpolitik" am höchsten. Der vierte und letzte Faktor könnte inhaltlich als korporativer Faktor bezeichnet werden. Auf ihm finden sich die Bereiche "Innere Organisation von Gewerkschaften und Arbeitgeberorganisationen", der Technische Arbeitsschutz und nicht zuletzt die Arbeitsgerichtsbarkeit.

Tabelle 7: Arbeitspolitische Teilbereichsfaktoren

	Klassische APolitik	Allgemeine SPolitik	Spezielle SPolitik	Korporative APolitik
Tarifvertragsrecht	.593	.198	.131	.098
Unternehmensmitbest.	.727	-.093	-.107	.123
Betriebsverfassung	.870	-.041	-.026	.103
Innere Organisation	.328	.345	.109	.363
Arbeitsvertragsrecht	.460	-.021	-.081	-.041
Techn. Arbeitsschutz	.104	-.065	-.121	.642
Arbeitszeitschutz	.390	-.071	-.463	.038
Sozialpolitik	-.014	.835	-.010	-.085
Schutz bes. Personen	-.101	.449	-.387	.260
Diskriminierung	-.012	.017	-.620	.344
Arbeitsmarktpolitik	.339	.222	-.630	.225
Arbeitsgericht	.333	.121	-.060	.484
Faktorladungswerte	4.23	2.43	2.7	2.76

Diese recht interessante Zusammensetzung muß vor dem Hintergrund betrachtet werden, daß die abgefragten Interessenangaben ohne positives oder negatives Vorzeichen erfolgten. So ist es durchaus möglich, daß z.B. Organisationen, die eine Liberalisierung des Arbeitsmarkts befürworten und gleichzeitig gegen einschränkende Regelungen (zum Beispiel aus dem Bereich der Schwerbehinderten- oder Mutterschutzregelungen) eintreten, eine ähnliche Interessenstruktur aufweisen wie Organisationen, die ihnen entgegenstehen. Beide Richtungen können somit für die Herausbildung der Faktoren gleichermaßen verantwortlich sein. Die inhaltliche Ausrichtung des ersten Faktors wird auf die hohen Ladungen der traditionellen Teilbereiche der Arbeitspolitik zurückgeführt. Hinzu kommt, daß auch hier alle nicht-sozialpolitischen Bereiche über .3 laden und dieses Muster besonders auf die korporativen Elemente der Arbeitspolitik des vierten Faktors zutrifft[127].

---

127 Hierunter Fallen die Arbeitsgerichtsbarkeit, die auch in ihrer höchsten Instanz (Bundesarbeitsgericht) mit Vertretern der Gewerkschaften und Arbeitgeber besetzt wird. Darüberhinaus untersteht die Arbeitsgerichtsbarkeit nicht dem Justizminister, sondern unterliegt dem Bundesminister für Arbeit und Sozialordnung. Dasselbe trifft auf den Bereich "Innere Organisation von Gewerkschaften und Arbeitgeberverbänden" zu, da hier mit und von diesen Organisationstypen die Belange geregelt werden. Auch der Technische Arbeitsschutz wird in der Bundesrepublik vornehmlich von betriebsinternen Abmachungen zwischen Arbeitgebern und Betriebsräten geprägt und läßt damit auf korporative Elemente schließen.

Schaubild 1: Räumliche Verteilung der 12 arbeitspolitischen Teilbereiche

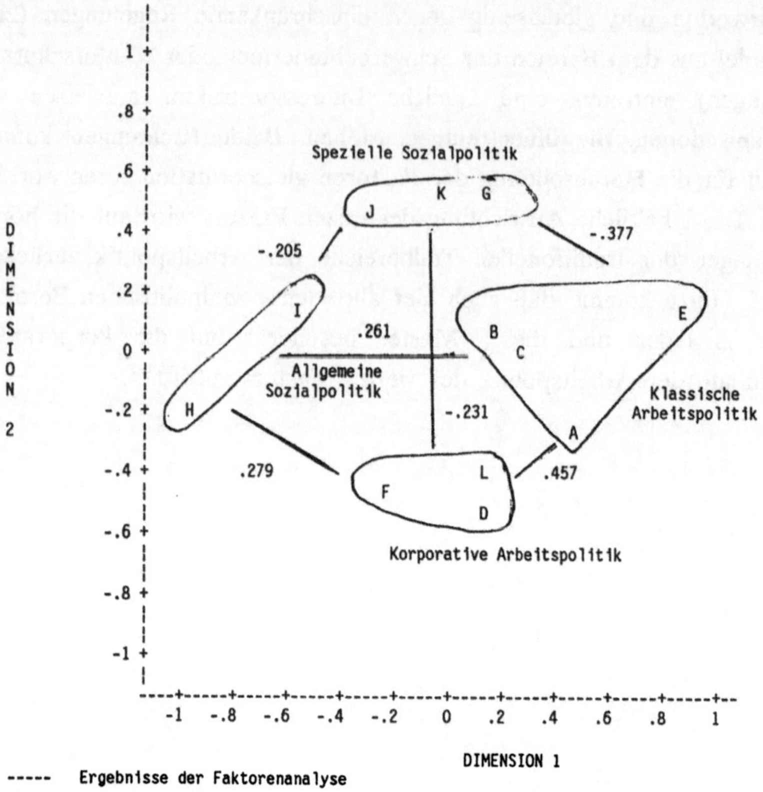

----- Ergebnisse der Faktorenanalyse

A. Tarifvertragsrecht
B. Unternehmensmitbestimmung
C. Betriebsverfassung
D. Innere Organis. v. Gewerkschaften/Arbeitgebern
E. Arbeitsvertragsrecht
F. Technischer Arbeitsschutz
G: Arbeitszeitschutz
H. Sozialpolitik für Arbeitnehmer
I. Schutz besonderer Personengruppen
J. Diskriminierung im Besch.system
K. Arbeitsmarktpolitik
L. Arbeitsgerichtsbarkeit

Die räumliche Aufteilung macht die Nähe der korporativen zur traditionellen Arbeitspolitik deutlich, während die Sozialpolitik die weitesten Entfernungen zu den Teilbereichen dieser Faktoren aufweist. Die Teilbereiche, die mit dem dritten Faktor verbunden sind, weisen eine hohe negative zum ersten und leicht negative Korrelationen zum zweiten und vierten Faktor auf. Allerdings sind die Ladungen des dritten

Faktors alle mit einem negativen Vorzeichen versehen, so daß der Faktor inhaltlich zunächst negativ interpretiert werden muß (Nicht-Spezielle Sozialpolitik).

Tabelle 8: Inter-Factor-Correlations der Teilbereichsfaktoren

	Inter-Factor-Correlations			
Faktor 1 (Klassisch)	1.000			
Faktor 2 (Allgemein)	.261	1.000		
Faktor 3 (Speziell)	-.377	-.205	1.000	
Faktor 3 (Korporativ)	.457	.279	-.231	1.000

Die negativen Inter-Factor-Correlations des dritten Faktors zu den anderen drei Faktoren stehen dann jedoch in einem positiven Verhältnis, und die Richtung der Faktoren verläuft gleich. Die korporativen Elemente mit ihren alteingesessenen Regelungsinstanzen vermögen am meisten zur Erklärung des traditionellen Arbeitspolitikfaktors und am wenigsten zum dritten Faktor beizutragen. Auch der zweite, allgemein sozialpolitische Faktor korreliert positiv zum ersten und negativ zum dritten Faktor, allerdings nicht in dem Maße, wie dies durch das Verhältnis des dritten zum ersten Faktor ausgedrückt wird.

Eine Erklärung hierfür könnte sein, daß sich zwar der zweite und der dritte Faktor in ihrer sozialen Komponente inhaltlich sehr ähnlich sind, ihre Zielrichtungen sich jedoch unterscheiden: Während sich der dritte Faktor auf spezifische und neuere Gruppen der Arbeitspolitik bezieht (Teilzeitbeschäftigte, Frauen und in Beschäftigungsprogrammen geförderte Personen), deren Organisierung noch nicht weit fortgeschritten war, umfaßt der zweite Faktor die allgemeinen sozialen Bedingungen der Arbeitspolitik, die von allen Organisationen mit Aufmerksamkeit verfolgt

und von spezifischen Interessengruppen vertreten werden. Gerade der Schutz besonderer Personengruppen wird in der Bundesrepublik von Organisationen (Sozialversicherungsbehörden) verwaltet, die eine quasistaatliche Funktion ausüben[128]. Daneben werden die Einzelbelange dieser Gruppen von zumeist eigenen Interessengruppen (Benachteiligten- und teilweise Wohlfahrtsverbände) wahrgenommen. Eine Forcierung der traditionellen Arbeitspolitik müßte sich zwangsläufig mit den in diesen Bereichen etablierten Regelungen auseinandersetzen[129]. Demgegenüber greift die traditionelle Arbeitspolitik weiter in den speziellen sozialpolitischen Bereich ein. Im Gegenzug erklären die in diesen Teilgebieten getroffenen Regelungen traditionelle Arbeitspolitikelemente. Für die geringe Etablierung des speziellen Faktors spricht aber auch dessen niedrige Korrelation zum korporativen Faktor. Die Auswirkungen auf den etablierten sozialpolitischen Bereich können mit dem niedrigsten Inter-Factor-Correlations-Wert als gering eingestuft werden.
Geht man der Frage nach der Relevanz der einzelnen Faktoren nach, so ist die Dominanz des traditionellen Faktors mit einem Faktorladungswert von 4.23 auffällig. Damit wird auch der These entsprochen, daß sich die Teilbereichsangaben der Organisationen auf die in der Vergangenheit bewältigten Aufgaben beziehen. Die Diskussion über Arbeitszeitformen von Teilzeitbeschäftigten, Ladenschlußregeln, die Anpassung der Schutzvorschriften von besonderen Personengruppen im Rahmen des Europäischen Binnenmarktes oder aber die Frage der Diskriminierung von Frauen im Beschäftigungssystem fand ihren vorläufigen Höhepunkt

---

128 vgl. die historische Aufarbeitung der Sozialversicherungsfrage, die wesentlich zur Verbandsbildung im Angestelltenbereich geführt hat von Kocka: "Class formation, interest articulation, and Public policy: The origins of the German white-collar class in the late nineteenth and early twentieth centuries", in: Berger (Hrsg.), Organizing Interests in Western Europe, S. 63-84, Cambridge 1981

129 vgl. zur Geschichte dieser Regelungen Hockerts: "Sozialpolitische Entscheidungen im Nachkriegsdeutschland. Alliierte und deutsche Sozialversicherungspolitik 1954 bis 1957", Stuttgart 1980

erst Ende der achtziger Jahre. Im Gegensatz dazu wurde die Arbeitspolitik in den vergangenen Jahrzehnten von Mitbestimmungsfragen, wie zum Beispiel in der Montanindustrie, dominiert. Die Teilbereichsantworten geben Aufschluß darüber, wie stark diese Konflikte aus Sicht der beteiligten Organisationen im arbeitspolitischen Vordergrund standen[130]. Hinzu kommt, mit einigem Abstand (2.76) an zweiter Stelle, der korporative Faktor, der einerseits die traditionellen Konfliktfelder bestätigt, andererseits die Relevanz der traditionellen Konfliktpartner hervorhebt. Hier finden sich auch die Fragen des Technischen Arbeitsschutzes, die mit der Chemikaliengesetzgebung und der Gefahrstoffverordnung erst Ende der siebziger bzw. Mitte der achtziger Jahre staatliche Regelungen erfuhren und erstmals anderen Organisationen innerhalb des Gesetzgebungsverfahrens den formalen Zugang zu diesen Themen ermöglichten[131].

Der allgemein sozialpolitische Faktor betont die soziale Komponente der Arbeitspolitik, während der spezielle Faktor alle "Randgruppen" des Arbeitsmarktes auf sich vereinigt. Eine Ausdifferenzierung der Frauen-, Arbeitslosen- und der Teilzeitbeschäftigtenproblematik hat hier noch nicht stattgefunden. Emanzipatorische Aspekte stehen genauso wie Arbeitszeitformen in direktem Zusammenhang zur Arbeitsmarktpolitik. Die Relevanz der beiden Faktoren liegt mit Ladungswerten von 2.71 bei der speziellen und von 2.43 bei der allgemeinen Sozialpolitik unter den Werten der anderen beiden Faktoren. Ihre relativ niedrigen Korrelationen lassen vermuten, daß eine Verschiebung der Interessenstruktur zugunsten einer dieser Faktoren einen größeren Beitrag für die Erklärung des traditionellen und des korporativen Faktors leisten würde.

---

130 vgl. zu den arbeitspolitischen Schwerpunkten der sechziger Jahre Hirsch-Weber: "Gewerkschaften in der Politik. Von der Massenstreikdebatte zum Kampf um das Mitbestimmungsrecht", Opladen 1959

131 vgl. Schneider: "Politiknetzwerke in der Chemikalienkontrolle", S. 84-137, Berlin 1988

Abschließend kann festgehalten werden, daß sich die zwölf Teilbereiche, die sich in den vergangenen Jahrzehnten im Politikfeld "Arbeit" herausgebildet haben, über die Interessenangaben der relevanten Organisationen auf vier wesentliche Schwerpunkte reduzieren lassen:

- erstens auf die traditionelle Arbeitspolitik, deren Bedeutung auch mit Abstand am meisten zur Erklärung der Interessenstruktur des Politikfelds "Arbeit" beiträgt und die o.g. Politikschwerpunkte der sozialliberalen Koalition aufzeigt;
- zweitens die allgemeine soziale Komponente, die in der Bundesrepublik von fast allen Akteuren hohe Beachtung erfährt. Für ihre Inhalte interessieren sich insbesondere Organisationen mit quasi-staatlichen Funktionen (Sozialversicherungsbehörden); sie können maßgeblich für deren Ausprägung verantwortlich gemacht werden. Allerdings trägt der zweite Faktor am wenigsten zur Erklärung der Verhältnisse der Faktoren bei;
- drittens die spezielle Sozialpolitik, die einzelne Gruppen umfaßt, die noch keine differenzierte und etablierte Vertretungsform gefunden haben. Die Regelungen dieser Bereiche werden von fast allen Beteiligten mit relativ hohem Interesse verfolgt;
- viertens die traditionellen Regelungsformen, denen Teile des Politikfelds "Arbeit" unterliegen und die viel zur Erklärung der traditionellen Arbeitspolitik beitragen können. Auch hier finden sich mit den Teilbereichen Technischer Arbeitsschutz und Arbeitsgerichtsbarkeit Politikbereiche, die vornehmlich in den siebziger Jahren von der sozialliberalen Regierung behandelt wurden.

2. Aktuelle Streitfragen

Nationale Politikfelder unterliegen zeitlichen Veränderungen und können durch das Auftreten neuer Probleme und Konflikte sowohl die

Organisations- als auch die Politikfeldstruktur beeinflussen[132]. Inhaltlich werden die Teilbereiche mit politischen Streitfragen ausgefüllt, die im Untersuchungszeitraum öffentliche Aufmerksamkeit auf sich zogen. Der Auswahl dieser Streitfragen in der vorliegenden Untersuchung lag die Annahme zugrunde, daβ nicht eine Streitfrage oder eine spezifische Menge von politischen Streitfragen separat im Vordergrund des Politikfelds "Arbeit" standen. Vielmehr wurde davon ausgegangen, daβ alle Streitfragen, die im Untersuchungszeitraum arbeitspolitische Öffentlichkeit hervorriefen, im Politikfeld eingebettet sind und in Beziehung zueinander stehen[133]. Diese direkten und systematischen Streitfragenrelationen formen einerseits das Politikfeld[134]. Andererseits wirken sich diese Zusammenhänge auf die Organisationsstrukturen aus, die sich anhand der gemeinsamen bzw. unterschiedlichen Interessen der Organisationen an den politischen Streitfragen herausbilden.
Im folgenden Abschnitt werden daher zunächst einige weitere organisationstypische Merkmale anhand der arbeitspolitischen Streitfragen, die auf der nationalen Tagesordnung standen, herausgearbeitet. Anschlieβend wird die über die Streitfragen aktualisierte Interessenstruktur des Politikfelds "Arbeit" betrachtet.
Für die Bundesrepublik konnten, kategorisiert nach den zwölf Teilbereichen, insgesamt 45 Streitfragen ausgemacht werden, die hohe öffentliche Aufmerksamkeit in den Jahren 1983 bis Mitte 1988 auf sich zogen[135].

---

132 vgl. Simon/Smithburg/Thompson: "Public Adimnistration", S. 136, 168-172, New York 1950

133 vgl. Laumann/Knoke: "The Organizational State" S. 109, Wisconsin 1987

134 vgl. Clark: "Community Structure and Decision-Making: Comparative Analyses", S. 580, Palo Alto 1968

135 Etwa in der Mitte des Interviews wurden die Befragten gebeten, ihr spezifisches Interesse an Streitfragen des Politikfelds "Arbeit" (gruppiert über die Teilbereiche) auf einer Sechs-Punkte-Skala (0-5) anzugeben.

Tabelle 9: Nach Teilbereichen gruppierte Streitfragen des Politikfelds "Arbeit": Durchschnittliches Interesse der Organisationstypen

Teilbereiche	Gewerkschaften und Betriebsräte	Arbeitgeberverbände und Unternehmen	Kommunale Spitzen und Öff. Arbeigeber	Gesundheitswesen	Sonstige Berufsverbände	Sozialversicherungsverbände	Kirchen u. Wohlfahrtsverbände	Benachteiligtenverbände	Fraktionen des BT. u. Parteien	Bundesministerien, insbes. BMA	Ländervertretungen	Gesamt
1. Tarifvertragsrecht	4.37 (16)	2.29 (5)	3.55 (3)	1.57 (0)	1.00 (1)	1.66 (3)	1.08 (0)	1.06 (1)	3.97 (10)	2.77 (5)	4.27 (8)	2.81
2. Unternehmensmitbestimmung	4.16 (10)	1.60 (5)	1.50 (0)	1.42 (1)	.80 (3)	1.00 (1)	.81 (1)	.60 (1)	4.11 (14)	2.11 (5)	3.86 (7)	2.36
3. Betriebsverfassung	4.17 (16)	1.96 (10)	2.33 (2)	2.02 (3)	1.20 (1)	1.46 (1)	1.32 (1)	1.84 (2)	4.04 (16)	2.72 (6)	3.85 (6)	2.69
4. Innere Organisation von Gewerkschaften, Arbeitgeberverbände	3.66 (15)	2.30 (8)	3.33 (3)	1.85 (2)	1.20 (0)	2.15 (6)	2.12 (0)	.60 (3)	2.88 (9)	2.15 (2)	2.72 (1)	2.48
5. Arbeitsvertragsrecht	3.72 (15)	2.32 (14)	3.23 (5)	2.32 (2)	2.31 (3)	2.47 (4)	2.28 (3)	1.57 (1)	3.51 (11)	3.02 (7)	3.96 (7)	2.92
6. Technischer Arbeitsschutz	3.85 (11)	1.82 (9)	3.44 (2)	3.57 (3)	1.06 (0)	3.15 (4)	1.50 (0)	3.20 (2)	3.23 (5)	2.84 (4)	3.90 (7)	2.90
7. Arbeitszeitschutz	3.89 (11)	2.36 (14)	3.08 (3)	2.57 (3)	1.43 (1)	1.73 (0)	2.79 (4)	2.06 (2)	3.96 (14)	3.35 (5)	3.98 (9)	3.00
8. Sozialpolitik für Arbeitnehmer	3.86 (16)	2.48 (14)	3.58 (5)	2.82 (4)	2.20 (3)	3.51 (13)	3.18 (7)	3.40 (4)	3.88 (17)	3.38 (10)	4.02 (8)	3.34
9. Schutz besonderer Personengruppen	3.53 (14)	1.94 (5)	3.83 (4)	2.38 (5)	.80 (3)	1.77 (11)	3.25 (8)	3.79 (5)	3.60 (16)	2.71 (9)	3.66 (6)	2.83
10.Diskriminierung Beschäftigungssystem	3.77 (13)	1.30 (1)	3.61 (4)	2.23 (3)	2.53 (2)	1.51 (4)	2.12 (3)	2.99 (4)	3.33 (12)	2.61 (8)	3.87 (6)	2.64
11.Arbeitsmarktpolitik	3.58 (14)	2.26 (14)	2.95 (3)	2.04 (2)	.94 (2)	1.84 (2)	2.71 (7)	1.94 (4)	3.42 (16)	2.91 (8)	3.93 (10)	2.76
12.Arbeitsgerichtsbarkeit	3.22 (12)	1.60 (8)	1.50 (2)	1.71 (2)	1.00 (1)	.76 (2)	.62 (0)	.60 (1)	2.64 (4)	2.07 (3)	3.45 (3)	1.97
Anzahl der Organisationen	18	23	6	7	5	13	8	5	17	13	11	126

( ): Anzahl der Organisationen mit "starkem" (4) oder "sehr starkem" (5) Interesse
(*): Anzahl der Organisationen ohne Angaben (missing)

Im Politikfeld "Arbeit" wurden im Untersuchungszeitraum die Streitfragen aus den traditionellen Teilbereichen "Tarifvertragsrecht", "Unternehmensmitbestimmung" und "Betriebsverfassung" von einer Minderheit mit großer Aufmerksamkeit verfolgt. Zu dieser Minderheit gehören neben den Gewerkschaften die Fraktionen und Parteien des Bundestages sowie die Länder, die sich auch als einzige Akteurgruppe durch eine Steigerung ihres Gesamtinteresses an den Themengruppen gegenüber den in Tabelle 6 aufgeführten Teilbereichsangaben auszeichnen. Bei einem Vergleich der Interessenverteilung auf die Teilbereiche und auf die Streitfragen können die Themen der Sozialpolitik ihre dominante Stellung behaupten, während der Schutz besonderer Personengruppen und die Arbeitsmarktpolitik zu den klaren Verlieren gehören. Inwieweit die Zuordnung der Streitfragen den Teilbereichen entspricht, wird in Schaubild 2, das die 45 Streitfragen in einem zweidimensionalen Raum darstellt, behandelt. Für alle Streitfragenpaare wurde mit den numerischen Angaben der 126 Organisationen eine Korrelationsmatrix erstellt, deren mutltidimensionale Skalierung die Streitfragen räumlich darstellt. Die Ähnlichkeit von Issues wird hier über einen Vergleich der Interessenprofile berechnet; hohe Korrelationen bedeuten die Ähnlichkeit der Issue-Nennungen und werden im Diagramm nebeneinander abgebildet. Falls zwei Issues nicht dasselbe Antwortmuster aufweisen, ergeben sich niedrige (oder negative) Korrelationen, und sie werden weit voneinander entfernt liegen[136].

136 Die Korrelationsmatrix wurde mit dem Programmpaket SPSS-X aufbereitet und in UCINET eingelesen. Hier wurden mit dem Dimension-Baustein die euklidischen Distanzen zur räumlichen Darstellung berechnet. Für die 45 Streitfragen ergab sich ein Stress von .25.

Schaubild 2: Räumliche Verteilung der 45 arbeitspolitischen Streitfragen

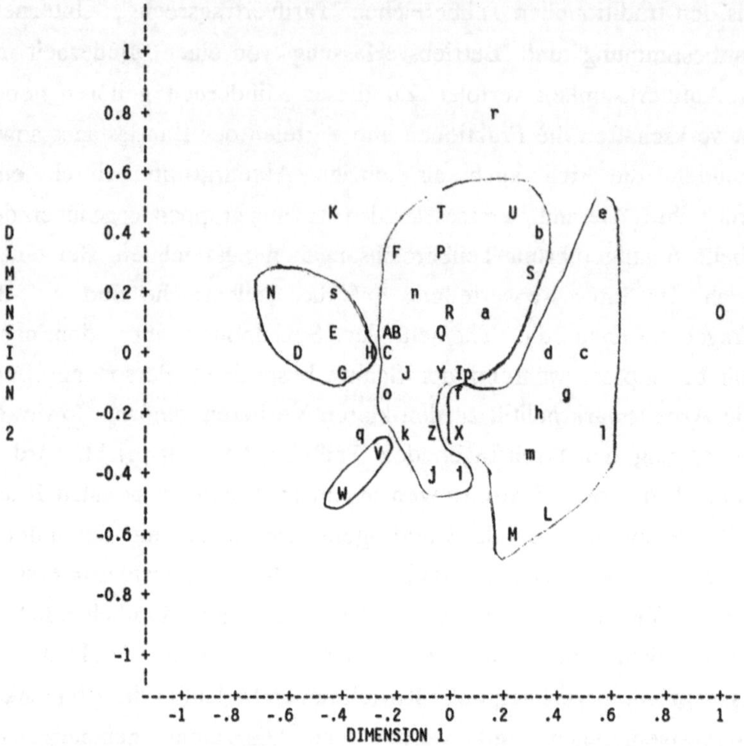

—— Ergebnisse der Clusteranalyse

A. Neutralität der BA bei ArKämpfen
B. Warnstreiks währ. Tarifverhandlungen
C. Gesetzliches Verbot der Aussperrung
D. Montanmitbestimmung
E. Volle parität. Unternehmensmitbestimmung
F. Sozialplanregelung bei Konkurs
G. Sprecherausschüsse für lt. Angestellte
H. Minderheitenrechte bei BetriebsrWahlen
I. Betriebsratmitbest. bei AZeit f. TeilZeit
J. ANehmermitberst. beiu Einf. Technologien
K. Verbändegesetz
L. Rechtsverhältnisse für TeilZeit
M. Befristete Arbeitsverträge
N. Übetriebl. Beteilig. am Produktivvermögen
O. Nebentätigkeiten von Beamten
P. Arbeitsrechtl. Regelungen für Leiharbeit
Q. Vereinheitl. Kündigung Arbeitern/Angest.
R. Verlängerung Vorruhestandsges. bis 1991
S. Gesundheitsrisiken neuer Technologien
T. Verbot von gefährlichen Arbeitsstoffen
U. Rauchverbot am Arbeitsplatz
V. Veränderung der Ladenschlußregeln
W. Einführung eines Dienstleistungsabends
X. Verteilung der Arbeit durch AZeitverkürzung
Y. Verhinderung unregelmäßiger AZeitformen
Z. Regeln für die Sonn- und Feiertagsarbeit
a. Höchstzulässige AZeit u. Mindestruhepausen
b. Betriebl. AltVersorgung auf Hinterbliebenenrente
c. Erziehungsgeld und Erziehungsurlaub
d. Regeln für den Bezug von Arbeitslosengeld
e. Beitragsveränderungen der Sozialversicherung
f. Kündigungsschutz f. Jugend-/AZUBI-Vertreter
g. Ausgleichsabg. Schwerbehindertenpflichtplätze
h. Anpassung Schwerbehindertenkündigungsrelungen
i. Geschlechtsneutrale Ausschreibung APlätzen
j. Frauenförderpläne
k. Beweislastregelung in Diskriminierungsfällen
l. Förderung der Rückkehr von Ausländern
m. Verstärkte Förderungen von ABM-Maßnahmen
n. Regeln für Arbeitnehmerüberlassung
o. Abbau der Arbeitslosigkeit durch Sondervermögen
p. Wiederbesetzung Vorruhestand freigew. APlätzen
q. Berufsbildungsabgabe
r. Einführung eines Sozialversicherungsausweises
s. Unterstellung der AGerichte Justizministerium

Zur Verdeutlichung wurde eine Clusteranalyse der Streitfragen durchgeführt und zur Abgrenzung der Themenkomplexe in das Schaubild eingezeichnet[137]. Auffällig ist, daß der in der Schaubildmitte dargestellte Themenkomplex, der 21 der insgesamt 45 Streitfragen umfaßt, ein recht homogenes Bild und nur in seinem oberen Bereich größere Distanzen zeigt. In seinem Zentrum finden sich vornehmlich Fragen, die die (De)-Regulierung der Arbeitszeit und vertragsrechtliche Positionen der Arbeitnehmer (Kündigungsfristen, Vorruhestandsregelungen) betreffen. Ergänzt wird dieser thematische Schwerpunkt innerhalb des Clusters von Forderungen aus dem Bereich "Diskriminierung im Beschäftigungssystem". Die geschlechtsneutrale Ausschreibung von Arbeitsplätzen, Frauenförderpläne und die Änderung der Beweislastregelung in Diskriminierungsfällen finden sich im unteren Bereich des mittleren Clusters. Größere Distanzen zu diesen inhaltlichen Schwerpunkten finden sich zu den Fragen aus dem Bereich des Technischen Arbeitsschutzes im oberen Teil des Schaubildclusters. Interessanterweise finden sich in diesem Cluster auch die traditionellen Arbeitspolitikfragen aus dem Tarifvertragsrecht. Die Neutralität der Bundesanstalt für Arbeit, die Zulässigkeit von Warnstreiks und das gesetzliche Verbot der Aussperrung lehnen sich aber auch an das im Schaubild auf der linken Seite abgebildeten Cluster an. Mit der Montanmitbestimmung, den Minderheitenrechten von kleineren Gewerkschaften, der überbetrieblichen Beteiligung von Arbeitnehmern am Produktivvermögen und der Unterstellung der Arbeitsgerichtsbarkeit unter die Dienstaufsicht des Justizministeriums werden hier ausschließlich Fragen behandelt, die traditionelle Konflikthemen der Gewerkschaften und der Arbeitgeber

---

137 Diese Analyse wurde mit dem Cluster-Baustein des Programmpakets SPSS-X angefertigt. Zunächst wurde die Issue-Interessenmatrix transponiert und anschließend nach der "Average-Linkage"-Methode zu Clustern zusammengefaßt. Die im Dendogramm dargestellten Entfernungen der Cluster wurden für die Zuordnung zu den Themenkomplexen herangezogen.

zum Inhalt haben. Ein weiteres Cluster findet sich auf der rechten Schaubildseite, dessen räumliche Darstellung ein recht heterogenes Bild aufzeigt. Kleinere Themenschwerpunkte wie zum Beispiel Rechtsverhältnisse von Teilzeitbeschäftigten/befristete Arbeitsverträge liegen weit von Streitfragenpaaren entfernt, die sich mit Themen der "Randgruppen" des Arbeitsmarktes auseinandersetzen: Bezug von Arbeitslosengeld und Erziehungsgeld, Ausbildungsentgelte, Schwerbehindertenpflichtsätze, Arbeitsbeschaffungsmaßnahmen und Sozialversicherungsfragen. Ein kleinerer Fragenkomplex, der jedoch keinem der drei Cluster zugerechnet werden kann, betrifft die Veränderungen der Ladenschlußregeln und die Einführung eines Dienstleistungsabends. Das Verbändegesetz, die Hinterbliebenenrente, die Berufsbildungsabgabe und die Einführung eines Sozialversicherungsausweises können gleichfalls den drei großen Clustern nicht zugerechnet werden und verteilen sich im Schaubild. Räumlich außerhalb des Politikfelds liegt nur die Nebentätigkeit von Beamten.

Im Gegensatz zur Interessenverteilung über die Teilbereiche mit einer Favorisierung der traditionellen Teilbereiche zeichnet sich für die politischen Streitfragen eine Öffnung bzw. Verschiebung des Politikfelds ab. Neue Themen aktivieren Organisationen, die vorher möglicherweise den Geschehnissen im Politikfeld "Arbeit" etwas passiv gegenüberstanden (wie z. B. die Länder). Eine weitere Erklärung für diese Interessenverschiebung ist die Konkurrenz der Themen untereinander, für die auch die oben aufgezeigte Heterogenität des Politikfelds spricht. Für die Aufteilung der Streitfragen läßt sich festhalten, daß 38 der insgesamt 45 Issues drei großen Clustern zugerechnet werden können. Innerhalb dieser Cluster finden sich kleinere Themenkomplexe, die eine räumliche Zuordnung erschweren. Dennoch kann auch hier ein korporatives Cluster ausgemacht werden, das sich fast ausschließlich aus Fragen zusammensetzt, die Konflikte der Gewerkschaften und Arbeitgeber behandeln. Die räumliche Aufteilung im Schaubild spricht aber auch für die über die Streitfragen vorgenommene inhaltliche Abgrenzung des

Politikfelds: Fast alle Themen können in einem zweidimensionalen Raum ohne inhaltliche Verluste abgebildet werden. Ihre zentrale Anordnung läßt darauf schließen, daß sich auch aus der Sicht der befragten Organisationen politikfeldtypische Zusammenhangskomponenten ableiten lassen[138].

3. Kommunikationsbeziehungen der relevanten Organisationen

Organisationen unterscheiden sich wesentlich von Einzelpersonen in der Art und Weise, wie sie durch Kommunikation vermittelte Informationen verarbeiten. In einem rationalen Entscheidungsmodell ist die Informationsverarbeitungskapazität von Individuen eingeschränkt[139]. Zum Beispiel können in der Risikowahrnehmung von Einzelpersonen nicht alle Handlungsmöglichkeiten wahrgenommen werden, da das breite Spektrum von Aktionen und deren wahrscheinlicher Konsequenzen die menschliche Verarbeitungsfähigkeit überfordern. Die Aufmerksamkeit eines Individuums wird daher zwangsläufig auf eine begrenzte Menge von Alternativen mit der Hoffnung reduziert, daß sich die optimal befriedigenste Lösung darunter befinden wird[140]. Organisationen unterliegen bei der Informationsverarbeitung geringeren Restriktionen, obwohl auch sie mehr Daten sammeln als sie effektiv verarbeiten können[141]. Organisationen produzieren jedoch diese Informationsüberschüsse, um anderen Politikfeldakteuren Kompetenz zu demonstrie-

---

138 vgl. Grimes/Bonjean/Lyon/Lineberry: "Community structure and leadership arrangements: a multidimensional analysis", American Sociological Review 41, S. 712, 1976

139 vgl. Moe: "On the scientific status of rational models", American Journal of Political Science 23, S. 215-243, 1979

140 vgl. Simon: "Administrativ Behavior: A Study of Decision-Making Processes in Adminstrative Organization", S.24ff., New York 1957

141 vgl. Feldman/March: "Information in organizations as signal and symbol", Administrative Science Quarterly 26, S. 171-186, 1981

ren[142]. Ausgerüstet mit Akteuren, die auf Interaktionen mit anderen Organisationen spezialisiert sind, können sie weitumfassende Informationsnetzwerke aufbauen[143]. Organisationsakteure treten generell in Kommunikation zum Austausch von Informationen, die zum Beispiel der Früherkennung politischer Alternativen dienen können. Neben diesem eher allgemeineren Informationsfluß setzt die Koordination von Handlungen, die auf die Beeinflussung von politischen Ereignissen abzielen, eine gezielte Kommunikation voraus[144]. Kommunikationsaustausch stellt daher für die Lösung von Streitfragen eine wichtige Voraussetzung dar[145]. Die Kenntnis der Positionen der Entscheidungsträger, der fachlich zuständigen staatlichen Stellen und vertrauensvoller Partner, aber auch das rechtzeitige Wissen über die Positionen und Aktionen eventueller Gegenspieler sind wichtige Voraussetzungen für eine erfolgversprechende Strategie, mit deren Hilfe politische Entscheidungen beeinflußt werden können[146]. Seltener leisten Lobbyisten Über-

---

142 vgl. DiMaggio/Powell: "The iron cage revisited: institutional isomorphism and collective rationality in organizational fields", American Sociological Review 48, S. 147-160, 1983 oder Meyer/Rowan: "Institutionalized organizations: formal structure as myth and ceremony", American Journal of Sociology 83, S. 341-363, 1977

143 vgl. Laumann/Knoke: "The Organizational State", S. 208

144 vgl. Granovetter: "Economic action, social structure, and embeddeness", American Journal of Sociology 91, S. 481-510, 1985

145 vgl. hierzu Laumann/Pappi: "Networks of Collective Action. A Perspective on Community Influence Systems", New York 1976 oder Rogers/Kincaid: "Communication Networks: Toward a New Paradigm of Research", New York 1981

146 vgl. Aldrich: "Organizations and Environments", S. 248-255, Englewood Cliffs 1979 sowie Aldrich/Pfeffer: "Environments of organizations", Annual Review of Sociology 2, S. 79-105, 1976

zeugungsarbeit bei ihren Widersachern[147]. Die Dichten der Kommunikationsnetzwerke geben Aufschluß über diesen vertrauensvollen und teilweise privilegierten Informationsfluß, der eine Voraussetzung für eine erfolgversprechende Aktion darstellt.
Zweimal wurde den Befragten eine Liste mit den 126 Organisationen vorgelegt. Zunächst sollten sie diejenigen Organisationen benennen, von denen sie wichtige politische Informationen erhalten. Als nächstes sollten sie alle Organisationen angeben, denen sie besonders wertvolle Informationen geben. Bei den Angaben wird nicht davon ausgegangen, daß eine symmetrische Kommunikation existiert (d.h. eine Nennung von A nach B impliziert eine von B nach A) und gesendete Information gleich erhaltene Information bedeutet. Daraus ergab sich im ersten Schritt eine 126x126 Sender-Empfänger-Kommunikationsmatrix (Tabelle 10), bei der eine "1" heißt, daß eine "Zeilen"-Organisation eine Information zu einer "Spalten"-Organisation sandte und/oder die Spalten-Organisation angab, Informationen von der "Zeilen"-Organisation zu erhalten[148]. Anschließend wird in Tabelle 11 eine Empfänger-Sender-Kommunikationsmatrix vorgestellt; die "Zeilen"-Organisationstypen erhalten hier Informationen von "Spalten"-Akteurkategorien[149].

---

147 vgl. Fox/Schnitzer: "Doing Business in Washington. How to Win Friends and Influence Government", S. 168-182, New York 1981 oder Milbrath: "The Washington Lobbyists", Chicago 1963 sowie Ornstein/Elder: "Interest Groups. Lobbying and Policymaking", 1978

148 Insgesamt lagen, bei Nichtberücksichtigung der Teilbereichsangaben, zwei Matrizen vor. Zunächst wurde nach den Akteuren gefragt, die der befragten Organisation wichtige Information übermitteln (Matrix A). Anschließend sollte der Befragte diejenigen Organisationen ankreuzen, an die er wichtige Informationen weiterreicht (Matrix B). Für die erste Auswertung wurde Matrix A transponiert und über Matrix B gelegt. Eine bestätigte Nennung (2) wurde mit einer einfachen Nennung gleichgesetzt.

149 Zur Erstellung der Empfänger-Sender-Kommunikationsmatrix wurde Matrix B transponiert und über Matrix A gelegt.

Tabelle 10: Kommunikationsdichten "Sender-Empfänger" des Politikfelds "Arbeit"

	INFORMATIONSEMPFÄNGER										
INFORMATIONSSENDER	Gewerkschaften und Betriebsräte	Arbeitgeberverbände und Unternehmen	Kommun. Spitzen und Öff. Arbeitgeber	Gesundheitswesen	Sonstige Berufsverbände	Sozialversicherungsverbände	Kirchen u. Wohlfahrtsverbände	Benachteiligtenverbände	Fraktionen des BT. u. Parteien	Bundesministerien, insbes. BMA	Ländervertretungen	Status
Gewerkschaften und Betriebsräte	.256	.126	.111	.103	0.33	.239	.146	.156	.402	.244	.157	13.57
Arbeitgeberverbände und Unternehmen	.133	.251	.174	.143	.087	.214	.092	.087	.412	.301	.198	12.84
Kommunale Spitzen und Öffentl. Arbeitgeber	.083	.123	.417	.310	.000	.141	.417	.233	.392	.359	.136	16.81
Gesundheitswesen	.127	.118	.310	.633	.171	.527	.357	.114	.563	.242	.468	17.58
Sonstige Berufsverbände	.056	.043	.000	.057	.120	.015	.000	.080	.318	.123	.236	11.13
Sozialversicherungsverbände	.274	.217	.128	.429	.046	.722	.183	.292	.484	.467	.245	21.65
Kirchen und Wohlfahrtsverbände	.090	.103	.354	.196	.000	.173	.672	.325	.485	.365	.352	21.49
Benachteiligtenverbände	.178	.122	.367	.086	.120	.262	.500	.520	.588	.492	.382	18.33
Fraktionen des Bundestags und Parteien	.379	.325	.314	.395	.341	.443	.471	.388	.571	.443	.460	33.60
Bundesministerien insbes. BMA	.269	.314	.359	.253	.200	.479	.375	.323	.498	.550	.622	26.36
Ländervertretungen	.111	.111	.091	.117	.291	.175	.136	.200	.348	.350	.545	26.62
Anzahl der Organisationen	18	23	6	7	5	13	8	5	17	13	11	126

Die Gesamtdichte beträgt .284

Tabelle 11: Kommunikationsdichten "Empfänger-Sender" des Politikfelds "Arbeit"

	INFORMATIONSSENDER											
INFORMATIONS-EMPFÄNGER	Gewerkschaften und Betriebsräte	Arbeitgeberverbände und Unternehmen	Kommun. Spitzen und Öff. Arbeitgeber	Gesundheitswesen	Sonstige Berufsverbände	Sozialversicherungsverbände	Kirchen u. Wohlfahrtsverbände	Benachteiligtenverbände	Fraktionen des BT. u. Parteien	Bundesministerien, insbes. BMA	Ländervertretungen	Status
Gewerkschaften und Betriebsräte	.256	.135	.083	.127	0.56	.274	.090	.178	.379	.269	.111	13.69
Arbeitgeberverbände und Unternehmen	.126	.251	.123	.118	.043	.217	.103	.122	.325	.314	.111	14.35
Kommunale Spitzen und Öffentl. Arbeitgeber	.111	.174	.417	.310	.000	.128	.354	.367	.314	.359	.091	18.35
Gesundheitswesen	.103	.143	.310	.633	.057	.429	.196	.086	.395	.253	.117	24.19
Sonstige Berufsverbände	.033	.087	.000	.171	.120	.046	.000	.120	.341	.200	.291	7.05
Sozialversicherungsverbände	.239	.214	.141	.527	.015	.722	.173	.262	.443	.479	.175	24.36
Kirchen und Wohlfahrtsverbände	.146	.092	.417	.357	.000	.183	.672	.500	.471	.375	.136	20.78
Benachteiligtenverbände	.156	.087	.233	.114	.080	.292	.325	.520	.388	.323	.200	23.98
Fraktionen des Bundestags und Parteien	.402	.412	.392	.563	.318	.484	.485	.588	.571	.498	.348	29.97
Bundesministerien insbes. BMA	.244	.301	.359	.242	.123	.467	.365	.492	.443	.550	.350	27.66
Ländervertretungen	.157	.198	.136	.468	.236	.245	.352	.382	.460	.622	.545	15.62
Anzahl der Organisationen	18	23	6	7	5	13	8	5	17	13	11	126

Die Gesamtdichte beträgt .284

Die gesamten Einzelkommunikationsmatrizen hier abzubilden, würde zu viel Platz einnehmen, so daß zunächst einige deskriptive Informationen über die nach Organisationstypen gruppierten Akteure zusammengefaßt werden. Von den 15750 möglichen Wahlen erfolgten 4483, was einer Netzwerkdichte von 0.284 entspricht. Tabelle 10 und 11 enthalten einige Ausschnitte bezüglich der Kontaktdichte der elf deutschen Organisationstypen. Zum Beispiel besagt die .412 in der "Arbeitgeber-zur-Fraktionen"-Zelle von Tabelle 10, daß von allen möglichen Wahlen der 23 Arbeitgeberorganisationen 41,2% auf das Senden von arbeitspolitische Informationen zu den 13 Fraktionen und Parteien entfielen bzw. weist die "Arbeitgeber-von-Fraktionen"-Zelle in Tabelle 11 denselben Betrag aus. Mit der getrennten Aufbereitung der Informationsnetzwerke wird hier der Frage nachgegangen, ob die Richtung des Informationsflusses Rückschlüsse auf den Status eines Organisationstyps zuläßt bzw. Konsequenzen für die Stellung eines Akteurs im Netzwerk nach sich zieht.

Vergleichbare empirische Beobachtungen in den Vereinigten Staaten erbrachten, daß die mächtigsten Politikfeldakteure, die typischerweise formale Entscheidungsgewalt ausüben, nicht in der Lage sind, ihre eigenen Informationen zu generieren; bei ihren Entscheidungen verlassen sie sich vielmehr auf die Informationen der anderen Organisationen[150]. Für die anderen Politikfeldakteure werden sie daher zur Zielscheibe bei der Informationsübertragung[151].

Für die Bundesrepublik verdeutlichen die reduzierten Matrizen die Spitzenreiterposition der Fraktionen/Parteien des Bundestags als Empfänger, aber auch als Sender von politischen Informationen.

---

150 vgl. Heinz et al.: "Washington representatives and national policy making", New York 1982

151 vgl. Laumann/Heinz: "Washington lawyers - and others; the structure of Washington representatives", Stanford Law Review 37, S. 465-502, 1985

Interessanterweise zeichnen sich die staatlichen Typen (Fraktionen, Ministerien, Länder) ebenso wie die Organisationen aus dem eher sozialpolitischen Bereich (vor allem die Sozialversicherungsverbände, aber auch die Kirchen und das Gesundheitswesen) durch die höchsten internen Kommunikationsdichten aus. Die internen Kommunikationsdichten der sozialpolitischen Organisationstypen übertreffen die durchschnittliche Gesamtdichte (.284) sogar um das Doppelte. Am wenigsten sind die sonstigen Berufsverbände in den Informationsfluß eingebunden, denen, wie den Arbeitgebern und den Gewerkschaften, die Vernetzung zu den Fraktionen/Parteien wichtiger als die interne Verbindung ist (die auch unter der gesamtdurchschnittlichen Dichte liegen). Gleiches gilt für die Benachteiligtenverbände, die mit den formalen Entscheidungsträgern des Bundestags (Fraktionen/Parteien) höher als untereinander verbunden sind[152]. Für die nicht-staatlichen Organisationstypen zeigt sich, daß deren Verbindung untereinander niedriger als die der staatlichen Typen ist; sie überschreiten nur in einigen Fällen die durchschnittliche Gesamtdichte. Obwohl die Sender-Empfänger-Kommunikationsmatrix dieselben Zellenkonstellationen wie auch - bei gegebener Richtungsänderung - die Empfänger-Sender-Matrix aufweist, ergeben sich bei der Statusberechnung einige Differenzen. Dies ist auf die unterschiedliche Vorgehensweise bei der Zusammenlegung der Matrizen zurückzuführen: Während bei der Sender-Empfänger-Matrix die abgegebenen Nennungen (Outdegrees) von Matrix A sich zu erhaltenen Wahlen (Indegrees) umwandeln,

152 Dies drückt sich auch in deren niedrigen Status aus, der auch bei den Gewerkschaften und den Arbeitgeberverbände aus diesem Grund sehr niedrig liegt, während die staatlichen Organisationstypen die ersten Plätze einnehmen. Der Status wurde mit dem Hubbel-Index berechnet, der zur Statusermittlung nicht nur die absolute Zahl der erhaltenen Wahlen berücksichtigt, sondern eine Bewertung der Wahlen vornimmt. Über mehrere iterative Schritte wird die Rangfolge eines Organisationstyps bestimmt, indem eine Gewichtung der erhaltenen Wahlen erfolgt (siehe dazu Langeheine: "Measures of Social Proximity and their Use in Sociometric Research", S. 199-201, Zeitschrift für Soziologie 2, 1977).

vollzieht sich diese Transformation bei der Empfänger-Sender-Matrix mit Matrix B; in der Sender-Empfänger-Matrix kann eine geringe Anzahl von abgegebenen Wahlen bei der Frage "Von wem erhalten Sie wichtige Informationen?" durch die Transponierung dieser Matrix zu einem niedrigen Status führen, während in der Empfänger-Sender-Matrix wenige Nennungen beim Senden von Informationen an andere Organisationen dasselbe Resultat zur Folge haben können. Bei einem Vergleich der Statusergebnisse liegen zwar die Fraktionen des Bundestags bei beiden Matrizen auf dem ersten Platz, der Abstand zu dem Zweitplazierten fällt jedoch in der Empfänger-Sender-Matrix deutlich geringer aus (von .69 auf .23). Den gröβten Abwärtstrend weisen die Länder mit .11 von der Sender- zur Empfänger-Matrix auf, während sich bei den Bundesministerien, den Gewerkschaften, Arbeitgeberverbänden, den Kirchen/Wohlfahrtsverbänden und den Kommunalen Arbeitgeberorganisationen wenige Veränderungen ergeben. Den sonstigen Berufsverbänden kommt in beiden Matrizen der geringste Status zu, jedoch vergröβert sich in der Empfänger-Matrix ihr Abstand erheblich zu den direkt vor ihnen plazierten Organisationstypen. Auffällig ist der Statusgewinn des Gesundheitswesens; aber auch die Benachteiligtenverbände und die Sozialversicherungsbehörden können in der Empfänger-Matrix zulegen. Die Konsequenzen, die sich aus den Unterschieden der beiden Matrizen ergeben, werden weiter unten ausführlicher diskutiert. Zunächst kann festgehalten werden, daβ bei der Verwendung der Matrizen die jeweilige Fragestellung beachtet werden muβ.

Die über die Akteurskategorien gruppierten Resultate können keinen Aufschluβ darüber geben, welche einzelnen Organisationen im Mittelpunkt dieser Informationsnetzwerke stehen. Zum Beispiel können hierarchische Informationsstrukturen einer Kategorie nicht herausgearbeitet werden, und Einzelorganisationen verlieren über die Gruppierung im System an Gewicht. Für die Analyse dieser differenzierten Kommunikationsstruktur haben sich in der Vergangenheit zwei Vorge-

hensweisen etabliert. Der "strukturelle Äquivalenz-Ansatz" gruppiert dabei zwei oder mehr Akteure nach dem Kriterium, in welchem Ausmaß identische Wahlen über alle Akteure im System erfolgten. Dabei werden Organisationen zusammengefaßt, je nachdem, ob sie angaben, mit denselben Organisationen in Kommunikation zu stehen oder diese zu vermeiden. Akteure werden hinsichtlich der Struktur ihrer Anbindung an das sie umgebende Beziehungsnetz beschrieben[153]. Die Positionen von strukturell äquivalenten Akteuren sind damit in einem Netzwerk austauschbar. Akteurpositionen sind in dem Ausmaß unähnlich oder voneinander entfernt, wie unterschiedlich sie als Akteurpaar kommunizieren[154]. Nach dem strukturellen Äquivalenzkriterium können Organisationen die gleiche Position einnehmen, obwohl sie nicht direkt miteinander in Verbindung stehen.
Die zweite Vorgehensweise basiert auf einem graphentheoretischen Konzept, das Nähen bzw. Distanzen von Netzwerkakteuren aus einer Funktion ihrer möglichen Erreichbarkeit herleitet[155]. Hier wird die Zentralität von Organisationen in einem Kommunikationsnetzwerk bezüglich ihrer möglichen direkten und indirekten Kommunikationswege festgestellt. Das soziale Distanzmaß von Akteuren sind Pfade, welche die kleinste direkte Anzahl von Kommunikationsschritten angeben, die ein Akteur zum Erreichen eines anderen Akteurs benötigt. Das Kommunikationsnetzwerk zerfällt in Untergruppen von einerseits peripheren Organisationen, die viele indirekten Wege zur Kommunikation mit anderen gehen müssen, und andererseits von Akteuren mit vielen

---

153 vgl. Hummell/Sodeur: "Strukturbeschreibungen von Positionen in sozialen Beziehungsnetzen", in: Pappi (Hrsg.), Methoden der Netzwerkanalyse , Bd. I, S. 177, 1988

154 vgl. Burt: "Positions in networks", Social Forces 55, S. 93-122, 1976

155 vgl. Laumann/Pappi: "Networks of Collective Action: A Perspective on Community Influence Systems", New York 1976

direkten Zugangsmöglichkeiten; im Extremfall können sogar isolierte Akteure ausscheiden[156].

Für eine Favorisierung des strukturellen Äquivalenzansatzes wurden in der Vergangenheit viele Gründe aufgeführt. Mitunter wurde behauptet, daß das graphentheoretische Konzept nur eine spezielle Anwendung der strukturellen Äquvalenz sei[157]. Für einen ersten Einblick in die Kommunikationsbeziehungen von Politiknetzwerken kann die graphentheoretische Vorgehensweise bevorzugt werden, da sie mehr Aufschluß über die direkten Akteurbeziehungen geben kann. Dies liegt vor allem darin begründet, daß die strukturelle Äquivalenz bei der Berechnung von Distanzen stärker das Fehlen von Beziehungen berücksichtigt[158]. In Politikfeldern, die sich zumeist durch ihre große Anzahl von Akteuren auszeichnen, kann aber das Fehlen von Kommunikationsbeziehungen zu einigen Organisationen lediglich durch deren geringe Ausstattung bedingt sein. Dagegen hebt der graphentheoretische Ansatz mit der Berücksichtigung der "Partnerwahlen" eher die positiven direkten und indirekten Kommunikationskanäle hervor. Zum Beispiel müßten sich nach diesem Verbundenheitskriterium die politischen Akteure mit ihren hohen internen Kommunikationsdichten in der Mitte des Netzwerkes befinden, in deren unmittelbarer Nähe Organisationen anzutreffen sind, die aufgrund ihrer guten Ausrüstung wichtige Informationen über alle Politikfeldfragen liefern können. Zudem soll anhand der Kommunikationsbeziehungen keine definitive Politikfeldstruktur herausgearbeitet

---

156 vgl. Laumann/Knoke: "The Organizational State", S. 218f., Wisconsin 1987

157 vgl. Burt: "Cohesion versus structural equivalence as a basis for network subgroups", Sociological Methods and Research 7, S. 189-212, 1978

158 hier wird auf die Blockmodellanalyse Bezug genommen, die Akteure nach dem "Nullblockkriterium" zuordnet (vgl. Kappelhoff: "Blockmodellanalyse: Positionen, Rollen und Rollenstrukturen", in: Pappi (Hrsg.), Methoden der Netzwerkanaylse, S. 101-128, München 1987).

werden, da strukturelle Aussagen mehr Kenntnisse, zum Beispiel über die Art der Informationen oder aber die unterschiedlichen Einflußmöglichkeiten der Einzelorganisationen, berücksichtigen sollten. Aus diesen Gründen werden im folgenden einige graphentheoretische Resultate vorgestellt.

Für die Berechnung der Pfaddistanzen wurde auf die quadratische 126x126-Sender-Empfänger-Kommunikationsmatrix zurückgegriffen. Direkte Beziehungen werden durch die Pfaddistanz 1 angegeben; indirekte Verbindungen, die einen zusätzlichen Schritt benötigen, werden mit 2 ausgewiesen usw. Tabelle 12 zeigt die Verteilung der Pfaddistanzen im Politikfeld "Arbeit" auf:

Tabelle 12: Direkte und indirekte Kommunikationsverbindungen

Pfaddistanz	Politikfeld "Arbeit"	
Isoliert	0	.000
1	4483	.285
2	10957	.695
3	310	.020
Gesamt	15750	1.000

Aus der Tabelle wird ersichtlich, daß alle Akteurpaare des Politikfelds "Arbeit" über maximal drei Schritte miteinander verbunden sind. Fast ein Drittel aller Kommunikationsbeziehungen verlaufen auf direktem Wege, und nur in wenigen Fällen (310) müssen drei Schritte unternommen werden, um auch die entfernteste Organisation zu erreichen. Etwa zwei Drittel aller Pfaddistanzen weisen zwei Schritte auf. Diese Beziehungsstruktur könnte darauf zurückgeführt werden, daß einige Organisationen sehr zentrale Positionen einnehmen. Über diese prominenten Akteure werden fast alle anderen Organisationen in "Zweier-Schritten" miteinander verbunden. Unter den vielen Möglichkeiten, die Prominenz eines Akteurs in einem Kommunikationsnetzwerk festzustellen, hat sich in der Vergangenheit das "betweeness"-Konzept als brauchbar erwiesen[159]: Ein Akteur steht "zwischen" zwei anderen, wenn er diese über die kürzeste Pfaddistanz miteinander verbindet; daraus leitet sich eine Kontrollposition ab, die es ihm ermöglicht, die Kommunikation zwischen den beiden Endpunkten aufrechtzuerhalten oder aber deren Kommunikationsfluß zu unterbrechen[160]. Gleichzeitig kann aus der "Closeness" eines Akteurs abgelesen werden, wie unabhängig er von der Kontrolle der anderen Akteure ist. Dieses Maß rekurriert auf die Anzahl der Schritte, die ein Akteur zum Erreichen aller anderen Akteure benötigt. Über seine direkten Beziehung geben die "Outdegrees" (abgegeben Wahlen) Aufschluß. In der folgenden Tabelle werden die 20 anhand des "betweeness"-Index geordneten prominentesten Organisationen des Politikfelds "Arbeit" aufgeführt. Basis für die Tabelle ist die Sender-Empfänger-Kommunikationsmatrix; die standardisierten Werte sind mit "Z" markiert[161]:

---

159 vgl. Knoke/Burt: "Prominence", in: Burt/Minor (Hrsg.), Applied Network Analysis. A Methodological Introduction, S. 195-222, Beverly Hills 1982

160 vgl. Freeman: "A set of measures of centrality based on betweeness", Sociometry 40, S.35-41, 1977 bzw. Freeman: "Centrality in social networks: Conceptual clarification", Social Networks 1, S. 215-239, 1979

161 Die Analysen wurden mit dem Baustein GRAPH des Programmpakets UCINET angefertigt.

Tabelle 13: Die zwanzig prominentesten arbeitspolitischen Organisationen

Organisation	BETW	ZBETW	CLOS	ZCLOS	OUTDG	ZOUTDG
SPD-BT	440	.056	151	.827	99	.792
FDP-AS	351	.045	163	.766	87	.696
BDA	324	.041	152	.822	98	.784
BDI	321	.041	168	.744	82	.656
FDP-BT	303	.039	157	.796	93	.744
DGB	278	.036	159	.786	92	.736
BMA	197	.025	168	.744	82	.656
FDP-BV	187	.024	186	.672	64	.512
AOK-BV	167	.021	178	.702	72	.576
DAG	149	.019	188	.664	63	.504
BA	142	.018	183	.683	67	.536
CDU-AS	137	.017	178	.702	72	.576
CDU-BT	129	.016	178	.702	73	.584
BMJFFG	103	.013	192	.651	59	.472
BMA-ABT I	101	.013	189	.661	61	.488
CDA	101	.013	189	.661	62	.496
MIT	100	.013	208	.601	42	.336
SPD-AS	99	.012	192	.651	58	.464
BMA-ABT II	89	.011	192	.651	58	.464
BvBK	87	.011	202	.618	49	.392

Die SPD-Bundestagsfraktion (SPD-BT) steht nach allen drei Kriterien im Mittelpunkt des arbeitspolitischen Kommunikationsnetzwerks. Über sie laufen erstens die meisten Verbindungen der anderen Akteure (BETW: 440); zweitens benötigt sie die wenigsten Schritte zum Erreichen aller anderen Organisationen des Politikfelds (CLOS: 151), und drittens verfügt sie über die meisten direkten Kommunikationskanäle (OUTDG: 99).

Nach dem "betweeness"-Index folgen mit einigem Abstand die FDP-Mitglieder des Ausschusses für Arbeit und Sozialordnung. Zieht man jedoch die Rangordnung der Unabhängigkeit und der direkten Zugangsmöglichkeiten eines Akteurs heran, würde die Bundesvereinigung der Deutschen Arbeitgeber (BDA) Platz zwei einnehmen. Diese Verschiebung zugunsten der FDP-Ausschußmitglieder unterstreicht die Brauchbarkeit der "Betweeness"-Rangordnung: Obwohl die Arbeitgeberorganisation eine insgesamt kleinere Anzahl von Schritten benötigt, um mit allen anderen kollektiven Akteuren kommunizieren zu können, und sie auch mehr direkte Verbindungen zu anderen Organisationen des Politikfelds "Arbeit" aufweist, ist ihre Kontrollposition nicht so stark ausgeprägt wie das bei den FDP-Ausschußmitgliedern der Fall ist. Vermutlich kontrolliert die BDA relativ unabhängig und direkt die Beziehungen der ihr nahestehenden Organisationen, während die FDP-Ausschußmitglieder im gesamten Politikfeld besser eingebettet sind. Dies trifft auch für die Positionen des Deutschen Gewerkschaftsbundes (DGB), die CDU-Mitglieder des Arbeitsausschusses (CDU-AS) und die CDU-Bundestagsfraktion (CDU-BT) zu, die - wie die BDA - bei einer Closeness- oder Outdegree-Rangordnung weiter nach vorne rücken würden. Im Gegensatz dazu verhilft der Betweeness-Index dem Bundesverband der Deutschen Industrie (BDI), dem FDP-Bundesvorstand (FDP-BV), der Deutschen Angestellten-Gewerkschaft (DAG), dem Bundesminister für Jugend, Familie, Frauen und Gesundheit (BMJFFG) und der Mittelstandsvereinigung der CDU (MIT) zu einer zentraleren Plazierung im arbeitspolitischen Kommunikationsnetzwerk. Ihre relative Eigenständigkeit (Closeness) und direkten Kommunikationsbeziehungen (Outdegrees) sind schwieriger als ihre "vermittelnde" Rolle ausgeprägt. Kleinere und zumeist unwesentliche Unterschiede ergäben sich bei den Sozialausschüssen der Christlich-Demokratischen Arbeitnehmerschaft, den SPD-Ausschußmitgliedern, der Abteilung II des Bundesministeriums für Arbeit und Sozialordnung und dem Bundesverband der Betriebskrankenkassen. Interessanterweise nehmen der Bundesminister für Arbeit und Sozialordnung (BMA), die Bundesvereinigung der Allgemeinen Ortskrankenkassen (AOK-BV), die Bundesanstalt für Arbeit (BA) und die Grundsatz- und Planungsabteilung des Arbeitsministers (BMA-ABT I) nach allen drei Kriterien die gleiche Position ein: Sie kontrollieren Kommunikation in dem Ausmaß, wie sie auch kontrolliert werden und sie haben dementsprechend direkte Kommunikationsverbindungen. Die Zusammensetzung der zwanzig prominentesten Organisationen zeichnet ein sehr parteipolitisiertes Bild der Kommunikationsbeziehungen. Von insgesamt 17 parteipolitischen Organisationen sind mehr als die Hälfte (neun) unter den ersten Zwanzig der Kommunikationsrangordnung. DIE GRÜNEN können sich allerdings hier nicht etablieren. Sie liegen, angeführt von ihrer Bundestagsfraktion, nur im unteren Mittelfeld der insgesamt 126 korporativen Akteure. Der nächste stark vertretene Organisationstyp sind die Ministerien (vier von dreizehn). Natürlich kommt dem Bundesminister für Arbeit und Sozialordnung mit seinen Abteilungen in der Arbeitspolitik eine dominante Stellung zu. Die Sozialversicherungsverbände und -behörden werden immerhin noch mit drei (von insgesamt dreizehn) Organisationen im oberen Feld repräsentiert. Die Position der AOK verdeutlicht, wie stark arbeitspolitische Fragen an die Sozialversicherungspflicht gebunden sind. Vergleicht man die über die Organisationstypen gruppierten Kommunikationsresultate mit der Rangordnung der Einzelorganisationen, so wird die hierarchische interne Kommunikationsstruktur der klassischen Konfliktpartner ersichtlich. Vier Spitzenorganisationen (BDA, BDI, DGB und DAG) finden sich unter den zehn prominentesten Akteuren im Politikfeld "Arbeit". Diese

Akteure weisen darüberhinaus noch einige Gemeinsamkeiten auf: Sowohl die BDA als auch der DGB würden ihre Positionen anhand des Closeness- und Outdegree-Indices verbessern, während bei BDI und DAG genau das Gegenteil der Fall sein würde. Die verhältnismäßig höhere Kontrollposition von BDI und DAG leitet sich aus deren direkten Verbindungsmöglichkeiten zu anderen Organisationen ab, während die Unabhängigkeit Aufschluß über die eigenen benötigten Kommunikationsschritte gibt. Aus Sicht der anderen Organisationen nehmen somit BDI und DAG zentralere Positionen in vermittelnder Art und Weise ein. Über sie können Informationen auch an entfernte Akteure weitergegeben werden. Bezüglich der Weitergabe eigener Informationen müssen beide Organisationen jedoch mehr Aktivität entfalten, als dies durch ihre vermittelnde Stellung im Verhältnis zu den anderen Akteuren ausgedrückt wird. Anders bei BDA und DGB: Ihre vermittelnde Position wird geringer eingestuft, als es ihre Kommunikationsunabhängigkeit ausdrückt.

Im oberen Abschnitt wurde auf die unterschiedliche Statusbewertung der Sender-Empfänger- und der Empfänger-Sender-Kommunikationsmatrix eingegangen. In diesem Zusammenhang konnte gezeigt werden, daß die unterschiedliche Vorgehensweise bei der Erstellung der Matrizen andere Bewertungen der nach Organisationstypen zusammengefaßten Akteure hervorbrachte: Bei der Frage nach den Informationsgebern in der Sender-Empfänger-Matrix bzw. nach Informationsempfängern in der Empfänger-Sender-Matrix konnten wenige Nennungen einen geringen Status des Organisationstyps bewirken. Auf die Frage, ob sich diese Unterschiede auch auf die Netzwerkpositionen der Einzelorganisationen auswirken, soll im folgenden Abschnitt eingegangen werden. In Tabelle 14 werden die Outdegree- und die Closenesswerte der zwanzig prominentesten Organisationen gegenübergestellt; der "Betweeness"-Index, nach dem auch hier die Organisationen geordnet werden, verändert sich durch die unterschiedliche Vorgehensweise bei der Erstellung der Matrizen nicht.

Tabelle 14: Die Zentralität der Sender/Empfänger und der Empfänger/-Sender

	SENDER-EMPFÄNGER				EMPFÄNGER-SENDER			
Organisation	CLOS	ZCLOS	OUTDG	ZOUTDG	CLOS	ZCLOS	OUTDG	ZOUTDG
SPD-BT	151	.827	99	.792	151	.827	99	.792
FDP-AS	163	.766	87	.696	152	.822	98	.784
BDA	152	.822	98	.784	170	.735	80	.640
BDI	168	.744	82	.656	174	.718	76	.608
FDP-BT	157	.796	93	.744	153	.817	97	.776
DGB	159	.786	92	.736	173	.722	77	.616
BMA	168	.744	82	.656	177	.706	73	.584
FDP-BV	186	.672	64	.512	178	.702	72	.576
AOK-BV	178	.702	72	.576	178	.702	72	.576
DAG	188	.664	63	.504	174	.718	76	.608
BA	183	.683	67	.536	194	.644	56	.448
CDU-AS	178	.702	72	.576	172	.726	78	.624
CDU-BT	178	.702	73	.584	177	.706	73	.584
BMJFFG	192	.651	59	.472	203	.615	47	.376
BMA-ABT I	189	.661	61	.488	188	.664	62	.496
CDA	189	.661	62	.496	180	.694	70	.560
MIT	208	.601	42	.336	187	.668	63	.504
SPD-AS	192	.651	58	.464	180	.694	70	.560
BMA-ABT II	192	.651	58	.464	192	.651	58	.464
BvBK	202	.618	49	.392	191	.654	59	.472

Zunächst kann festgehalten werden, daβ eine Rangfolge der Organisationen nach den standardisierten Closeness- und den Outdegreewerten in der Empfänger-Sender-Matrix keine Unterschiede aufweist, während die Organisationsrangfolge in der Sender-Empfänger-Matrix im mittleren Teil der Tabelle nicht so eindeutig zu bestimmen ist. Insgesamt nehmen bei einer solchen Bewertung die parteipolitischen Akteure in der Empfänger-Matrix die zentraleren Stellungen im Kommunikationsnetzwerk ein, während die Ministerien und Abteilungen des Arbeitsministeriums eher peripher positioniert sind. Damit werden in der Empfänger-Matrix stärker die Unabhängigkeiten und die direkten Zugangsmöglichkeiten der parteipolitischen Akteure als in der Sender-Matrix betont. Für die Bundesanstalt für Arbeit und die Ministerien, die außer dem Bundesminister für Arbeit und Sozialordnung am Ende der Closeness- und Outdegree-Rangordnung in der Empfänger-Matrix zu finden sind, ergeben sich höhere Abhängigkeiten als in der Sender-Matrix bzw. nach dem "betweeness"-Index.

Die zentrale Position nimmt zwar in beiden Matrizen die SPD-Bundestagsfraktion ein. Allerdings ist in der Empfänger-Matrix die Zentralität der FDP-Fraktion fast gleich zu bewerten und auch Parteiorganisationen wie die FDP- und die CDU-Ausschußmitglieder nehmen eine ähnliche Position im Kommunikationsnetzwerk ein. Die Spitzenorganisationen der Gewerkschaften und der Arbeitgeber rücken auch im rechten Teil der Tabelle näher zusammen: BDA und DGB verlieren etwas an Zentralität, während sich BDI und DAG, gemessen anhand ihrer Unabhängigkeit und direkten Zugangsmöglichkeiten, im ersten Drittel der Empfänger-Matrix etablieren könnten. Bei einem Vergleich der Ergebnisse weist die Empfänger-Matrix höhere Abweichungen vom "betweeness"-Index zu einer Rangfolge nach den Closeness- und Outdegreewerten als die Sender-Matrix auf. Allerdings finden sich hier die Vertreter der einzelnen Organisationstypen in ähnlich zentralen Positionen wieder: Sie besitzen fast die gleiche Anzahl direkter Kommunikationskanäle, und auch die Gesamtanzahl der Schritte, die sie zum Erreichen aller Organisationen benötigen, fällt bei den einzelnen Vertretern des jeweiligen Organisationstyps gleich hoch aus. Festzuhalten bleibt, daß sich die Positionen der Einzelorganisationen je nach Vorgehensweise bei der Erstellung der Matrizen verändern können. Ob jedoch der Umwandlung von In- zu Outdegrees infolge der Matrixtransponierung entweder

bei der Frage nach Informationsgebern oder nach den Informationsempfängern der Vorzug eingeräumt werden soll, hängt von der jeweiligen inhaltlichen Fragestellung ab.
Die Kommunikationspositionen und -dichten geben Aufschluß darüber, wieviel potentielle Kontrolle eine Organisation im Politikfeld "Arbeit" ausübt. Diese Potentialsichtweise sollte auch zum Beispiel bei der Beurteilung der absoluten Spitzenreiterstellung der SPD-Bundestagsfraktion miteingehen.
Die Resultate der Kommunikationsbeziehungen zeigen, daß die staatlichen Entscheidungsträger an der Spitze des Austauschs von wichtigen arbeitspolitischen Informationen stehen. Sie werden ergänzt von hochspezialisierten und gut ausgerüsteten Organisationen, die ihrerseits sehr enge und direkte Verbindungen zu anderen Politikfeldakteuren pflegen. Staatliche Stellen zeichnen sich im Policy-Prozeß durch ihre direkte Entscheidungsgewalt (voting power) aus, die sie z. B. in verschiedenen Stadien des Gesetzgebungsprozesses ausüben. Dies legt die Vermutung nahe, daß Informationskanäle zu oder von diesen Entscheidungsträgern wichtige Voraussetzungen für die Einflußnahme auf kollektiven Entscheidungen darstellen. Die hohen internen Kommunikationsdichten und die dominante Stellung der staatlichen Funktionsträger lassen aber auch Rückschlüsse auf die Modalitäten der Konflikt- und Problembewältigung zu. Handlungsmöglichkeiten werden innerhalb der einzelnen Organisationstypen weitergereicht, um sie vornehmlich innerstaatlich unter Beteiligung der jeweiligen Spitzenorganisationen zu verhandeln. Die Kommunikationsbeziehungen und -positionen stellen jedoch nur eine Voraussetzung zur Einflußnahme dar, die sicherlich im Verhältnis zu ihrer Interessenverflechtung und zur Macht eines Politikfeldakteurs gesehen werden muß. Daher wird im nächsten Abschnitt auf die Machtreputation der einzelnen Organisationen eingegangen, die, in Verbindung mit den Kommunikationspositionen, weitere Hinweise über die Interaktionsstruktur des Politikfelds "Arbeit" liefert.

4. Die Machtreputation

Die Kenntnis der Rollen und Aktivitäten der Akteure sind für das Verständnis eines Politikfelds von großer Bedeutung. Als ein Maßstab für politischen Einfluß wird in dieser Analyse die Machtreputation der Organisationen benutzt, welche die generelle Perzeption der Befragten von Macht widerspiegelt[162]. Allgemein formuliert, kann Einfluß als die Fähigkeit angesehen werden, andere nach seinen Vorstellungen zum Handeln, Denken oder Fühlen zu bewegen[163]. Eine konzeptionelle Einbindung von Einfluß auf einer makrostrukturellen institutionellen Ebene wurde von Parsons vorgenommen. Danach stellt Einfluß neben Geld, Macht und Verpflichtung eine der vier gesellschaftlich integrativen Austauschmedien dar[164]. Parsons' Konzept verdeutlicht zwar die Komplexität und häufig widersprüchliche soziologische Anwendung der Begriffe "Einluß" und "Macht"; jedoch erscheint seine gesellschaftliche Einbettung für die Politikfeldanalyse als zu weit gefaßt[165].

Inhaltlich wurden in der Vergangenheit in Anlehnung an die Webersche Definition von Macht als "jede Chance, innerhalb einer sozialen Beziehung den eigenen Willens auch gegen Widerstreben durchzusetzen",

---

162 vgl. Boje/Whetten: "Effects of Organizational Strategies and Constraints on Centrality and Attributions of Influence in Interorganizational Networks", Administrative Science Quarterly 26, S. 378-395, 1981

163 vgl. Banfield: "Political Influence", S. 3, New York 1961 oder zu den verschiedenen Konzeptionalisierungen von Macht bei March: "Power of Power", in: March (Hrsg.), Decisions and Organizations, S. 118-164, New York 1989

164 vgl. Parsons: "On the concept of influence (with rejoinder to comments)", Public Opinion Quarterly, 1963

165 vgl. hierzu Parsons: "An outline of the social system", in: Parsons/Naegele/Pitts (Hrsg.), Theories of Society: Foundation of Modern Sociological Theory, S. 20-79, New York 1961 oder Parsons: "On the concept of political power", American Philosophical Society 107, S. 232-262, 1963 sowie Parsons: "On the concept of value-commitments", Sociological Inquiry 38, Nr. 2, 1968

die Einflußchancen eines Akteurs mit dessen Ressourcen gleichgesetzt[166]. Aus den Ressourcenansätzen ergibt sich jedoch eine statische und festverankerte Machtstruktur, während die Worte "innerhalb einer sozialen Beziehung" eher auf die Veränderbarkeit dieser Machtbeziehungen schließen lassen[167]. Die perzipierte Machtreputation lehnt sich zwar einerseits an den Ressourcenansatz an, wonach Macht als Machtpotential aufgefaßt wird, andererseits geht aber auch die Dynamik der Beziehung bei der Beurteilung einer Organisation häufig mit ein[168]. Typischerweise stellen die Befragten bei der Einschätzung von Macht vergangene Positionen und Aktionen der genannten Organisation in Rechnung und antizipieren deren zukünftige politischen Möglichkeiten[169]. Als alleiniger Maßstab zur Klassifizierung der mächtigen und der weniger einflußreichen Organisationen reicht jedoch die Machtreputationsfrage nicht aus. Sie ist ein nützlicher Wegweiser für die Einschätzung der befragten Organisationen, welche Akteure wichtigere und weniger relevante Mitspieler darstellen.

Bei der Operationalisierung der Machtreputation sollten die Befragten alle Organisationen auf der Liste ankreuzen, die sie als besonders einflußreich im Politikfeld "Arbeit" erachten. Hierbei wurde den befragten Repräsentanten der Organisationen keinerlei Restriktionen hinsichtlich der möglichen Anzahl der Nennungen auferlegt. Eine Filterfrage zur Machtreputation nach zusätzlichen, nicht auf der Liste aufgeführten einflußreichen Organisationen wurde zudem für die

166 siehe Max Weber: "Wirtschaft und Gesellschaft", S. 28 , Tübingen 1972 (5. Auflage)

167 vgl. Melbeck: "Kommunale Machtstruktur und Community Power Structure", S. 8,9, Kiel 1987

168 vgl. Knoke: "Organization Sponsorship and Influence Reputation of Social Influence Associations", Social Forces 61, S. 1065-1087, 1983

169 vgl. Schrum/Wuthnow: "Reputational Status of Organizations in Technical Systems", American Journal of Sociology 93, S. 882-912, 1988

endgültige Abgrenzung des Samples gestellt. Dies führte zur Aufnahme des Deutschen Bauernverbands, der als einzige weitere Organisation mehr als fünf Nennungen erhielt.

Von den 126 Befragten gaben 124 ihre Einschätzvoten für die Machtreputation ab. In Schaubild 3 wird die Homogenität/Heterogenität der Machtpositionen über die einzelnen Akteurkategorien dargestellt. Über die Streuung der Werte geben sowohl die Mediane als auch die Länge der Kästchen bzw. die davon nach oben oder unten verkaufenden T-Formen Aufschluß[170].

SCHAUBILD 3: DIE VERTEILUNG DER MACHTREPUTATION

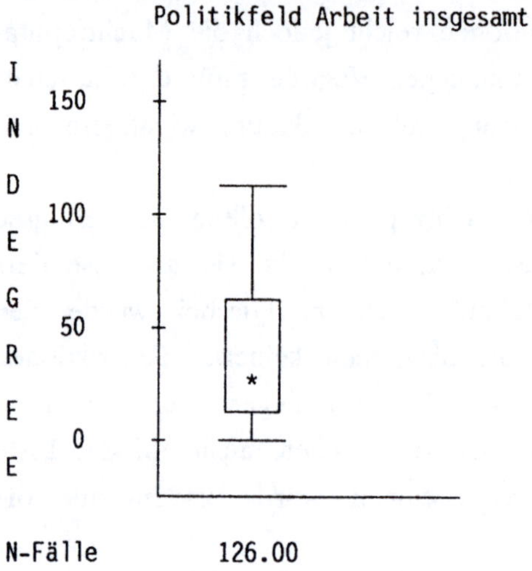

170 Die Analyse wurde mit dem Box-Whisker-Verfahren im Programmpaket SPSS-X durchgeführt. Das zweite und dritte Quartil wird in Kästchenform dargestellt und beide umfassen 50% der Fälle; in T-Form wird der kleinste Wert abgebildet, der kein Ausreißer ist; Ausreißer sind mit einem "O" markiert und haben einen Wert, der kleiner/größer als 1,5 Boxlängen von dem unteren/oberen Viertel entfernt liegt.

Politikfeld Arbeit nach Organisationstypen (siehe Anhang)

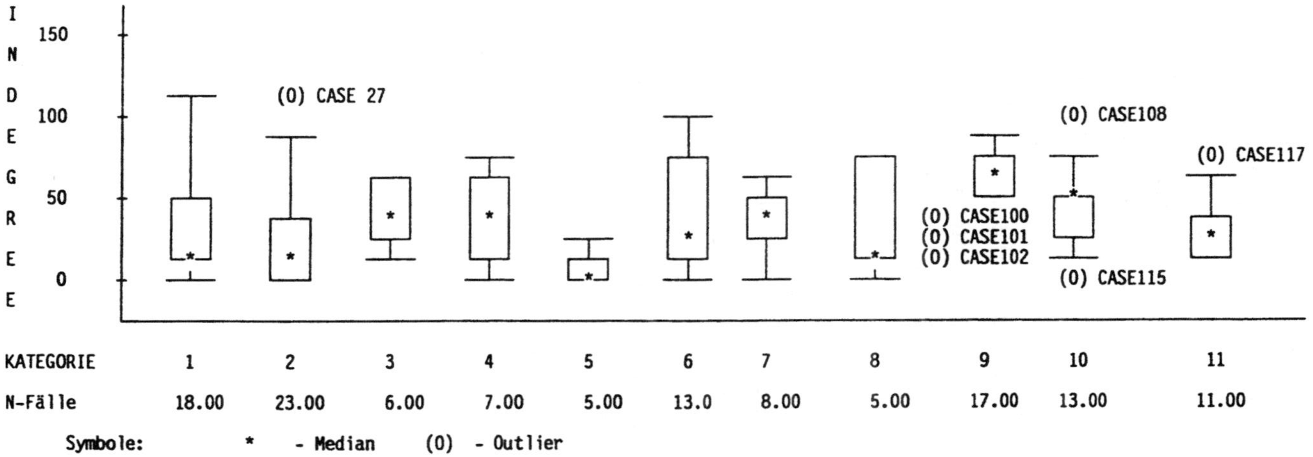

Im Politikfeld "Arbeit" spiegelt die Machtreputation die bundesdeutsche Parteiendemokratie wider: Die Mediane der staatlichen Stellen liegen am höchsten, nur die Länder werden als weniger einflußreich angesehen. Der Organisationstyp Parteien, Fraktionen und Parteivereinigungen zeigt ein recht homogenes Bild bei den alteingesessen Akteuren auf. Die GRÜNEN haben, vergleichbar mit ihrer Kommunikationsposition, als Außreißer nach "unten" (CASE 100, 101 und 102) einen geringen arbeitspolitischen Stellenwert. Bei den klassischen Konfliktpartnern Arbeitgeber/Gewerkschaften ist eine weite Streuung der Werte erkennbar: Die Mediane liegen im unteren Bereich des Kästchens; die Länge der oberen T-Form läßt auf deren stark ausgeprägte interne Hierarchie schließen. Dies wird besonders bei der Bundesvereinigung der Deutschen Arbeitgeber (CASE 27) ersichtlich, während das untere T bei den Gewerkschaften auf die relativ geringe Reputation der Betriebsräte zurückgeführt werden kann. Auffällig ist auch noch die Kategorie der Sozialversicherungsverbände und -behörden, deren Spitzenorganisationen mehr Einluß als einigen staatlichen Stellen zugewiesen wird.
Den sonstigen Berufsverbänden wird in der Arbeitspolitik wenig Macht konstatiert. Für die übrigen Organisationstypen bleibt noch festzuhalten, daß die Landesvertretung Bayern eine dominante Position innerhalb der Länderkategorie einnimmt. Das Bildungs- und Wissenschaftsministerium reißt bei den Ministerien nach unten aus. In der folgenden Tabelle wird auf die Machtnennung der Einzelorganisationen Bezug genommen. Dabei wird berücksichtigt, wieviele Indegrees (erhaltene Wahlen) auf die ersten zwanzig Organisationen insgesamt entfielen; daneben gibt die Tabelle Aufschluß über die möglichen erhaltenen Wahlen in absoluten (von) und prozentualen (%) Zahlen innerhalb und außerhalb des entsprechenden Organisationstyps:

Tabelle 15: Die Machtreputation der zwanzig einflußreichsten Organisationen

	INDEGREE insges. (125)	%	INNERHALB OTyp abs	von	%	AUßERHALB Otyp abs	von	%
BDA	118	94%	22	(22)	100%	96	(103)	93%
DGB	117	94%	16	(17)	94%	101	(108)	94%
BA	106	85%	10	(12)	83%	96	(113)	85%
BMA	102	82%	11	(12)	92%	91	(113)	81%
BDI	98	78%	14	(22)	64%	84	(103)	82%
CDU-BT	97	78%	15	(16)	94%	82	(109)	75%
FDP-BT	95	76%	14	(16)	88%	81	(109)	74%
IGM	88	70%	13	(17)	76%	75	(108)	69%
CDU-AS	88	70%	11	(16)	69%	77	(109)	71%
SPD-BT	83	66%	14	(16)	88%	69	(109)	63%
CDA	82	66%	11	(16)	69%	71	(109)	65%
ÖTV	80	64%	10	(17)	59%	70	(108)	65%
BfA	80	64%	9	(12)	75%	71	(113)	63%
BÄK	79	63%	6	(6)	100%	73	(119)	61%
VDR	79	63%	12	(12)	100%	67	(113)	59%
FDP-AS	79	63%	10	(16)	63%	69	(109)	63%
KBV	78	62%	6	(6)	100%	72	(119)	61%
LV Bayern	78	62%	9	(10)	90%	69	(115)	60%
DIHT	77	62%	14	(22)	64%	63	(103)	61%
FDP-BV	77	62%	12	(16)	75%	65	(109)	60%

Die Bundesvereinigung der Deutschen Arbeitgeberverbände (BDA) und der Deutsche Gewerkschaftsbund (DGB) führen mit einigem Abstand die Machtreputationsliste der zwanzig einflußreichsten Organisationen an. Sowohl innerhalb als auch außerhalb ihres jeweiligen Organisationstyps wird ihre Machtposition in gleichem Maße von den relevanten arbeitspolitischen Akteuren bestätigt. Diese Gleichverteilung über die Organisationstypen trifft auch auf die drittplazierte Bundesanstalt für Arbeit zu. Interessanterweise werden die politischen Akteure wie die CDU- , SPD- und die FDP-Bundestagsfraktion, aber auch die Sozialausschüsse der Christlich-Demokratischen Arbeitnehmerschaft (CDA) und der Bundesvorstand der FDP (BV-FDP) innerhalb ihres Organisationstyps als weitaus einflußreicher angesehen, als dies von den restlichen zehn Organisationstypen aus der Fall ist. Auch der Bundesminister für Arbeit und Sozialordnung (BMA) und die Landesvertretung Bayerns (LV Bayern) erhalten in ihrem jeweiligen politischen Organisationstyp (Ministerien bzw. Länder) verhältnismäßig mehr Nennungen. Nur der Einfluß der Ausschußmitglieder der CDU und der FDP wird im gleichen Maße innerhalb wie auch außerhalb des parteipolitischen Organisationstyps bestätigt. Wie bei den Kommunikationsbeziehungen kann sich auch bei der Machtreputation die gleiche Anzahl von Arbeitgeber- und Gewerkschaftsvertretern unter den ersten zwanzig Organisationen etablieren. Zu den Arbeitgebervertretern kommt noch der Deutsche Industrie- und Handelstag (DIHT) hinzu. Bei den Gewerkschaften fällt im Vergleich zur Kommunikationsrangfolge die DAG heraus, während die IG Metall (IGM) und die Gewerkschaft Öffentliche Dienste, Transport und Verkehr (ÖTV) in der Machtreputation unter den ersten zwanzig Akteuren zu finden sind. Stark vertreten sind hier auch mit der Bundesanstalt für Arbeit (BA), der Bundesversicherungsanstalt für Angestellte (BfA) und dem Verband Deutscher Rentenversicherungsträger (VDR) die Sozialversicherungsverbände und -behörden. Immerhin noch fast zwei Drittel aller möglichen Nennungen

erhielten die Bundesärztekammer (BÄK) und die Kassenärztliche Bundesvereinigung (KBV) aus dem Gesundheitsbereich.
Aus der Betrachtung der Kommunikationsmatrizen und der Machtreputationsverteilung kann der Schluß gezogen werden, daß diejenigen Organisationen die meisten Stimmen erhielten, die auch eine zentrale Position im Kommunikationsnetzwerk innehaben. Die sieben Vertreter des parteipolitischen Organisationstyps dominieren auch das Feld der ersten zwanzig einflußreichsten Akteure; lediglich die Ausschußmitglieder der SPD und die Mittelstandsvereinigung der CDU fallen im Vergleich zur Kommunikationsrangfolge heraus. Ebenso wie die Kommunikationspositionen muß die Machtreputationsverteilung vor dem Hintergrund einer Potentialeinschätzung betrachtet werden. Ob die Akteure ihre Möglichkeiten nutzen und in welchem Maße es ihnen gelingt, direkten Einfluß auf kollektive Entscheidungen zu nehmen, muß anhand konkreter Ereignisse untersucht werden.
Daher wird im nächsten Abschnitt auf die Rolle und Positionen der Akteure bei spezifischen arbeitspolitischen Ereignissen eingegangen, die im Untersuchungszeitraum auf der Tagesordnung standen.

5. Partizipation an Ereignissen

Ein Forschungsschwerpunkt bei der Untersuchung des Politikfelds "Arbeit" liegt auf der Analyse des politischen Entscheidungsfindungsprozesses, der in der Verbindung von korporativen Akteuren mit einer Menge von zeitlich begrenzten Politikereignissen eine strukturelle Komplexität aufweist. Die Konfiguration der Befürworter/Gegner für alle Ereignisse charakterisiert die Konfliktstruktur eines Politikfelds, die aufgrund ihrer Themenvielfalt nicht zwangsläufig bipolar ausfallen muß[171]. In diesem Zusammenhang stellt sich die Frage, wie Organisatio-

---

171 vgl. Knoke/Burleigh: "Collective action economic policy domains", Manuskript zur Tagung der American Political Science Association, Washington 1986

nen Gelegenheiten zur Einflußnahme auf politische Entscheidungen wahrnehmen, die sich aus einer zeitlichen Sequenz von relevanten Politikereignissen ergeben. Politikereignisse stellen einzelne Entscheidungspunkte dar, in deren Verlauf im Policy-Prozeß kollektiv bindende Entscheidungen formuliert werden[172]. Formal werden diese Punkte von institutionellen Verfahrensregeln vorgegeben, die es den partizipierenden Organisationen erlauben, Einfluß auf die Entscheidung zu nehmen. Inwieweit sich dieser Einfluß ausdrückt und ob Auswirkungen auf den Entscheidungsfindungsprozeß stattgefunden haben, wird in den Kapiteln IV und V eingehend analysiert. Für die Interaktionsstruktur des Politikfelds "Arbeit" sollen zunächst einige Partizipationsaspekte der relevanten arbeitspolitischen Organisationen herausgearbeitet werden, die einen Einblick über die Verteilung der Gegner und Befürworter und deren Verhalten bei der Beeinflussung von kollektiven Entscheidungen verschaffen sollen.

Im Politikfeld "Arbeit" zogen im Untersuchungszeitraum insgesamt 32 Gesetzesinitiativen hohe öffentliche Aufmerksamkeit auf sich[173]. Im Fragebogen wurden diese 32 arbeitspolitischen Ereignisse chronologisch geordnet und mit einer kurzen inhaltlichen Angabe den Befragten vorgelegt. Zum Beispiel

"12. Oktober 1983: Öffentliche Anhörung des BT-Ausschusses Arbs zum Gesetzentwurf der BReg "Förderung der Rückkehrbereitschaft von Ausländern",

oder

---

172 vgl. Laumann/Knoke; "The Organizational State", S. 17,18, Wisconsin 1987

173 Das Ereignissample umfaßte insgesamt 36 Ereignisse. Aufgrund der unterschiedlichen Verfahrensregeln und -zuständigkeiten werden die drei Bundesarbeitsgerichtsurteile und die Verabschiedung der Gefahrstoffverordnung im folgenden ausgeklammert.

"9.3.1988: Öffentliche Anhörung des BT-Ausschusses ArbS zum Gesetzesvorhaben der CDU/CSU und FDP zur Bildung von Jugend- und Auszubildendenvertretungen in den Betrieben" (siehe Anhang).

Jeder Akteur sollte zunächst angeben, ob und wie stark er an der jeweiligen Initiative interessiert war[174]. Daneben wurden die Position (dafür, dagegen, nur Informationssammlung) und die Aktivitäten, die eine Organisation zur Beeinflussung des entsprechenden Entwurfs unternommen hatte, abgefragt. Tabelle 16 gibt Aufschluß über die Anzahl der nach Organisationstypen gruppierten Befürworter und Gegner der 32 chronologisch aufgelisteten Gesetzesinitiativen.

174 Diese Angaben sollten wie bei den Teilbereichen und den Streitfragen auf einer Sechs-Punkte-Skala erfolgen.

Tabelle 16: Anzahl der nach Organisationstypen gruppierten deutschen Befürworter und Gegner von Gesetzesinitiativen

Gesetzesinitiative	BEFÜRWORTER											GEGNER										
	Gewerk-schaften	Arbeit-geber	Öffentl. AGeber	Gesund-heit	Berufs-verbände	Sozial-vers.	Kirchen, Wohlfahrt	Benach-teiligte	Parteien, -vereinig.	Ministe-rien	Länder	Gewerk-schaften	Arbeit-geber	Öffentl. AGeber	Gesund-heit	Berufs-verbände	Sozial-vers.	Kirchen, Wohlfahrt	Benach-teiligte	Parteien, -vereinig.	Ministe-rien	Länder
1. Neuregelung Arbeitsgerichtsbarkeit	-	-	-	-	-	-	-	-	-	-	2	2	-	-	1	1	-	-	-	-	1	2
2. Bekämpfung Wirtschaftskriminalität	3	2	-	-	-	2	-	-	1	-	-	1	2	-	-	-	-	-	-	-	-	1
3. Haushaltsbegleitgesetz 1984 (G)	-	3	1	-	-	-	1	-	5	10	3	9	1	4	4	2	4	4	4	5	-	2
4. Rückkehrbereitschaft von Ausländern (G)	1	4	3	1	-	1	-	-	6	6	2	4	-	-	-	-	-	-	1	1	-	1
5. Vorruhestandsgeldregelung 1984 (G)	9	4	1	1	-	2	2	1	8	7	5	3	3	1	-	-	-	-	-	6	1	-
6. Arbeitszeitgesetz	8	3	-	1	-	-	-	1	4	-	2	1	5	-	-	1	-	1	-	3	2	-
7. Sozialplan bevorrecht. Konkursfoderung	7	-	-	-	-	-	-	-	2	1	1	-	6	-	-	-	-	-	-	2	1	-
8. Änd. Jugendarbeitsschutzgesetz (G)	3	7	3	3	-	-	-	-	2	2	2	9	1	-	1	-	-	-	1	2	-	-
9. Beschäftigungsförderungsgesetz 1984 (G)	3	14	4	1	-	1	1	1	8	9	5	11	1	-	2	1	1	2	3	5	-	3
10. Nebentätigkeitsbegrenzungsgesetz (G)	2	1	3	1	1	2	1	-	1	3	1	-	-	-	2	2	1	-	-	-	-	-
11. Änd. des Bezugs von Arbeitslosengeld (G)	6	1	4	-	-	-	5	2	9	6	5	-	2	-	-	-	-	-	-	-	-	-
12. Gleichbehandlung von Männern und Frauen	7	1	1	1	1	-	1	3	4	1	2	-	4	1	-	-	-	-	-	-	3	1
13. 3. Agrarsoziales Ergänzungsgesetz (G)	1	1	-	-	-	2	-	-	2	3	1	-	-	-	-	-	-	-	-	-	-	-
14. Überstundenabbau	4	-	-	-	-	-	-	-	3	-	-	1	5	1	-	-	-	-	-	-	1	-
15. 7. Arbeitsförderungsgesetz (G)	4	3	2	-	-	-	3	2	3	6	4	-	1	-	-	-	-	-	-	2	-	1
16. Änd. Schwerbehindertengesetz (G)	2	4	3	2	-	3	1	-	5	4	2	4	-	-	-	-	-	1	-	3	-	2
17. Neutralität der BA (G)	2	6	1	-	-	1	-	-	8	7	5	13	-	-	-	-	-	-	1	3	-	4
18. Ausbau d. betriebl. Mitbestimmung	13	-	-	-	-	-	-	2	6	-	1	1	7	-	-	-	1	-	-	-	2	-
19. Förderung überbetriebl. Ausbildung (G)	3	4	-	-	-	-	-	1	-	3	2	-	-	-	-	-	-	-	-	-	-	-
20. Entlastung d. Landwirte Sozialversicherung (G)	-	1	-	-	-	3	-	-	-	3	1	-	-	-	-	-	-	-	-	-	-	-
21. Trümmerfrauen-Baby-Jahrgesetz	4	1	2	-	-	1	5	3	7	1	6	-	-	-	-	-	1	-	-	3	5	1
22. Sicherung d. Montan-Mitbestimmung	7	-	-	-	-	-	-	-	8	-	4	1	2	-	-	-	-	-	-	2	3	-
23. 2.Vermögensbeteiligungsgesetz (G)	-	8	-	-	-	-	-	-	3	-	1	1	-	-	-	-	-	-	-	-	-	1
24. Verbot d. Aussperrung	8	-	-	-	-	-	-	-	3	-	1	1	2	-	-	-	-	-	-	2	4	1
25. Schutz d. Teilzeitbeschäftigten	7	-	-	1	-	-	2	1	3	-	1	-	2	1	-	-	-	-	-	-	1	-
26. Einschränkung d. Leiharbeit	5	-	-	-	-	-	-	-	2	-	3	-	3	-	-	-	-	-	-	-	1	1
27. Verlängerung d. Montanmitbestimmung (G)	6	1	-	-	-	-	-	-	10	4	3	1	2	-	-	-	-	-	-	3	-	1
28. 8.Arbeitsförderungsgesetz (G)	2	1	2	1	-	-	2	1	4	5	2	3	1	2	-	-	1	1	1	2	-	3
29. Jugend- und Auszubildendenvertretungen (G)	9	1	2	-	-	-	1	1	6	3	2	1	3	-	-	-	-	-	-	2	-	-
30. Meldepflicht GesamtsozVersichBetrags (G)	-	1	1	1	-	8	-	-	2	4	2	1	-	-	-	-	-	-	-	-	-	1
31. Altersgrenze Kassenarzt	1	-	1	1	-	7	-	-	-	-	4	-	2	-	5	1	1	-	-	1	2	2
32. Sprecherausschüsse leit. Angestellter (G)	3	-	-	-	-	-	-	-	9	4	1	8	6	-	-	-	-	-	-	5	-	1
Insgesamt	127	72	33	15	2	33	25	17	134	92	76	76	61	10	15	8	10	10	9	11	52	19
Durchschn. Anteil	.22	.09	.17	.06	.01	.08	.10	.11	.25	.22	.22	.13	.08	.05	.06	.05	.02	.04	.06	.02	.13	.05

(G): Vorlage wurde als Gesetz verabschiedet

Die Parteien und -vereinigung stehen mit 134 von 544 möglichen Nennungen an der Spitze der Befürworter aller 32 Initiativen (.25), gefolgt von den Ministerien (.22), den Ländern (.22) und den Gewerkschaften (.22). Die wenigsten durchschnittlichen Befürworter kamen aus den Berufsverbänden, die sich lediglich für zwei Initiativen aussprachen (.01). Bei den Gegnern führen die Gewerkschaften (.13) mit den Ministerien (.13) die Liste der Organisationstypen an, während die Parteien und -vereinigungen und die Sozialversicherungsverbände durchschnittlich am seltensten in die Opposition traten (.02). Von den 32 Initiativen weisen nur vier weniger Befürworter als Gegner auf, dennoch wurden zwei als Gesetz verabschiedet. Drei Vorlagen passierten erfolgreich ohne Gegner das Gesetzgebungsverfahren.
Neben diesen einfachen zahlenmäßigen Akteurkonstellationen, die keinen eindeutigen Aufschluß über Erfolg oder Mißerfolg einer arbeitspolitischen Gesetzesinitiative geben, müssen auch die Aktionen der Organisationen in Rechnung gestellt werden, die im Verlauf einer Initiative zur Beeinflussung der Entscheidung unternommen wurden. Den Befragten wurde nach der Positionsangabe eine Liste mit fünf Aktionsformen vorgelegt, die Aufschluß über organisationstypische Verhaltensformen im Entscheidungsfindungsprozeß geben sollen. Im einzelnen waren dies:

1. Formelle Kontakte mit Regierung, Parlament oder Gericht (Hearings, Beiratstätigkeit, Sachverständiger etc.);

2. Informelle Kontakte mit Ministerialen, zuständigen Beamten, Abgeordneten, Verbandsvertretern;

3. Öffentlich Stellungnahmen, um über die Massenmedien den eigenen Standpunkt bekannt zu machen;

4. Mobilisierung der eigenen Mitglieder oder der Öffentlichkeit, um die zuständige Institutionen zu beeinflussen;

5. Bildung von Koalitionen mit anderen Organisationen.

Für jede sie besonders interessierende Initiative sollten die Organisationsvertreter angeben, welche dieser fünf möglichen Aktivitäten sie zur Beeinflussung der Entscheidung unternommen hatten. In Tabelle 17 wird die Verteilung der fünf möglichen Aktionsformen der Befürworter und Gegner der 32 Gesetzesinitiativen aufgeführt.

Tabelle 17: Aktivitäten der Befürworter und Gegner von Gesetzesinitiativen

GESETZES-INITIATIVE	BEFÜRWORTER Formell	Informell	Medien	Mobilisierung	Koalitionen	GEGNER Formell	Informell	Medien	Mobilisierung	Koalitionen
1. Neuregelung Arbeitsgerichtsbarkeit	1	2	1	-	-	4	5	4	-	2
2. Bekämpfung Wirtschaftskriminalität	5	5	3	2	2	2	3	1	2	1
3. Haushaltsbegleitgesetz 1984 (G)	17	18	12	8	5	27	32	27	18	17
4. Rückkehrbereitschaft von Ausländern (G)	15	17	8	5	9	3	2	7	5	2
5. Vorruhestandsgeldregelung 1984 (G)	28	29	20	13	13	8	11	10	7	8
6. Arbeitszeitgesetz	9	13	11	7	10	4	7	6	3	4
7. Sozialplan bei Konkursforderungen	6	6	5	2	1	6	6	4	3	4
8. Änd. Jugendarbeitsschutzgesetz (G)	16	13	10	4	10	10	8	10	10	7
9. Beschäftigungsförderungsgesetz 1985 (G)	32	28	21	12	16	16	22	24	15	15
10. Nebentätigkeitsbegrenzungsgesetz (G)	9	12	2	1	5	4	5	3	1	2
11. Änd. des Bezugs von Arbeitslosengeld (G)	23	21	15	9	9	2	2	2	2	-
12. Gleichbehandlung von Männern und Frauen	11	15	11	6	5	6	1	2	1	3
13. 3. Agrarsoziales Ergänzungsgesetz (G)	10	8	6	6	5	-	-	-	-	-
14. Überstundenabbau	3	4	5	4	2	2	3	1	-	3
15. 7. Arbeitsförderungsgesetz (G)	20	15	12	6	4	2	2	4	3	2
16. Änd. Schwerbehindertengesetz (G)	15	15	9	4	8	6	6	6	3	4
17. Neutralität der BA (G)	19	21	16	10	9	15	15	19	17	14
18. Ausbau der betriebl. Mitbestimmung	14	16	17	10	9	2	3	5	1	4
19. Förderung überbetr. Ausbildung (G)	8	9	4	2	3	-	-	-	-	-
20. Entlastung Landwirte SozVersicherung (G)	7	6	4	3	3	-	-	-	-	-
21. Trümmerfrauen-Baby-Jahrgesetz	22	24	19	9	11	4	3	3	1	1
22. Sicherung d. Montan-Mitbestimmung	9	11	13	10	7	5	5	3	2	1
23. 2.Vermögensbeteiligungsgesetz (G)	13	11	7	5	4	1	1	-	-	-
24. Verbot d. Aussperrung	5	7	6	5	3	3	3	3	3	3
25. Schutz der Teilzeitbeschäftigten	9	11	8	6	4	3	3	2	1	2
26. Einschränkung der Leiharbeit	5	4	5	1	4	3	2	2	1	2
27. Verlängerung d. Montanmitbestimmung (G)	10	12	12	9	7	5	6	5	5	2
28. 8.Arbeitsförderungsgesetz (G)	15	13	10	6	4	11	11	10	8	6
29. Jugend- und AZUBI-vertretungen (G)	16	17	15	12	7	4	5	5	4	3
30. Meldepflicht Gesamt-SozVersicherung (G)	11	12	3	2	6	2	1	1	-	-
31. Altersgrenze Kassenarzt	7	6	4	2	5	11	11	9	4	7
32. Sprecherausschüsse leit. Angestellte (G)	13	13	11	9	5	7	13	13	10	10
Insgesamt	403	414	305	190	195	178	197	191	130	129
Durchschnittlicher Anteil	.64	.66	.49	.30	.31	.63	.70	.68	.46	.46

(G): Vorlage wurde als Gesetz verabschiedet

Von den insgesamt 3130 möglichen Einzelaktivitäten der Befürworter wurden 1507 zur Beeinflussung der 32 Ereignisse durchgeführt; dies entspricht einer Gesamtdichte von .48. Besonders informelle (.66) und formelle Kontakte (.64) wurden von den Befürwortern zur Einflußnahme in Anspruch genommen. Die Gegner zeigten sich etwas aktiver: Von den maximal 1405 Aktionsformen nutzten sie 825 (.59). Von ihnen wurden die informellen Zugangsmöglichkeiten am intensivsten genutzt; ebenso wurde die Öffentlichkeitsarbeit (Medien) verhältnismäßig häufiger in Anspruch genommen, als dies bei den Befürwortern der Fall war (an zweiter Stelle der Gegner mit .68 zu .49 an dritter Position bei den Befürworter). In beiden Fällen wurde die Mobilisierung der Mitglieder und die Koalitionsbildung mit anderen Interessenvertretern seltener eingesetzt (Befürworter: .30 und .31, Gegner: .46 und .46). Organisationen handeln aber auch, wenn ihnen keine direkten Gegner gegenüberstehen: Bei den drei Ereignissen, die keine Gegner aufweisen, wurden alle Aktionsformen zur Entscheidungsbeeinflussung genutzt. Die Anzahl der unternommenen Aktionen gibt allerdings keinen eindeutigen Aufschluß über den Ausgang der Entscheidung. Addiert man die Anzahl der Aktionen zeilenweise auf, so ergeben sich nur für sechs Initiativen höhere Gegner- als Befürwortersummen, von denen jedoch jeweils drei verabschiedet bzw. abgelehnt wurden[175]. Die einfache Betrachtung der Aktivitäten der Organisationen über die 32 Gesetzesinitiativen legt die

175 Eine Normierung der Spaltensummen der einzelnen Aktivitätsformen und deren anschließender Aufsummierung wurde aus inhaltlichen Gründen nicht vorgenommen. Bei diesem Verfahren würde unterstellt, daß Organisationen eine Abstufung ihrer Aktionen vornehmen und zum Beispiel nur im äußertsen Fall Koalitionen bilden oder ihre Mitglieder mobilisieren. Genauso könnte es aber auch sein, daß Organisationen informelle Kontakte als die erfolgversprechendste Variante ansehen und diese am häufigsten anwenden. Mobilisierung und Koalitionsbildungen könnten in diesem Zusammenhang als reine Begleitmaßnahmen Anwendungen finden, während ihnen bei einer Standardisierung eine entscheidende Rolle zugeschrieben werden würde.

Vermutung nahe, daß der Ausgang einer Entscheidung nicht von der Anzahl der beteiligten Organisationen und deren Aktivitäten abhängig ist. Ein wichtiges Resultat dieses Analyseschritts ist, daß die Aktionen der Organisationen nicht auf die parlamentarischen Mehrheitsverhältnisse reduziert werden können. Ansonsten müßte arbeitspolitisches Engagement auf der Oppositionsseite unterbleiben, und auch das Interesse an Oppositionseinbringungen würde dementsprechend gering ausfallen. Auffällig ist die geringe Gegnerschaft bei allen 32 Ereignissen. Vielleicht hängt der Erfolg einer Entscheidung im wesentlichen von der Macht und dem Engagement der Einzelorganisationen ab.

Für die Interdependenzstruktur des Politikfelds "Arbeit" kann abschließend festgehalten werden, daß in der Vergangenheit vornehmlich traditionelle Arbeitspolitikelemente behandelt wurden. Dies zeigte die Teilbereichsanalyse, die sozialliberale Politikschwerpunkte zum Vorschein brachte. Die in den siebziger Jahren angestrebte Ausweitung des Mitbestimmungsgedankens und die in diesen Teilbereichen verabschiedeten gesetzlichen Regelungen laden auf einem Faktor, der am meisten zur Erklärung der Interdependenzstruktur über die Teilbereiche des Politikfelds "Arbeit" beiträgt. Genauso kennzeichnen die vier Faktoren die Aufteilung des Politikfelds während der sozialliberalen Koalition. Neben der klassischen Arbeitspolitik wurde auch der Technische Arbeitsschutz und die Arbeitsgerichtsbarkeit unter Einbeziehung der traditionellen tarifpartnerlichen Organisationen in den siebziger Jahren neu reguliert. Die sozialpolitische Komponente der Arbeitspolitik kommt deutlich heraus, obwohl eine Ausdifferenzierung einzelner Gruppen des Arbeitsmarktes noch nicht stattgefunden hatte.

Seit der Regierungswende von 1982/83 zeichnet sich allerdings eine Öffnung bzw. Verschiebung des Politikfelds ab, die einerseits auf neue arbeitspolitische Themen, andererseits auf eine andere Organisationsstruktur zurückgeführt werden kann. Die Unterschiede zwischen den einzelnen Teilbereichen werden geringer und auch die große Ähnlichkeit der Einzelthemen bestätigt die Verschiebung der arbeitspolitischen Akzente seit 1983.

Auf der Interaktionsseite sind die Organisationen eingebunden in spezielle Netzwerke, die vornehmlich dem Austausch von Informationen dienen. Auch im Vergleich zur Machtreputation finden sich je nach Fragestellung andere Organisationen im Zentrum dieser Informationsnetzwerke. Ebenso spielt der Informationsfluß eine Rolle bei der Koordination der Teilnehmeraktivitäten und determiniert die Politikberatung[176].

Ob sich diese zentralen Positionen auszahlen, hängt aber nicht nur von der Partizipation an Ereignissen, sondern auch von den Mitstreitern bzw. Gegnern ab, wie die Analyse des folgenden Kapitels zeigen wird.

Sowohl die Interdependenz- als auch die Interaktionsstruktur sollten mit der Herausarbeitung der Konstellationen der Themen und Akteure einen deskriptiven Einblick in das Politikfeld "Arbeit" geben. Die Abgrenzung des Politikfelds per Issues verdeutlichte die Themenvielfalt der Arbeitspolitik, die von den beteiligten Organisationen Beachtung finden. Die Interdependenzen lassen zeitliche Schwerpunkte erkennen und die Interaktionsstruktur brachte potentielle Einflußchancen der Einzelorganisationen zum Vorschein, die sich je nach Fragestellung verändern können.

Zur Beurteilung des (policyabhängigen) Entscheidungsfindungsprozesses bzw. des Ausgangs von Entscheidungen sind Interdependenz- und Interaktionsstruktur zu verbinden. Es werden einerseits die policy-spezifischen und interesseabhängigen Positionen und Einflußchancen der Akteure, andererseits die institutionellen Besonderheiten und tatsächlichen Machtverhältnisse zu berücksichtigen sein.

---

176 vgl. Pool: "Tracking the flow of information", Science 221, S. 609-613, 1983 oder bei Deutsch: "The Nerves of government", New York 1966

IV. Das Access-Entscheidungsmodell

Eingangs wurde bereits festgehalten, daβ staatliche Politik als ein Produkt von komplexen Interaktionen zwischen staatlichen und privaten Organisationen angesehen werden kann, die bestrebt sind, kollektive Entscheidungen in ihrem Interesse zu beeinflussen[177]. Vermutlich ist der Ausgang dieser Entscheidungen maβgeblich von den Netzwerkstrukturen geprägt, die sich in einem Politikfeld aus den wechselseitigen Beziehungen der beteiligten Organisationen ergeben. Zur Beurteilung des Einflusses, den private Organisationen über diese Beziehungsstrukturen ausüben, wurde bisher vornehmlich der Frage nachgegangen, in welchem Maβe Interessengruppen staatlichen Entscheidungsträgern Ressourcen zur Verfügung stellen bzw. staatliche Organisationen Ressourcen von privaten Akteuren mobilisieren können. Wenige dieser Ressourcen-Mobilisierungs-Ansätze berücksichtigten deren Wirkung auf den Ausgang einer Entscheidung[178]. Zudem können mobilisierbare Ressourcen ohne einen entsprechenden Kanal zur politischen Arena wertlos sein[179].

In gleichem Maβe unbeantwortet blieb die Frage, inwieweit sich spezielle Strukturen in einem Politikfeld herausbilden, die den Entscheidungsausgang prägen können. Fallstudien über einzelne kollektive Entscheidungen konnten teilweise aufzeigen, welche Organisation bei einem spezifischem Einzelereignis vertreten war und welche Ressourcen

177 vgl. Laumann/Knoke/Kim: "An organizational approach to state policy formation: a comparative study of energy and health domains", American Sociological Review 44, S. 1-19

178 Ansätze, die dieser Frage nachgehen, finden sich zum Beispiel bei Goldstone: "The weakness of organization: a new look at Gamsons The Strategy of Social Protest", American Journal of Sociology 85, S. 1017-1042, 1980 oder bei Gamson: "Understanding the careers of challenging groups: a commentary on Goldstone", American Journal of Sociology 85, S. 1043-1060, 1980

179 vgl. Tilly: "From Mobilization to Revolution", S. 52-90, Addison-Wesley, 1978

sie staatlichen Organisationen anbieten konnte[180]. Dennoch finden sich auch hier keine theoretischen Entscheidungskonzepte, die den Willensbildungs- und Entscheidungsfindungsprozeβ modellieren und die Strukturen eines Politikfelds zum Vorschein bringen, in dem fast gleichzeitig mehrere Entscheidungen auf der Tagesordnung stehen, die von denselben Organisationen mit Interesse verfolgt werden[181]. Obwohl die Wichtigkeit der Verbindung von Interdependenz- und Interaktionsstruktur breite Anerkennung findet, gingen nur wenige Untersuchungen der formalen Frage nach, wie und warum sich solche Netzwerke konstituieren und welche Konsequenzen sie für die Entscheidungsfindung haben[182]. Ausgangspunkt dieser Studien ist dabei das Modell kollektiver Entscheidungen, das von Coleman in Anlehnung an die Beobachtung entworfen wurde, daβ amerikanische Parlamentsabgeordnete Stimmen je nach Interesse an kollektiven Entscheidungen tauschen ("Log-rolling"). Das Modell geht ganz allgemein von einer Menge rationaler Akteure aus, die unterschiedlich an themenspezifischen Ereignissen interessiert sind. Diese Ereignisse führen im Policy-Prozeß zu einer kollektiven Entscheidung und die im Eigeninteresse handelnden Akteure werden versuchen, den

---

180 zum Beispiel Ragin/Coverman/Hayward: "Major labor disputs in Britain, 1902 - 1938: the relationship between resource expenditure and outcome", American Sociological Review 47, S. 238-252, 1982 oder auch Schneider: "Politiknetzwerke der Chemikalienkontrolle", 1988

181 vgl. Laumann/Knoke/Kim: "Event Outcomes", in: Laumann/Knoke: The Organizational State, S. 345, 1987

182 dies sind insbesondere Coleman: "The Mathematics of Collective Action, Chicago 1973 sowie Coleman: "Social action systems", in: Szaniawsk, Problems of Formalization in the Social Science", S. 11-50, 1977 und Marsden/Laumann: "Collective action in a community elite: exchange, influence resources, and issue resolution.", in: Liebert/Imersheim (Hrsg.), Power, Paradigms, and Community Research, S. 199-250, 1977 und nicht zuletzt Pappi/Kappelhoff: "Abhängigkeit, Tausch und kollektive Entscheidung in einer Gemeindeelite", Zeitschrift für Soziologie 13, S. 87-117, 1984

Entscheidungsausgang in ihrem Sinne zu beeinflussen. Über ihre Interessenverflechtung bilden die Akteure ein soziales System. Die zur Verfügung stehenden Kontrollressourcen ermöglichen ihnen die Beeinflussung einer kollektiven Entscheidung. Vermutlich besteht in den meisten Fällen eine Diskrepanz zwischen Interessenausrichtung und Kontrollressourcen. Ein rationaler Akteur wird dann anhand seines spezifischen Interesses versuchen, weniger geeignete gegen benötigte Kontrolle für Ereignisse zu tauschen[183]. Nach Coleman führt der Tausch von Kontrolle über kollektive Entscheidungen zu einem Interessenausgleich im Sinne des Gesamtwohls, der zudem aus den im Eigeninteresse vollzogenen Handlungen resultiert[184].

Diesem Interessenausgleichsystem widerspricht zunächst das Unmöglichkeitstheorem von Arrow, demzufolge es keine Entscheidungsregel für eine kollektive Entscheidung geben kann, die für jede beliebige Verteilung individueller Präferenzen ein sozial vernünftiges Ergebnis liefert[185]. Coleman umgeht diesen theoretischen Einwand, indem er seine Entscheidungsregel auf mehrere Ereignisse bzw. Entscheidungen bezieht, die gleichzeitig oder in einem sozialen Zusammenhang zur Entscheidung anstehen. Dieses System von Entscheidungsverflechtungen verhilft zum Interessenausgleich im Sinne des oben aufgeführten Tauschs von Kontrollressourcen[186].

Im folgenden wird nach der kurzen Präsentation der Grundlagen des

---

183 vgl. Coleman: "Individual interests and collective action", S. 12ff., 1986

184 vgl. Kappellhoff: "Soziale Tauschsysteme", S. 152, 1988

185 "sozial vernünftig" bedeutet eine Entscheidung, durch die eine kollektive Wohlfahrtsfunktion maximiert wird. Nach Arrow ist die Maximierung einer kollektiven Wohlfahrtsfunktion ohne die Gewichtung individuellen Nutzens nicht ermittelbar (Arrow: "Social choice and individual values", New York 1951).

186 vgl. Coleman: "Foundations for a Theory of Collective Decisions", American Journal of Sociology 71, S. 615-627, 1966

Coleman-Modells (CM) ein direkter Test der Theorie durch einen Vergleich der prognostizierten und tatsächlichen Entscheidungsausgänge durchgeführt. Zum Befragungszeitpunkt war der Entscheidungsausgang von 31 der 32 Ereignisse bereits bekannt, so daß die Prognose auf der Rückerinnerung an die Präferenzen vor dem Entscheidungsausgang basiert. Ähnliche Unternehmungen wurden für die Voraussage der kollektiven Entscheidungen in einer Gemeindeelite erfolgreich unternommen[187]. Die Kontrollberechnungen erfolgten dabei in Anlehnung an gegenseitige Ressourceneinschätzungen der befragten Gemeindeakteure. Dieses Machtkonzept, das auf den gegenseitigen Einflußeinschätzungen der Akteure beruht, vernachlässigt jedoch institutionelle Ereignisspezifika, wie sie gerade in der Bundespolitik anzutreffen sind. Ereignissequenzen unterliegen strengen institutionellen Verfahrensregeln, die mit der Einbringungen einer Gesetzesinitiative beginnen und sich über die jeweiligen federführenden Fachausschüsse bis zur Verkündung bzw. Ablehnung fortsetzen. Daneben führt die Gesetzgebungskompetenz der Bundesregierung, des Bundesrates und des Bundestages schon bei der Einbringung einer Initiative zu einem unterschiedlichen Verlauf, und auch die Zustimmungsbedürftigkeitsregel des Bundesrates bedingt ereignisspezifische Kontrollmechanismen und -kompetenzen. Weiterhin wurde von Laumann/Knoke/Kim darauf hingewiesen, daß nicht die Ressourcen-Mobilisierung der formalen Entscheidungsträger den Ausgang eines Ereignisses maßgeblich bestimmt, sondern der Umstand, in welchem Maße Organisationen wertvolle Ressourcen von diesen allocieren können[188].

Diesem Zusammenhang wird mit der Gegenüberstellung einer spezifizier-

---

187 vgl. Pappi/Kappelhoff: "Abhängigkeit, Tausch und kollektive Entscheidung in einer Gemeindeelite", Zeitschrift für Soziologie 2, S. 87-117, 1984

188 vgl. Laumann/Knoke/Kim: "Event Outcome", in: Laumann/Knoke, The Organizational State, S. 343-368, Wisconsin 1987

ten Form des "Resource-Mobilization-Models" (RMS) und des "Resource-Deployment-Models" (RDS), die beide auf den Grundlagen des Coleman-Modells beruhen, in den folgenden Abschnitten nachgegangen.

1. Grundlagen des Coleman-Modells

Das Coleman-Modell (CM) wurde in der Vergangenheit von Kappelhoff 1979[189], Pappi/Kappelhoff 1984[190] und ausführlich von Kappelhoff 1988[191] besprochen, so daß hier nur kurz die Grundzüge des Modells beschrieben werden. Wie schon zuvor erwähnt, ist das System sowohl bezüglich der Akteure (j = 1,...,m) als auch der Ereignisse (i= 1,...,n) abgeschlossen. Im Diagramm:

	kontrolliert		interessiert	
Akteur j	--------->	Ereignis i	--------->	Akteur j
	C		X	

Für die Ereignisse bedeutet diese Systemabgeschlossenheit, daß jedes Ereignis in einem Interessenzusammenhang eines Akteurs steht. Daraus resultiert bei einer Standardisierung des Gesamtinteresses eines Akteurs an allen Ereignissen:

$$\sum_{i}^{n} x_{ji} = 1.0$$

Für die Kontrolle über ein zur Entscheidung anstehendes Ereignis impliziert die Abgeschlossenheit des Systems, daß jeder Akteur explizit im Kontrollsystem vertreten ist. Die Standardisierung der Gesamtkontrolle an einem Ereignis stellt sich formal folgendermaßen dar:

---

189 vgl. Kappelhoff: "Macht- und Netzwerkansatz bei der Analyse von Machtbeziehungen. Kollektive Entscheidungen als Tausch von Kontrolle", Arbeitsbericht "Analyse sozialer Netzwerke", Wien 1977

190 vgl. Pappi/Kappelhoff: "Abhängigkeit, Tausch und kollektive Entscheidung in einer Gemeindeelite", Zeitschrift für Soziologie 13, S. 87-117, 1984

191 vgl. Kappelhoff: "Soziale Tauschsysteme", Habilitationsschrift, S. 152ff., Kiel 1988

$$\sum_{j}^{m} c_{ij} = 1.0$$

Sowohl die Interessenmatrix als auch die Kontrollmatrix sind zeilenstochastisch. Diese Standardisierungen können nur vorgenommen werden, wenn sowohl alle möglichen Akteure, die Einfluß auf eine Entscheidung nehmen können, als auch alle Ereignisse, die von den Akteuren in einem Interessezusammenhang gesehen werden, im System vertreten sind. Die Operationalisierung dieser Systemabgrenzung muß daher über den Entscheidungsansatz vorgenommen werden, bei dem zunächst alle wichtigen Entscheidungen bzw. Ereignisse innerhalb des Untersuchungszeitraums festzustellen sind und anschließend die Akteure identifiziert werden, die über Kontrollressourcen für die Ereignisse verfügen[192].

Neben der Geschlossenheit des Tauschsystems ist die Annahme der proportionalen Ressourcenallokation eine wichtige Voraussetzung für das CM. Hier wird davon ausgegangen, daß Akteur j bei gegebenem Budget p_j (Gesamteinfluß eines Akteurs als Summe seiner zu Gleichgewichtspreisen bewerteten Ressourcenausstattung) seine Ressourcen proportional zur Intensität seines Interesses einsetzt. Bei einem Marktpreis v_i für die Kontrolle über Ereignis i folgt dann:

$$p_j \, x_{ji} = v_i \, c^*_{ij}$$

wobei c^*_{ij} die Nachfrage nach Kontrolle über Ereignis i bei gegebener Gesamtmacht p_j und gegebenen Preisen v_i ist[193].

---

192 vgl. Haasis: "Kommunalpolitik und Machtstruktur", S. 20ff., Frankfurt 1978

193 C ist die Matrix der Akteure, die Kontrolle über die Ereignisse ausüben;
C* ist die Matrix der Akteurskontrolle über Ereignisse im Gleichgewicht;
X ist die Matrix, die die Interessen der Akteure an den Ereignisse wiedergibt;
P ist der Vektor, der die relative Macht eines Akteurs ausdrückt;
V ist der Vektor, der den relativen Wert eines Ereignisses aufzeigt.
Dann ist P = VC und V = PX und daraus folgt P = PXC

Für den im Eigeninteresse rational handelnden Akteur kann unter der Annahme der proportionalen Ressourcenallokation diese spezielle individuelle Nutzenfunktion auch aus einer Cobb-Douglas-Funktion mit den jeweiligen Kontrollmengen c^*_{ij} als Argumenten und den jeweiligen Interessen x_{ji} als Elastizitäten abgeleitet werden[194]:

$$(1) \quad u_j = \prod_{i=1}^{n} c^*_{ij} \, (x_{ji}) \quad \text{mit} \quad \sum_{j=1}^{n} xji = 1.0$$

---

bzw.
$V = VCX$.
In Worten wird die Macht eines Akteurs durch sein Verhältnis an konstitutioneller Kontrolle über Ereignisse bestimmt, wobei jedes Ereignis durch seinen Gleichgewichtspreis oder Wert gewichtet wird. Jeder Akteur maximiert dabei sein Produkt aus Interesse an Ereignissen und deren Kontrolle ($\Sigma i C^*_{ij} X_{ji}$), wobei im Tauschprozeß j Kontrolle an dem Ereignis nachfragt, das seinem Nutzen proportional zu seinen Interessen, gemessen an dem Wert des Ereignisses (X_{ji} / v_i), entspricht. Da jeder Akteur seine Macht über Ereignis i im Verhältnis zum maximalen Nutzen X_{ji}/v_i allociert, ergibt sich die endgültige Kontrolle für Ereignis i mit $C^*_{ij} = (X_{ji} / V_i) (\Sigma l \, C_{lj} \, V_l) = X_{ji} \, P_j / V_i$.
Das Preisgleichgewicht oder der Wert der Ereignisse kann dadurch erzielt werden, daß die Nachfrage nach Ereignissen deren Angebot entspricht. Das Gesamtangebot für Kontrolle über Ereignis i leitet sich aus dem Wert der Gesamtkontrolle her, der im System für dieses Ereignis besteht: $(S_i = \Sigma j \, C_{ij} \, V_j) = V_i$.
Die Gesamtnachfrage nach einem Ereignis i im System errechnet sich aus der Aufsummierung der individuellen Nachfrage:
$D_i = \Sigma j \, X_{ji} \, \Sigma l \, C_{li} \, V_l$
im Gleichgewicht:
$dV_i / d_t = I(S_i - D_i) = 0$
und daher
$V_i = \Sigma j \, X_{ji} \, \Sigma l \, C_{lj} \, V_l = \Sigma \, j \, X_{ji} \, P_j$
Coleman zieht die Schlußfolgerung, daß abhängige Akteurbeziehungen aus einer Diskrepanz resultieren, die sich daraus ergibt, daß sich die Akteure, die über bestimmte Ereignisse Kontrolle ausüben von denjenigen unterscheiden, die an diesen Ereignissen interessiert sind. Mathematisch ausgedrückt:
$Z = XC$ (vgl. Kim: "Event Outcomes", in: Laumann/Knoke, The Organizational State, S. 369, 370, Wisconsin 1987)

194 vgl. Coleman: "Foundations of Social Theory", S. 674f., Cambridge 1990

Aus der Maximierung der Nutzenfunktion unter Budgetgleichungsbedingungen

(2) $p_j = \sum_{i=1}^{n} c_{ij}^* \, v_i$

ergeben sich die Nachfragefunktionen

(3) $c^*_{ij} = p_j \, x_{ji} / v_i$ oder $c^*_{ij} \, v_i = p_j \, x_{ji}$.

Neben einer speziellen Nutzenfunktion kann der proportionalen Ressourcenallokation lediglich die Realisierung von Kontrolle zugrundeliegen, die erst im folgenden Schritt den Ausgang einer Entscheidung bestimmt. Grimm/Henning geben für dichotome kollektive Entscheidungen zu bedenken, daß die tatsächlichen Entscheidungen Nutzen für die Akteure erbringen und die tatsächliche Kontrolle eher der Wahrscheinlichkeit entspricht, diese zu realisieren[195]. Aus diesem Erwartungsnutzen bei dichotomen Entscheidungen ergäbe sich aber eine andere Allokationsregel der Kontrollressourcen, die zu einer unstetigen Nachfragefunktion führen und damit die Existenz eines eindeutigen Gleichgewichts gefährden würde[196].

Die Nutzenfunktion aus den Präferenzen eines Akteurs j am positiven Ausgang mit u_{ij}^+ und am negativen Ausgang eines Ereignisses mit u_{ij}^- bei einem Gesamtnutzen von 1.0 kann schematisch folgendermaßen dargestellt werden:

$$y_{ji} = (u_{ij}^+ - u_{ij}^-) / (\Sigma \mid u_{ij}^+ - u_{ij}^- \mid)$$

---

195 vgl. Grimm/Henning: "Vorhersage des politischen Tauschs mit dem Coleman-Modell und anderen Determinanten", Seminararbeit, S. 5,6, Kiel 1989

196 Im Sinne der Erwartungsnutzenmaximierung wäre bei dichotomen Entscheidungen der Einsatz aller Ressourcen für das Ereignis i notwendig, für das der Quotient aus dem Betrag der Nutzendifferenz der beiden möglichen Ausgänge einer solchen Entscheidung und dem Marktpreis v_i für die Kontrolle über dieses Ereignis maximal ist (siehe Kappelhoff: "Soziale Tauschsysteme", Habilitationsschrift, S. 158, Kiel 1988).

Dem Einwand wird mit der probabilistischen Entscheidungsregel widersprochen, die den Ausgang von Entscheidungen mit der Realisierung von Kontrolle bestimmt und dem CM zugrundeliegt. Für dichotome Ereignisse leitet sich eine Kontrollverteilung von

$C_i^+ = \Sigma\, c^*{}_{ij}^{\,+}$

$C_i^- = \Sigma\, c^*{}_{ij}^{\,-}$

ab, und aufgrund der Normierung auf eins ergibt sich

$C_i^+ + C_i^- = 1.0.$

Im Gegensatz zu einer Mehrheitsentscheidungsregel mit einer Durchsetzung der Alternative mit höherem Kontrollanteil stellen die Kontrollanteile homogene, das heißt qualitativ gleichwertige und unendlich teilbare Güter dar. Der Wert eines Anteils ist somit unabhängig von der Verteilung der restlichen Kontrolleinheiten. Dieser Betrachtungsweise kommt die probabilistische Entscheidungsregel gleich, bei der jeder Kontrollanteil, unabhängig von der restlichen Verteilung, Einfluß auf die Entscheidung ausübt. Die Akteure werden zu einer Erhöhung ihres präferierten Nutzens gezwungen, da sich dadurch die Wahrscheinlichkeit eines in ihrem Sinne positiven Ausgangs der Entscheidung erhöht. Strategien, die bei einer Mehrheitsentscheidungsregel durchaus sinnvoll wären, treten mit der Transformation von kollektiven Entscheidungen in teilbare Güter in den Hintergrund. Betrachtet man das Zustandekommen von kollektiven Entscheidungen am Beispiel von Gesetzesinitiativen, so wird die Plausibilität der probabilistischen Entscheidungsregel deutlich: Ein Akteur wird versuchen, auf alle Stadien des Gesetzgebungsprozesses Einfluß auszuüben, die eine Initiative formal zu durchlaufen hat. Seine Gesamtkontrolle über die kollektive Entscheidung setzt sich dann aus dem jeweiligen Kontrollanteil zusammen, die er über alle Entscheidungsträger ausübt und die er sich mit den anderen Kontrolleuren teilen muß.

Neben der probabilistischen Entscheidungsregel sollte noch auf die Annahme eines vollkommenen Marktes für den Kontrollressourcentausch im CM eingegangen werden. Voraussetzungen hierfür sind sowohl vollkommene Markttransparenz als auch die Ausschaltung von ideologischen, sozialen oder aber zeitlichen Tauschrestriktionen. Dem Angebot von Kontrollressourcen entspricht dabei die ursprüngliche Kontrolllausstattung C; die Nachfrage vollzieht sich nach der Annahme der proportionalen Ressourcenallokation.

Die Annahme eines vollkommenen Marktes macht die Nähe des CM zur neoklassischen Wirtschaftstheorie deutlich. Für die Analyse staatlicher Politik bedeutet dieser ökonomische Bezugsrahmen die Vernachlässigung sozialer Beziehungsstrukturen. Die Akteure im Coleman-Modell handeln preisbezogen und werden als Käufer und Verkäufer nicht nur sozial atomisiert, sondern es wird auch ein perfekter Informationsprozeß vorausgesetzt. Es gibt kein soziales Vertrauen, das sich in langjährigen Tauschbeziehungen herausgebildet hat, und auch Transaktionskosten oder Tauschrestriktionen werden unter der Annahme eines preisgleichgewichtigen Systems vernachlässigt. Der vollkommene Markt kann sich im CM aus dem idealtypischen Punktmarktkonzept ableiten, bei dem der Tausch von unterschiedslosen Gütern weder zeitlichen, räumlichen noch geschlechtsbezogenen Restriktionen unterliegt[197]: Kontrolle über ein Ereignis wird als homogenes Gut im CM betrachtet, Kontrollressourcen unterschiedlicher Qualität werden nicht gehandelt. Weiterhin können die Tauschbeziehungen im CM als Punkttransaktionen angesehen werden: Womögliche räumliche oder zeitliche Transaktionskosten treten dabei in den Hintergrund[198]. Die Vernachlässigung der sozialen Komponente zeigt jedoch auf, daβ das CM nur als Basismodell herangezogen werden kann und einiger inhaltlicher Modifikationen bedarf.

---

197 vgl. Arndt: "Markt und Macht", S. 24, Tübingen 1973

198 vgl. Kappellhoff: "Soziale Tauschsysteme", S.152f., 1988

2. "Log-Rolling" im Politikfeld Arbeit ?

Das Politikfeld "Arbeit" wird auf der nationalen Ebene des politischen Systems von kollektiven Entscheidungen bestimmt, die das Verhältnis von Kapital und Arbeit regeln. Daher liegt ein Forschungsschwerpunkt in der Analyse arbeitspolitischer Entscheidungen, die im Untersuchungszeitraum von 1983 bis Mitte 1988 hohe Aufmerksamkeit auf sich zogen. Diese Entscheidungen werden in der Regel in Form von Gesetzesinitiativen, Verordnungen oder aber Gerichtsurteilen formuliert und finden ihre Umsetzung in den jeweils zuständigen politischen Gremien. Nicht nur die Vielzahl von legislativen Entscheidungen, die im Untersuchungszeitraum öffentliche Aufmerksamkeit auf sich zogen, machen die institutionelle Dominanz des Parlaments in der Arbeitspolitik deutlich. Die Gesetzgebungskompetenz des Deutschen Bundestages ermöglicht auch die Änderung von arbeitspolitischen Beschlüssen, die auf dem Gerichts- oder Verordnungsweg getroffen wurden.

Die folgende Analyse beschränkt sich daher auf das Gesetzgebungsverfahren und wird der Frage nachgehen, ob der Entscheidungsfindungsprozeß mit seiner Verquickung von staatlichen und privaten Organisationen theoretisch modelliert und empirisch überprüft werden kann. Diese Eingrenzung begründet sich einerseits mit der arbeitspolitischen Relevanz des Parlaments; andererseits sollen theoretische Fehlerquellen, die sich zum Beispiel aus einer Überschneidung von institutionellen Zuständigkeiten ergeben können, vermieden werden. Natürlich wird der Ausgang einer Parlamentsentscheidung in erster Linie von den vorherrschenden Mehrheitsverhältnissen geprägt; Regierungsinitiativen werden in der Regel legislativ verankert. Andererseits verhindern diese Parlamentsverhältnisse nicht die Aktivitäten der Oppositionsparteien bzw. von Organisationen, die nicht mit den Vorstellungen der Regierungseinbringungen übereinstimmen. Auf einen weiteren Aspekt, der die Notwendigkeit einer genaueren Betrachtung des Entscheidungsfindungsprozesses unterstreicht, wurde schon in der Einleitung hingewiesen: Auch eine doppelte Majorität, wie sie im Untersuchungszeitraum mit einer CDU/CSU/FDP-Mehrheit im Bundestag und Bundesrat vorherrschte, reicht selbst aus Regierungssicht nicht aus, angestrebte konsensfähige Entscheidungen zu treffen. Inwieweit sich diese Beziehungen von korporativen Akteuren bzw. Organisationen im Entscheidungsfindungsprozeß darstellen lassen, wird mit einem Vergleich einer erweiterten Form des "Resource-Mobilization-Models" (RMS) und des "Resource-Deployment-Models" (RDS), die auf den Grundlagen des Coleman-Modells basieren und hier als "Access-Mobilization"-Modell (AMM) und "Access-Deployment"-Modell (ADM) behandelt werden, untersucht. Es wird der Frage nachgegangen, ob mit diesen Ressourcentauschmodellen über alle 32 arbeitspolitischen Ereignisse, die von 1983 bis Mitte 1988 auf der arbeitspolitischen Tagesordnung standen, der Ausgang dieser kollektiven Entscheidungen modelliert bzw. politikrelevante Aussagen über den parlamentarischen Willensbildungs- und Entscheidungsfindungsprozeß getroffen werden können.

Die Grundelemente des Coleman-Modells sind die Interessenmatrix (X-Matrix) und die Kontrollmatrix (C-Matrix), die Aufschluß über die Verteilung der Interessen der Akteure an Ereignissen und deren Kontrolle in einem Politikfeld geben. Da sich das Modell in einem geschlossenen System bewegt, wird jedes Ereignis vollständig von allen Systemakteuren kontrolliert; die Summe der Akteurskontrolle für jedes Ereignis ergibt eins (d.h., die Matrix ist zeilenstochastisch). Auf die gleiche Weise werden die Akteurinteressen in dem Ereignissystem als ein Teil des Gesamtinteresses ermittelt, indem das Gesamtinteresse eines Akteurs an allen Ereignissen gleich eins ist[199]. Zur Berechnung des

199 An den 32 arbeitspolitischen Gesetzesinitiativen waren 125 der 126 Akteure befürwortend oder ablehnend interessiert. Damit entsprach die Interessenmatrix einer 125x32-Matrix; lediglich die Bundesversicherungsanstalt für Angestellte (BfA) gab an, ohne gerichtete Interessen an den 32 arbeitspolitischen Ereignissen ausgekommen zu sein.
Aus der Berechnung der ereignisspezifischen Kontrollmatrix über das

Preisgleichgewichts für die Ereigniskontrolle müssen noch zwei Annahmen hinzugefügt werden. Einerseits handeln alle Akteure entsprechend ihrem Interesse, und andererseits wird der Ausgang von der Höhe der Kontrolle bestimmt, die ein Akteur über ein Ereignis besitzt[200]. Mit diesem Widerspruch zum Majoritätsprinzip versucht Coleman sich den Problemen des "Trittbrettfahrertums" zu entledigen. Zudem impliziert dieser probabilistische Ansatz die Teilbarkeit von Ereignissen: Kollektive Entscheidungen werden in einzelne, teilbare Ereignisse transformiert. Faßt man den politischen Einflußprozeß nicht als einen "Alles oder Nichts"-Entscheidungspunkt, sondern als eine Serie von aufeinanderfolgenden Abstimmungen auf, so ist diese Transformation zu rechtfertigen. Die Kontrolle über Ereignisse wird in diesem Zusammenhang mit dem Einfluß auf den Entscheidungsfindungsprozeß gleichgesetzt.

Empfänger-Sender-Kommunikationsnetzwerk (ADM) fielen folgende Organisationen heraus: auf Arbeitgeberseite der Bundesverband Deutscher Investment-Gesellschaften, der Deutsche Bäderverband, der Zentralverband des Deutschen Baugewerbes, der Verband der Privaten Krankenversicherungen und der Deutsche Bauernverband, der zusätzlich in die Befragung mitaufgenommen wurde; aus dem Gesundheitswesen die Deutsche Krankenhaus-Gesellschaft und die Fachvereinigung der Verwaltungsleiter deutscher Krankenanstalten sowie aus der Kategorie "sonstige Berufsverbände" der Bundesverband der Freien Berufe und der Hochschullehrerbund. Diese Organisationen nahmen auch in der Machtreputation eine untergeordnete Position ein. Gravierender gestaltet sich der o. g. Ausfall der Bundesversicherungsanstalt für Angestellte und des Verbandes Deutscher Rentenversicherer, die bei der Machtreputationsrangfolge unter den ersten dreißig zu finden sind. Für das ADM ergab sich damit eine Systemabgrenzung von 115 Akteuren.
Bei der Sender-Empfänger-Matrix fielen der Bundesverband Investment-Gesellschaften, der Hochschulverband und die Firma Daimler Benz heraus; die Matrix umfaßt 122 Akteure.

200 Entsprechend hat ein Akteur, der z.B. zehn Prozent Kontrolle über ein Ereignis ausübt, eine zehnprozentige Chance, den Ausgang des Ereignisses zu bestimmen. Dies trifft auch für den Fall zu, daß er eine neunzigprozentige Mehrheit gegen sich hat.

Allgemein kann für die Kontrolle über kollektive Entscheidungen in der Bundesrepublik Deutschland angemerkt werden, daβ diese von staatlichen Akteuren in den einzelnen Stadien, die eine kollektive Entscheidung institutionell zu durchlaufen hat, ausgeübt wird[201]. Daher wurden zunächst die 126 befragten kollektiven Akteure in politische Agenten und in nicht entscheidungsbefugte Akteure aufgeteilt. Politische Agenten umfassen diejenigen Akteure, die innerhalb des Entscheidungsfindungsprozesses direkte Abstimmungsgewalt (voting power) besitzen. Akteure werden jedoch nur in ihrem Zuständigkeitsbereich als politische Agenten angesehen; an anderer Stelle des Gesetzgebungsverfahrens treten sie als Akteure im Politikfeld "Arbeit" auf, und die Gesamtsystemabgrenzung mit 126 Akteuren bleibt erhalten.

Der Entscheidungsfindungsprozeβ beginnt mit der Einbringung eines Gesetzesvorschlags, die laut Art. 76 Abs. 1 GG über die Bundesregierung, aus der Mitte des Bundestags oder über den Bundesrat erfolgen kann. Dieses Initiativrecht wird häufig vor dem Hintergrund der "Gesetzgebungsanlässe" diskutiert[202]. Schindler nimmt in diesem Zusammenhang eine Unterscheidung nach folgenden Kategorien vor:

1. Gesetzgebungsauftrag des GG (mit Fristsetzung);
2. Gesetzgebungsauftrag des GG (ohne Fristsetzung);
3. Gesetzesvorbehalt des GG;
4. Zustimmungsgesetze zu völkerrechtlichen Verträgen;
5. Rechtsgrundlage zum Erlaβ von Rechtsverordnungen;
6. Erlaβ von Gesetzen aufgrund von Urteilen des BVerfG;
7. Gesetzesvorbehalt aufgrund von Gerichtsentscheidungen;

---

201 Die Diskussionen zwischen Pluralisten und Elitisten in den sechziger und siebziger Jahren haben zum Vorschein gebracht, daβ die Kontrolle über die politische Agenda und die Art und Weise, wie politische Themen im Policy-Prozeß generiert werden, schwer in das CM einzubinden sind.

202 vgl. Hill: "Einführung in die Gesetzgebungslehre", Heidelberg 1982 oder Schneider, H.: "Gesetzgebung. Ein Lehrbuch", Heidelberg 1982

8. Regelungsauftrag des BVerfG;
9. Ausfüllen von Gesetzeslücken aufgrund von Urteilen;
10. Entgegenwirken gegen Richterrecht;
11. Verpflichtung zur Gesetzgebung aufgrund der EG-Mitgliedschaft;
12. Gebot zur Harmonisierung des Rechts der EG-Mitgliedschaft;
13. Bedarf nach einheitlicher Regelung im Bundesgebiet;
14. Gesetzgebungsaufträge in bestehenden Gesetzen;
15. Folge- und Anpassungsgesetze zu bestehenden Programm- und Planungsgesetzen;
16. Gesetzesankündigungen in bestehenden Gesetzen;
17. Aufheben eines überflüssigen Gesetzes;
18. Aufhebung des zeitlich bestimmten Inkrafttretens eines Gesetzes;
19. Bemühungen um Anpassung, Vereinfachung, Vereinheitlichung usw. in bestimmten Rechtsbereichen;
20. Maßnahmen infolge industrieller, technischer, konjunktureller oder sozialer Entwicklungen;
21. Maßnahmen infolge aktueller Ereignisse;
22. Parteitagsbeschlüsse;
23. Ankündigungen in Regierungserklärungen;
24. Empfehlungen von Untersuchungsausschüssen, Beiräten etc.;
25. Forderungen und Empfehlungen, die über die öffentliche Diskussion an den Gesetzgeber herangetragen werden;
26. Forderungen, die sich aus Petitionen ergeben[203].

Für alle Anlässe können Beispiele aufgeführt werden. Für den Gesetzgeber verdeutlichen diese Punkte, daß er in sehr vielen Fällen auf Anstöße "von außen" reagiert, die sich jeglicher Gesetzesplanung entziehen. Nur ein geringer Teil läßt sich auf ein zumindest mittelfristiges Programm, wie es beispielsweise in Koalitionsvereinbarungen festgeschrieben und/oder in der Regierungserklärung verkündet werden kann, zurückführen[204]. Ergo ist davon auszugehen, daß die politischen Initiatoren (Bundesregierung, Bundestag, Bundesrat) "von außen" wichtige Informationen erhalten, die sie zum Handlungsbedarf veranlas-

---

203 vgl. Schindler: "30 Jahre Deutscher Bundestag. Dokumentation, Statistik, Daten", in: Deutscher Bundestag (Hrsg.), Datenhandbuch zur Geschichte des Deutschen Bundestages 1980 bis 1984, S. 645ff., Baden-Baden 1986

204 vgl. Ellwein: "Das Regierungssystem der Bundesrepublik Deutschland", S. 262, Opladen 1988 (6. Auflage)

sen. Ihr Kontrollanteil wird durch diesen Informationsfluß von den Informationsgebern kontrolliert.
Inhaltlich würde diese Feststellung für eine Umsetzung innerhalb des oben erwähnten "Resource-Deployment-Model" (RDS) sprechen: In einem Akteursystem verfügen Akteure über Ressourcen von (politischen) Akteuren, die tatsächliche Kontrolle über den Ausgang von Ereignissen ausüben, der wiederum die Interessen der Akteure berührt. Die Akteure kontrollieren in dem Maße die Agenten, wie die Agenten von den Ressourcen der Akteure abhängig sind: Im Diagramm wird dies ersichtlich:

	deploy		effective		interests of	
Akteur j	---->	Akteur k	---->	Ereignis i	---->	Akteur j
Ressourcen	C^*_{kj}		A_{ik}		X_{ji}	

Danach besagt das Modell, daß im Gleichgewicht der Ressourcenfluß von j nach k von der Effektivität von k auf ein Ereignis (A_{ik}) und dem Interesse von j an i (X_{ji}) im Verhältnis zu ihrem relativen Einfluß abhängig ist. Die Bedingungen, die zu einem Tausch von Kontrolle führen, entsprechen den Annahmen des CM[205]. Die Akteure k werden zur Interessenrealisierung der Akteure j von diesen beispielsweise durch das Senden von Informationen oder Ressourcen "instrumentalisiert".
Im RMS ergibt sich die Abhängigkeit der Akteure k von den Akteuren j durch die Mobilisierung der Ressourcen von k durch j. Weil k Ressourcen besitzt, die für die Interessen von j bedeutsam sind, mobilisiert j diese Ressourcen:

	mobilizes		effect		interest of	
Akteur j	---->	Akteur k	---->	Ereignis i	---->	Akteur j
	C^*_{ji}	Resources	Rj_{jk}		X_{ji}	

205 siehe Laumann/Knoke/Kim: "Event Outcomes", in: Laumann/Knoke (Hrsg.), The Organizational State, S. 350 - 364, 1987

Zuverlässiger erwies sich bisher das RDS für die korrekte Vorhersage des Ausgangs von Ereignissen [206].

Restriktiv bei beiden Modellen ist die Vernachlässigung jeglicher parlamentarischer und institutioneller Rahmenbedingungen: Alle Organisationen haben theoretisch dieselben Einflußvoraussetzungen, obwohl auch im amerikanischen legislativen Entscheidungsfindungsprozeß formale Entscheidungsträger (wie z. B. Abgeordnete des Repräsentantenhauses oder des Senats) ausgemacht werden können, die sich in ihrer Entscheidungskompetenz von privaten Organisationen unterscheiden. Gleichzeitig wird der Ausgang der Entscheidungen nur unter dem Aspekt der Verabschiedung bzw. Ablehnung einer Gesetzesinitiative analysiert. Das Aushandeln von Kompromissen, die sich vermutlich in Gesetzestexten wiederfinden, fallen bei dieser Vorgehensweise aus der Betrachtung. Auch die Mehrheitsentscheidungsregel, mit deren Hilfe prognostizierter Erfolg oder Mißerfolg anschließend ausgedrückt wird, entspricht nicht unbedingt den Coleman-Modellannahmen der proportionalen Ressourcenallokation und probabilistischen Entscheidungsregel. Bei beiden Modellen dürfte dann rationales Handeln eher von strategischen Überlegungen geprägt sein, deren Darstellung mit spieltheoretischen Ansätzen erfolgen müßte. Auch finden die institutionellen Besonderheiten wie beispielsweise Geschäftsordnungen und Stimmenverhältnisse des Repräsentantenhauses oder des Senats keinerlei Berücksichtigung.

Obwohl Laumann/Knoke/Kim mit dem RMS und dem RDS die Relevanz von Informationsnetzwerken bei der Einbeziehungen von

---

206 Im amerikanischen Politikfeld "Energie" konnte der Ausgang der acht überprüften Ereignisse bestätigt werden. Allerdings fielen die Vorhersagen im Politikfeld "Gesundheit" unbefriedigend aus. Dies lag daran, daβ diejenigen Akteure, die Ressourcen zur Beeinflussung des Ausgangs der Ereignisse mobilisierten, tatsächlich weniger Erfolg hatten als ihnen vom Modell vorausgesagt wurde. Zusammengefaβt kann dies darauf zurückgeführt werden, daβ das RMS die Rolle und den Einfluβ der Ressourcen-Mobilisierer überschätzt (vgl. Laumann/-Knoke/Kim: "Event Outcome", S. 365, 366).

privaten Akteuren in den Entscheidungsausgang aufzeigen konnten, verdeutlichen die inhaltlichen Einbußen die Notwendigkeit von Modellmodifikationen. Daher kommt beiden Modellen in den folgenden Analysen lediglich ein "Leitcharakter" zu, der die Relevanz der Informationsnetzwerke als Interaktionsstruktur berücksichtigt.

Im Gegensatz zu den Modellen wird im folgenden eine Unterscheidung von (politischen) Agenten und (sonstigen) Akteuren vorgenommen. Diese analytische Agent-Akteur-Unterscheidung bezieht sich nur auf die Kontrollanteile, die den Agenten in der jeweiligen Policy-Phase formal zur Verfügung stehen. Agenten werden in ihrem Zuständigkeitsbereich als Medium angesehen und ihre Anteile nach dem unten aufgeführten Verfahren den Akteuren angerechnet. Es ist danach der policy-spezifische Zugang (Access) der Akteure zu den Agenten, der ihnen Kontrolle im Entscheidungsprozeß ermöglicht. Danach konnte zum Beispiel die Bundesregierung als Initiator bzw. Agent einer Gesetzesvorlage Kontrollanteile in den folgenden Gesetzgebungsphasen, die eine Initiative zu durchlaufen hatte, erwerben. Die Akteur-Agent-Beziehungen können über die Informationsnetzwerke herausgearbeitet werden. Im "Access-Mobilization"-Modell rüsten Agenten durch das Senden von Informationen Akteure auf bzw. verteilen auf diese Weise ihre formalen Kontrollressourcen. "Access-Deployment" wird als die Informationsabhängigkeit eines Agenten von den Akteuren aufgefaßt, die sich in den Angaben des Agenten im Informationsempfänger-Netzwerk ausdrücken und den Akteuren Kontrolle in der jeweiligen Policy-Phase ermöglicht.

Für die Erstellung des ersten Teils der Access-Deployment-Kontrollmatrix bedeutet dies beispielsweise, daß die politischen Agenten als Initiatoren eines Gesetzentwurfs von nicht direkt entscheidungsbefugten Organisationen kontrolliert werden, von denen sie wichtige politische Informationen erhalten[207]. Obwohl in Art. 76 Abs. 1 GG die drei

207 Die 126 befragten Akteuren wurden etwa in der Mitte des Interviews gebeten, diejenigen Organisationen zu nennen, von denen

Bundesorgane formal gleichgestellt werden, wird durch die Nennung der Bundesregierung an erster Stelle deren Führungsrolle im Gesetzgebungsprozeß unterstrichen[208]. Nicht direkt entscheidungsbefugte kollektive Akteure üben daher nur soviel Kontrolle über die politischen (Initiatoren-)Agenten aus, wie deren anteilige Entscheidungsgewalt innerhalb der jeweiligen initiativen Institution ausmacht. Zum Beispiel entspricht die Gesetzesinitiative einer Ländervertretung deren anteiliger Stimmenzahl im Bundesrat oder die Einbringung durch eine Bundestagsfraktion deren Stimmenverhältnis im Parlament. Kontrolle über Regierungsvorlagen leitet sich aus dem Verhältnis des federführenden Ministeriums und der übrigen im Politikfeld "Arbeit" relevanten Ministerien ab. Der Anteil an Kontrolle, der einem kollektiven Akteur über einen politischen Agenten zukommt, hängt aber auch davon ab, mit wievielen Akteuren er sich Kontrolle teilen muß. Im zweiten Schritt wird die Agent-Akteur-Initiativmatrix zeilennormiert. Nach derselben Vorgehensweise erfolgt unter Verwendung der Sender-Empfänger-Kommunikationsmatrix die Operationalisierung der Access-Mobilization-Initiativmatrix[209].
Für den formalen Ablauf der Gesetzgebungsprozedur bleibt es gleichgültig, wer ein Gesetz auf die Tagesordnung bringt und welchen Bedeutungsgehalt es hat. Alle Gesetze werden vom Bundestag beschlossen, es

---

sie wichtige Informationen im Politikfeld "Arbeit" erhalten; anschließend wurde die Frage gestellt, welcher Organisation sie politische Informationen bereitstellen. Die transponierte Sender-Matrix wurde über die Empfänger-Matrix gelegt und entsprechen dem hier verwendeten Empfänger-Sender-Kontrollansatz. Für die Operationalisierung wurden die Angaben der politischen Agenten von den restlichen Akteuren getrennt. Politische Agenten sind Akteure, die in einer Phase einer Ereignissequenz Entscheidungsgewalt (effective voting power) ausüben können.

208 vgl. Steffani: "Parteien (Fraktionen) und Ausschüsse im Deutschen Bundestag", in: Thaysen/Davidson/Livingston (Hrsg.), US-Kongreß und Deutscher Bundestag, S. 262,263, Opladen 1988

209 Dabei wurde die Empfänger-Matrix transponiert und über die Sender-Matrix gelegt.

sei denn, die Bundesratsmehrheit lehnt die Einbringung einer Länderinitiative schon vorher ab.

In der ersten Lesung des Bundestags werden die Initiativen an die zuständigen Ausschüsse verwiesen, in denen die Beratung im einzelnen erfolgt[210]. Der Bundestag verfügt zur Bewältigung zunehmender Aufgabenlast und Arbeitsfülle über ein ausdifferenziertes Ausschußsystem[211]. Bei den Ausschüssen, in denen ausschließlich Mitglieder der Bundestagsfraktionen ein Beschlußrecht (voting power) besitzen, können vier Formen unterschieden werden:

1. Ständige Ausschüsse,
2. Sonderausschüsse,
3. Untersuchungsauschüsse und
4. besondere Ausschüsse.

Daneben kann der Bundestag seit der Parlamentsreform von 1969 auf Antrag eines Viertels seiner Mitglieder sogenannte "Enquete-Kommissionen" einsetzen. Diese beschäftigen sich in der Regel mit Themenkomplexen wie zum Beispiel "Frau und Gesellschaft" oder aber "Gentechnologie" und sind nur zur allgemeinen Berichterstattung befugt. Da auch keine Kommission im Untersuchungszeitraum zu den Themen des Politikfelds "Arbeit" eingesetzt wurde, kann diese Art des Ausschußwesens ausgeklammert werden. Ebenso ausschließbar sind die besonderen Ausschüsse, die vom Bundestag zur Wahrnehmung spezieller Verfassungsaufträge, wie beispielsweise der Berufung der Bundesverfassungsrichter, geschaffen wurden. Weiterhin können die Untersuchungsaus-

---

210 Die Überweisung in der ersten Lesung erfolgt seit der 4. Wahlperiode in der Regel ohne eine Debatte (vgl. Hennis: "Der Deutsche Bundestag 1949-1965", Der Monat 8, 1966).

211 eine ausführliche Beschreibung über das Ausschußwesen des Bundestags liefert Schindler: "Datenhandbuch des Deutschen Bundestags 1949 - 1982", S. 263-650, Bonn 1983

schüsse vernachlässigt werden, die sich im Kern mit Rechtsvergehen eines Staatsorgans auseinandersetzen[212].

Den wichtigsten Teil und Schwerpunkt des Ausschußwesens des Bundestages bilden die jeweils zu Beginn einer Wahlperiode für deren Dauer eingesetzten Fachausschüsse[213]. Die Ausschußbesetzung folgt dem Verteilungsgrundsatz "im Verhältnis der Stärke der Fraktionen"[214].

Die Beratungen der Ausschüsse des Bundestages finden grundsätzlich

---

212 Dies leitet sich aus der Befugnis der Untersuchungsausschüsse ab, in staatliche Akten einsehen und Auskunftspersonen auch unter Eid vernehmen zu dürfen, wobei Falschaussagen als Meineiddelikte strafbar wären (vgl. Steffani: "Parteien und Ausschüsse im Deutschen Bundestag", S. 267, 1988).

213 vgl. Steffani: "Parteien und Ausschüsse im Deutschen Bundestag", S.267, der eine ausführlichere Übersicht über das Ausschußsystem und deren Funktion gibt.

214 Von 1949 bis 1970 wurde bei der Berechnung der Ausschußvorsitzenden das Höchstzahlverfahren nach d'Hondt, mit dem größere Fraktionen leicht bevorzugt werden, angewandt. Von 1970 bis 1980 wurde nach Hare/Niemeyer und seit 1980 nach Schepers (Rangmaßverfahren) das Fraktions-Ausschuß-Verhältnis bestimmt. Danach konnte die CDU/CSU in der 10. Wahlperiode zehn, die SPD acht, die FDP und DIE GRÜNEN je einen Ausschußvorsitz bestellen. Für die 11. Legislaturperiode war das Verhältnis 9:8:2:2. In interfraktionellen Gesprächen wird anschließend eine Verständigung über die von den Fraktionen jeweils bevorzugten Ausschußvorsitze verhandelt. Mißlingt dies, wird im Rahmen des "Zugriffsverfahrens" eine Rangfolge erstellt, innerhalb der die aufgerufene Fraktion unter den noch nicht besetzten Ausschußvorsitzen wählen kann. Neben der Bestellung des Ausschußvorsitzenden hat die Anwendung des Schepers-Verfahrens (seit der 10. Wahlperiode umbenannt in Ste. Lague/Schepers) für die Mitgliederbesetzung der Ausschüsse durch die Fraktion weitreichendere Konsequenzen gehabt. Danach ist die Fraktion der FDP in der 11. Wahlperiode schon bei Fünfer-Gremien und DIE GRÜNEN in Gremien ab sieben Mitgliedern vertreten (nach d'Hondt erst ab neun bzw. ab 11 Mitgliedern). Für den Ausschuß "Arbeit und Sozialordnung" mit insgesamt 35 Mitgliedern hätten diese Hürden allerdings keine Auswirkungen auf die kleineren Fraktionen gehabt. In der 10. Wahlperiode saßen 18 Mitglieder der CDU/CSU-Fraktion, 14 der SPD-Fraktion und jeweils zwei Mitglieder der FDP-Fraktion und der Fraktion DIE GRÜNEN in diesem Ausschuß (11. Wahlperiode 16:13:3:3).

unter Ausschluß der Öffentlichkeit statt. Seit der Geschäftsordnungsreform von 1969 kann der Ausschuß beschließen, für einen bestimmten Verhandlungsgegenstand oder Teile desselben die Öffentlichkeit zuzulassen. Davon wurde in der Vergangenheit nie Gebrauch gemacht. Demgegenüber fand die Durchführung Öffentlicher Anhörungen in wachsendem Maße Anwendung[215].

Die prinzipielle Bedeutung der Bundestagsauschüsse im Gesetzgebungsverfahren wird von v. Beyme mit dem Hinweis unterstrichen, daß die Durchdringung der Parlamentsausschüsse durch Interessengruppen studiert werden muß, um den politischen Entscheidungsfindungsprozeß zu verstehen[216]. Weber geht bei der Beurteilung der Relevanz von Bundestagsausschüssen im Gesetzgebungsverfahren noch weiter: "Wer einen Bundestagsausschuß zu kontrollieren vermag, erhöht seine Einflußchancen schon in administrativen Phasen des Gesetzgebungsprozesses. Wo nämlich Parlamentsausschüsse von einzelnen Interessen dominiert werden, ist die Verwaltung bestrebt, ihre Vorlagen durch vorherige Konsultation mit den betreffenden Interessengruppen verbandsfest zu machen, um einem späteren Scheitern vorzubeugen"[217].

Die Bedeutung der Ausschüsse wird auch bei einem einfachen Vergleich der Stundenzahl einer Wahlperiode im Plenum und der Ausschußsitzungszahl deutlich: So betrug die Gesamtsitzungszeit der 10. Wahlperiode im Plenung 1789 Stunden, während alleine 2431 Stunden Aus-

---

215 von der 6. Wahlperiode (1969-1972) bis zur 10. Wahlperiode (1983-1987) hat sich die Zahl der öffentlichen Anhörungen mehr als verdoppelt (von 80 auf 165). Besonders der Ausschuß für Arbeit und Sozialordnung hat zu dieser Entwicklung beigetragen (vgl. Schindler: "Datenhandbuch des Deutschen Bundestags", Bd. I, S. 603-616, und Bd. II, S. 586ff.).

216 vgl. v. Beyme: "Conceptualising and Measuring Links between Parties and Interest Organizations", S. 21, Florenz 1985

217 siehe Weber: "Die Interessengruppen im politischen System der Bundesrepublik Deutschland", S. 287, Stuttgart 1977

schußsitzungen in diesem Zeitraum durchgeführt wurden[218]. Daneben sind alle Abgeordneten in Ausschüssen tätig; die meisten von ihnen werden nur hier wirklich "eingesetzt", während sie im Plenum zum Zuhören und Abstimmen verurteilt sind[219]. An den Gesetzesberatungen im Plenum und in den Ausschüssen sind alle drei Institutionen in sämtlichen Phasen der Diskussion beteiligt; die Mitglieder des Bundesrats und der Bundesregierung besitzen jederzeit Rederecht. Über Abstimmungsgewalt verfügen jedoch nur die Mitglieder des jeweiligen Ausschusses, deren Zusammensetzung sich zwar unterscheidet, aber den Fraktionsstärken im Parlament entspricht.

Auf Beschluß des Ausschusses können öffentliche Informationssitzungen durchgeführt werden, zu denen nach Bedarf Interessenvertreter, Auskunftspersonen und Sachverständige eingeladen werden können.

Für die Operationalisierung der Kontrollmatrizen im Politikfeld "Arbeit" liegt daher folgende Vorgehensweise nahe: Neben der Initiativmatrix geht in die Kontrollberechnung eine Ausschußmatrix ein. Die politischen und entscheidungsbefugten Agenten sind hier die Mitglieder des Ausschusses für Arbeit und Sozialordnung. Die Entscheidungsgewalt, die ein politischer (kollektiver) Agent im Ausschuß innehat, entspricht seiner Zahl an Sitzen im Verhältnis zur Ausschußgesamtsitzzahl. Die Gestaltung der Ausschußmatrix kommt der Vorgehensweise zur Berechnung der Initiativmatrix gleich: Einem kollektiven Akteur kommt sein verhältnismäßiger Anteil (zeilennormiert) der Kontrolle über einen entscheidungsbefugten Agenten (Mitglieder des Ausschusses für Arbeit und Sozialordnung) zu.

Zusätzlich wird die Kontrolle über Auschußmitglieder mit dem Zugang aufgewertet, den die Akteure zu den politischen Agenten im Verlauf

---

218 siehe Schindler: "Datenhandbuch zur Geschichte des Deutschen Bundestags 1980 bis 1987", S. 435, 461, 1988

219 siehe Ellwein: "Das Regierungssystem der Bundesrepublik Deutschland", S.266

einer Ereignissequenz hatten. Dieser Zugang wurde einerseits unter Beachtung der institutionellen Regeln (alle Ländervertretungen und alle mit der Initiative befaßten Ministerien), andererseits durch die Teilnahme von Verbänden an öffentlichen Anhörungen, die im Rahmen eines Gesetzentwurfs durchgeführt wurden, ermittelt. Daher wurden in einem ersten Schritt alle Sitzungen des Ausschusses für Arbeit und Sozialordnung und drei weitere Auschußsitzungen (zwei öffentliche Haushaltsausschußsitzungen und eine öffentliche Rechtsausschußsitzung), die sich mit den 32 Gesetzesinitiativen des Politikfelds "Arbeit" befaßten, aufgenommen. Anschließend wurden die öffentlichen Ausschußsitzungen, die im Rahmen dieser Gesetzesinitiativen stattfanden, gekennzeichnet und die Interessengruppenvertreter, die an der jeweiligen Sitzung zu einer Initiative teilnahmen, herausgefiltert. Bei den Ländern und den Ministerien, die jederzeit Zugang zu den Ausschußsitzungen haben, wurden alle Auschußsitzungen, die eine der 32 Initiativen behandelten, berücksichtigt. War ein Ministerium, ein Ländervertreter oder eine Abteilung des Arbeitsministeriums bei einer oder mehreren Sitzungen des Ausschusses zu einer Initiative anwesend, so wurde ihm Zugang zu den Ausschußsitzungen bestätigt. Bei den Parteien und den Parteivereinigungen wird aus theoretischen Gründen davon ausgegangen, daß sie immer die Möglichkeit hatten, an den Sitzungen teilzunehmen.
Für die abschließende anteilige Kontrollbemessung eines Akteurs über einen politischen Agenten des Ausschusses wurde dessen Teilnahme mit den Antworten der Informationsmatrizen abgeglichen. War ein Akteur anwesend und wurde ihm von einem Agenten bescheinigt, im Besitz wichtiger Informationen zu sein, so wurde ihm der Kontrollanteil (Stimmenanteil) des Agenten im Access-Deployment-Modell (ADM) zugeteilt. Gab ein Agent an, wichtige Informationen zu einem Akteur zu senden, erhielt der Akteur im Access-Mobilization-Modell (AMM) diesen Kontrollanteil. Nannte der Agent allerdings mehrere Akteure, die ebenfalls bei der das Ereignis betreffenden Anhörung anwesend waren, so müssen sie sich in beiden Modellen diesen Kontrollanteil teilen.

Folglich umfaßt die Ausschuß-Zugangs-Matrix zunächst eine 126X32 Matrix, die den Zugang (Anwesenheit) über die Ereignisse abbildet. Wurde ein kollektiver Akteur zudem von einem politischen Agenten (Ausschußmitglied) als wichtiger Informationsgeber bzw. -sender benannt, so bekam er den entsprechenden Kontrollanteil. Zusammen mit der Ausschuß-Matrix ging die Ausschuß-Zugangs-Matrix zur Berechnung der Gesamtkontrolle in die Modelle ein.

Das Gesetzgebungsverfahren sieht vor, daß eine Initiative nach den Ausschußberatungen in den Bundestag zur Abstimmung eingebracht wird. Daher wird auch hier die Kontrolle über die vier Bundestagsfraktionen anhand der Informationsmatrizen berechnet. Die Kontrolle, die ein Akteur über die vier politischen Agenten (Bundestagsfraktionen) ausüben kann, entspricht einerseits dem Stimmenverhältnis, das die entsprechende Fraktion im Bundestag innehat. Andererseits muß er sich diesen Kontrollanteil mit anderen Akteuren teilen, die ebenfalls von der jeweiligen Fraktion als Sender (AMM) oder Empfänger (ADM) von wichtigen politischen Informationen genannt wurden.

Abschließend bleibt noch die Zustimmungsbedürftigkeit eines Gesetzes durch den Bundesrat. Trifft dies für eine Gesetzesinitiative zu, so geht auch eine Bundesrats-Zustimmungsbedürftigkeitsmatrix in die Betrachtung mit ein. Wiederum kontrolliert ein Akteur den Stimmenanteil einer Ländervertretung im Bundesrat, die ihn als wichtigen Informationsgeber im ADM oder -sender im AMM angab. Dieser Anteil verteilt sich ebenfalls auf alle anderen genannten Akteure.

Die "endgültige" Kontrolle, die ein Akteur über eine kollektive Entscheidung ausgeübt hat, berücksichtigt folglich in beiden Modellen einerseits den tatsächlichen institutionellen Verlauf, den eine Gesetzesinitiative bis zu einer Entscheidung nahm. Zum Beispiel gehen bei diesem Verfahren Initiativen, die von einer Ländervertretung kamen und vom Bundesrat direkt (Stellungnahme des Bundesrats) abgelehnt wurden (Ablehnung der Einbringung in den Bundestag), nur einmal in die Kontrollberechnung ein. Andererseits werden die akteurspezifischen Kontrollverflechtungen für jede Initiative separat abgebildet und die Stimmenverhältnisse der politischen Agenten bzw. deren anteilsmäßiger Verflechtung zu den Akteuren berücksichtigt[220]; es ergeben sich ereignisspezifische Kontrollvektoren, die für die Gesamtsystemanalyse zeilennormiert wurden. In Anlehnung an die Reduktion der Interessenmatrix auf 125 Akteure wurde die anteilsmäßige Kontrollzuweisung durchgeführt[221]. Allgemein gilt:

$$C_{ij} = C_{1ij} + C_{2ij} + C_{3ij} + C_{4ij} + C_{5ij}$$

$$C_{ij} = \sum_{t=1}^{5} C_{tij}$$

$$\sum_{j=1}^{126} C_{ij} = 1.0$$

Die Kontrollmatrix setzt sich mit dem Zeit- oder Prozeßindex t aus den Kontrollphasen zusammen, die eine Initiative im Gesetzgebungsverfahren tatsächlich zu durchlaufen hatte.

---

220 Bei der Berechnung der Gesamtkontrolle wurde keine Gewichtung der Matrizen vorgenommen. Dies entspricht dem im Untersuchungszeitraum von 1983 bis Mitte 1988 vorgefundenen Prinzip der einfachen Mehrheit (Mehrheit der Regierungskoalition im Bundestag und Bundesrat). Für den Fall der doppelten Mehrheit (unterschiedliche Bundestags- und Bundesratsmehrheiten) müßte die Einberufung des Vermittlungsausschusses - und dessen Besetzung - als weiteres Merkmal des Gesetzgebungsverfahrens mit in die Operationalisierung eingehen.

221 Wie schon zuvor erwähnt, gaben 125 der 126 befragten Akteure an, befürwortend oder ablehnend an den 32 Ereignissen des Politikfelds "Arbeit" interessiert gewesen zu sein. Aus der Kontrollberechnung des RDS ergab sich, daß neun Akteure keine Kontrollressourcen besaßen. Damit umfaßte sowohl die Kontroll- als auch die Interessenmatrix 115 Akteure und 32 Ereignisse.
Bei der Umsetzung des RMS fielen vier Organisationen (122 X 32) heraus.

Im AMM erhalten Akteure Kontrollanteile, denen Agenten wichtige Informationen senden. Es wird also davon ausgegangen, daß Agenten Akteurressourcen mobilisieren, indem sie Akteuren wichtige Informationen bereitstellen:

$$C = SC$$

wobei S sich auf die Agent/Akteur-Verflechtungen beim Informationssenden der Agenten bezieht.

Im ADM wird Kontrolle über das Empfangen von wichtigen Informationen aus der Sicht der Agenten operationalisiert; Agenten werden von Akteuren kontrolliert, da sie auf wichtige Akteurinformationen in den einzelnen Stadien des Gesetzgebungsverfahrens zurückgreifen müssen:

$$C = EC$$

E resultiert aus den Verflechtungen beim Empfangen von arbeitspolitischen Informationen.

2.2 Die Macht der Akteure und die Preise der Ereignisse

Mit diesen Kontrollmatrizen C und der zuvor erwähnten Interessenmatrix X kann die Interessenverflechtungsmatrix Z erstellt und anschließend das Preisgleichgewicht und die Macht der Akteure herausgearbeitet werden, die aus dem Tauschgleichgewicht resultiert. Doch zunächst gilt für die Interessenverflechtungsmatrix Z[222]:

$$Z_{jl} = X_{ji}\, C_{ij} \quad \text{oder} \quad Z = XC \quad \text{bzw.} \quad Z = XSC \quad \text{und} \quad Z = XEC$$

Z ist also eine quadratische Matrix der Abhängigkeiten zwischen den Akteuren. Da X und C zeilennormiert sind, ergibt sich auch:

---

222 Akteur j hängt bei seiner Interessenrealisierung in dem Maße von Akteur k ab, wie er sich für Ereignisse interessiert, die von Akteur k kontrolliert werden. Daraus folgt, daß die Interessenverflechtungsmatrix Z ein Produkt von X mal C ist und Z wie X und C zeilenstochastisch ist.

$$\sum_{i}^{n} Z_{ji} = 1.0$$

Im Coleman-Modell bedeutet Macht die Verfügung über verwertbare Kontrollressourcen und leitet sich aus dem Kontrollbesitz der Akteure und dem Preisgleichgewicht für Ereigniskontrolle her. Genauso kann aber die Macht der Akteure im System direkt mit der Interessenverflechtungsmatrix Z berechnet werden. Ein Akteur ist umso einflußreicher, je mehr mächtige Akteure von ihm abhängen (p = pZ). Der Zeilenvektor der Macht im Gleichgewicht ist damit der linke Eigenvektor der Interessenverflechtungsmatrix Z mit dem Eigenwert 1.0[223]:

$$\sum_{j} P_j = 1.0$$

Die p-Werte der Interessenverflechtungsmatrix Z führen folgende zwanzig Organisationen als die einflußreichsten der insgesamt 115 ADM- und der 122 AMM-Akteure auf:

223 Ähnliche Vorgehensweisen findet man bei der Berechnung von soziometrischen Status bei Hubbell: "An input-output approach to clique identification", Sociometry 28, 1965 oder bei Katz: "A new status index derived from sociometric analysis", Psychometrica 18, 1953. Hier ersetzt die Verflechtungsmatrix die Soziomatrix; Status bedeutet Macht.

Tabelle 18: die 20 einflußreichsten AMM- und ADM-Akteure

Rangfolge	p-AMM	Rangfolge	p-ADM
1. CDU/CSU/FDP	.0384	1. CDU/CSU/FDP-BT	.0320
2. FDP-BV	.0316	2. SPD-BT	.0239
3. FDP-AS	.0281	3. DGB	.0231
4. LVBerlin	.0294	4. LVRheinl.-Pf.	.0228
5. BMA ABT II	.0265	5. FDP-BV	.0221
6. BMBW	.0247	6. BMWI	.0203
7. BDI	.0238	7. BMA	.0193
8. LVReinl.-Pf.	.0231	8. BMBW	.0186
9. AOK-BV	.0220	9. FDP-AS	.0182
10. LVHessen	.0208	10. SPD-AS	.0182
11. SPD-BT	.0204	11. BMA ABT II	.0182
12. CDU-AS	.0185	12. BMA ABT I	.0178
13. DGB	.0180	13. BDI	.0177
14. DAG	.0160	14. BDA	.0177
15. BMI	.0159	15. DBJRW	.0175
16. BMA	.0156	16. BAGFW	.0175
17. SPD-AS	.0155	17. KDB	.0174
18. BMA ABT I	.0153	18. HDE	.0173
19. LVBayern	.0132	19. BMJ	.0171
20. LVNieders.	.0118	20. AOK-BV	.0158

Der aus der Z-Matrix abgeleitete Einfluß gibt für jeden einzelnen Akteur an, wieviel Einfluß er im Gesamtsystem innehat:

$$p_j = p_j Z_{ij} \quad \text{und} \quad \Sigma P_j = 1.0$$

Pj ist demnach der "Anteil am Gesamtinteresse im System, der von Akteur j kontrolliert wird"[224].

Bei einem Vergleich der aus den Interessenverflechtungsmatrizen gewonnen Einflußwerte werden große Unterschiede erkennbar. Die CDU/CSU/FDP-Koalition, die in beiden Modellen als die einflußreichste Organisation ausgewiesen wird, nimmt eine dominantere Position im AMM, das zudem mit insgesamt 16 von zwanzig möglichen Organisationen politische Akteure favorisiert (ADM 12 von 20), ein[225]. Während im ADM nur Rheinland-Pfalz unter den zwanzig einflußreichsten Organisationen vertreten ist, hebt das AMM mit fünf Ländervertretungen das föderative Element der Arbeitspolitik hervor. Bevor jedoch einige Schlußfolgerungen aus der unterschiedlichen Verteilung und Zusammensetzung der zwanzig einflußreichsten Organisationen erfolgen, soll noch einmal kurz auf die Implikationen der Modelle eingegangen werden.

Die p-Werte beziehen sich erstens auf die Angaben der politischen Agenten, die im Policy-Prozeß Entscheidungsgewalt ausüben. Hier werden die anteilsmäßigen Abhängigkeiten der formalen Entscheidungsinhaber aufgeführt, die im ADM über ein Empfänger-Sender- und im AMM über ein Sender-Empfänger-Kommunikationsmodell operationalisiert wurden. Politische Agenten werden im ADM von Akteuren kontrolliert, die von ihnen als relevante politische Informationsgeber bezeichnet wurden. Im AMM hängen sie von den Akteuren ab, denen sie wichtige arbeitspolitische Informationen sandten. Die Umsetzung wurde in Anlehnung an die direkten Kontrollverhältnisse der Agenten vorgenommen.

---

224 siehe Pappi/Kappelhoff: "Abhängigkeit, Tausch und kollektive Entscheidung in einer Gemeindeelite", Zeitschrift für Soziologie 13, S. 99, 1984

225 Die Werte für die CDU/CSU- und die FDP-Bundestagsfraktionen wurden zusammengefaßt, da beide Organisationen gemeinsam ihre Vorstellungen einbringen bzw. über die Koalitionsbildung auch zusammen Kontrolle ausüben.

Zweitens richten sich die p-Werte auch an der Interessenverteilung aus und geben Aufschluß über den Kontrollanteil eines Akteurs, den er über das Gesamtsysteminteresse ausübt. Damit setzt sich der p-Einflußwert eines Akteurs sowohl aus der Gesamtinteressenverteilung als auch aus seiner Relevanz, die ihm von den formalen Entscheidungsträgern als Kommunikationssender bzw. -empfänger beigemessen wurde, zusammen. Inhaltlich verfügen Akteure im AMM über soviel Macht, wie ihnen Informationen von den formalen Entscheidungsträgern bereitgestellt werden. Danach kooperieren fast ausschließlich politische Akteure untereinander und senden sich gegenseitig Informationen, die den Einfluß einer Organisation definieren. Lediglich vier Organisationen, die keine formale institutionelle Einbindung im Policy-Prozeß erfahren, können sich unter den zwanzig einflußreichsten AMM-Akteuren etablieren (BDI, AOK-BV, DGB, DAG). Das AMM impliziert aber auch diese "politikautarke" Sichtweise, denn das Senden von Informationen setzt das Vorliegen eines arbeitspolitischen Problems voraus, das von den politischen Amtsinhabern erkannt wurde und nun auf die Tagesordnung gelangt. Daher werden mit der AMM-Einflußverteilung Modalitäten des Entscheidungsfindungsprozesses nach der Problemgenerierung erkennbar. Die Regierungsfraktionen, Ausschußmitglieder, Ministerien, Ländervertretungen und einige private Spitzenorganisationen erhalten von den formalen Entscheidungsträgern in den einzelnen Phasen des Gesetzgebungsverfahrens wichtige Hinweise auf Probleme und Lösungsvorschläge, die ihnen zu hohen Kontrollanteilen an den arbeitspolitischen Gesamtsysteminteressen verhelfen. Insbesondere die Länderwerte lassen vermuten, daß es sich beim AMM eher um ein politisches Abstimmungsmodell handelt, das die föderativen Elemente der Bundespolitik unterstreicht. Dies wird in Schaubild 4 ersichtlich:

Schaubild 4: Lorenzkurve der Machtkonzentration - Gini: AMM 0.414
ADM 0.429

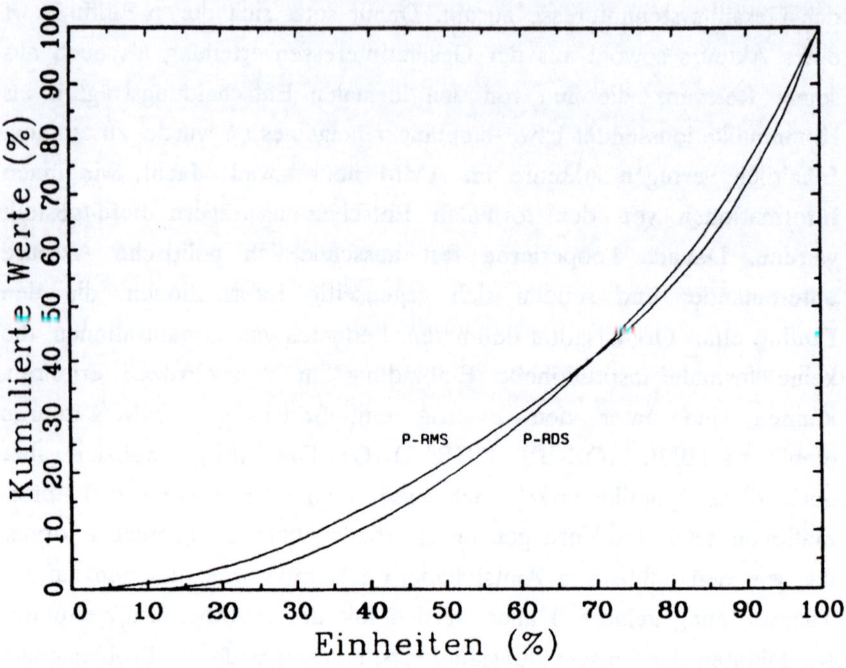

Für einen Vergleich der Machtkonzentration der beiden Modelle über alle 115 bzw. 122 Organisationen wurde in Schaubild 4 eine Lorenzkurve berechnet. Hier werden die prozentualen Anteile der p-Werte auf der y-Achse und der Organisationen auf der x-Achse eingetragen. Eine stark nach unten durchgebogene Kurve weist auf eine hohe Machtkonzentration bei wenigen Organisationen hin. Das für diese Lorenzkurven ermittelte Gini-Maß gibt zusätzlich Aufschluß über die Machtzusammensetzung: Eine hohe Konzentration liegt nahe bei eins, eine Gleichverteilung bei null[226]. Die Verteilungsungleichheiten resultieren in erster Linie aus der unterschiedlichen Systemanzahl von Organisationen in beiden Modellen; die Gini-Werte sollten auch aufgrund der Überschneidung der beiden Kurven zur Beurteilung nicht herangezogen werden.
An der Spitze findet sich eine höhere Machtkonzentration beim AMM als beim ADM, was die Vorherrschaft der politischen AMM-Akteure verdeutlicht. Im Gegensatz dazu stellen sich die Machtverhältnisse im ADM "pluralistischer" dar: Es kommen mehr private Organisationen zum Zuge, und auch die Oppositionsparteien nehmen einen höheren Stellenwert ein, als dies beim AMM der Fall ist. Zudem entspricht das ADM inhaltlich der Beobachtung, daß Gesetzgebungsanlässe der politischen Entscheidungsträger in den meisten Fällen auf Anstöße von außen zurückgeführt werden können. Arbeitspolitische Defizite werden folglich an die Entscheidungsträger herangetragen und anschließend in das Gesetzgebungsverfahren eingebracht. Auch die Erfahrungen und möglichen Auswirkungen werden im Verlauf der Gesetzesformulierung

---

226 Schwarz/Winship führen aus, daß der Gini-Index ein brauchbares Maß zum Vergleich zweier Populationen ist, wenn sich die beiden Lorenzkurven nicht überschneiden (vgl. Schwarz/Winship: "Welfare approach to measuring inequality", in: Schuessler (Hrsg.), Sociology Methodology, S. 1-36, San Francisco 1980).
Die beiden Lorenzkurven für die ADM- und AMM-Machtverteilung schneiden sich bei ca 35% und belegen, daß die relative Ungleichheit der beiden Verteilungen in dem unteren Drittel anders als an der Spitze ausfällt.

von den betroffenen Organisationen an die formalen Entscheidungsträger weitergereicht. Dies erklärt auch den vergleichsweise hohen Einflußwert der SPD-Bundestagsfraktion, die trotz ihrer parlamentarischen Minderheit mit sieben von insgesamt 32 relevanten Einbringungen eine sehr aktive Arbeitspolitik betrieben hat. Für das ADM spricht aber auch die in der Geschäftsordnung des Deutschen Bundestages festgehaltene Begründung für die Zulassung von Öffentlichen Anhörungen. Entscheidungsträger (Abgeordnete) sollen mit den Stellungnahmen von privaten Organisationen eine bessere Einsicht in die Auswirkungen einer Initiative erhalten und stehen folgerichtig im ADM in Abhängigkeit zu den Akteursinformationen, die sie selbst als relevant einschätzen. Aus diesen inhaltlichen Gründen müßte bei der Untersuchung des Entscheidungsfindungsprozesses dem ADM der Vorzug eingeräumt werden. Allerdings sollte vor einer abschließenden Beurteilung auf die Ereignisresultate eingegangen werden, die sich aus beiden Modellen ergeben.

Nach demselben Verfahren, das zur Berechnung der Interessenverflechtungsmatrix Z angewandt wurde, können unter den Bedingungen des Modells die Preise der Ereignisse ermittelt werden:

$$v_i = \sum_{k=1}^{m} V_k \left[\sum_{j=1}^{n} C_{kj} X_{ji} \right]$$

Das Preisgleichgewicht resultiert aus dem Angebot, der Nachfrage und der Annahme der proportionale Ressourcenallokation. Zunächst folgt aus

$$W_{ik} = \sum_{j=1}^{m} C_{ij} X_{jk} \qquad \text{oder} \qquad W = CX.$$

Die Kontrollverflechtungsmatrix W drückt aus, wie die Ereignisse im System miteinander verbunden sind. Der linke Eigenvektor v_i von W gibt den Preis eines Ereignisses im Gesamtsystem an. Die 32 arbeitspolitischen Ereignisse erzielten folgende Preise:

Tabelle 19: Preise der Ereignisse im AMM und ADM

Platz		Initiator	v-AMM	v-ADM	Platz
1.	Beschäftigungsförderung	BReg	.0919	.0858	1.
2.	Haushaltsbegleitgesetz 84	BReg	.0852	.0852	2.
3.	Trümmerfrauen-Babyjahr	SPD	.0622	.0627	3.
4.	Zulassung zum Kassenarzt	NRW/Bre/Sa	.0548	.0483	7.
5.	Vorruhestand	BReg	.0535	.0550	4.
6.	Neutralität BA	BReg	.0496	.0510	5.
7.	Änderung AFG 87	CDU/CSU/FDP	.0451	.0483	6.
8.	Beamtennebentätigkeit	CDU/CSU/FDP	.0414	.0185	22.
9.	Anspruch Arbeitslosengeld	CDU/CSU/FDP	.0401	.0454	8.
10.	Änderung AFG 85	CDU/CSU/FDP	.0354	.0377	9.
11.	Jugendarbeitsschutz	RP/SH	.0340	.0288	16.
12.	Sprecheraussschüsse	CDU/CSU/FDP	.0332	.0323	13.
13.	Schwerbehindertengesetz	BReg	.0322	.0342	11.
14.	Montan-Mitbestimmung	BReg	.0297	.0319	14.
15.	Gesamtsozialversicherung	BReg	.0292	.0315	15.
16.	Rückkehr Ausländer	BReg	.0290	.0349	10.
17.	Vermögensbeteiligung	BReg	.0268	.0330	12.
18.	Gleichbehandlung Mann/Frau	SPD	.0263	.0280	17.
19.	Jugend- und Auszubildende	CDU/CSU/FDP	.0231	.0237	18.
20.	Montan-Mitbestimmung	SPD	.0201	.0218	20.
21.	Überbetriebliche Ausbildung	BReg	.0199	.0174	23.
22.	Zuständigkeit Arbeitsgericht	Ber/He	.0179	.0139	26.
23.	Arbeitszeitgesetz	SPD	.0170	.0213	21.
24.	Betriebliche Mitbestimmung	SPD	.0168	.0223	19.
25.	Agrarsoziale Ergänzung	BReg	.0149	.0123	27.
26.	Aussperrungsverbot	GRÜNEN	.0122	.0144	24.
27.	Schutz Teilzeitbeschäftigter	SPD	.0121	.0142	25.
28.	Sozialplan bei Konkurs	SPD	.0114	.0107	28.
29.	Einschränkung Leiharbeit	NRW/He	.0114	.0110	29.
30.	Entlastung Landwirte	BReg	.0090	.0090	31.
31.	Wirtschaftskriminalität	He	.0080	.0090	30.
32.	Überstundenabbau	GRÜNEN	.0060	.0075	32.

Obwohl sich die Bundesregierung mit der Agrarsozialpolitik einige arbeitspolitische "Nebenschauplätze" leistete, erzielten die von ihr eingebrachten Initiativen in beiden Modellen die durchschnittlich höchsten Preise. Mit ihren zwölf Einbringungen kommt sie auch in der Arbeitspolitik ihrer verfassungsrechtlichen Stellung als "Aktivposten" in der Gesetzgebung nach und erreicht Durchschnittspreise von .0396 im AMM und .0401 im ADM. Die mit Abstand "teuersten" arbeitspolitischen Regierungsinitiativen lagen zeitlich mit dem Beschäftigungsförde-

rungsgesetz 1985 und dem Haushaltsbegleitgesetz von 1984, das nicht unter der Federführung des Arbeit- und Sozialausschusses behandelt wurde, kurz nach dem Regierungswechsel von 1982/83.
Beide Gesetzentwürfe können als Ereigniskomplexe aufgefaßt werden, da sie nicht ein spezifisches Gesetz formulierten, sondern eine Reihe von Änderungen aus den Bereichen der Arbeitsförderung, der Betriebsverfassung, des Kündigungsschutzes etc. vornahmen. Ihr hoher Preis, ihre zeitliche Nähe zum Regierungswechsel und ihre thematische Tragweite lassen darauf schließen, daß die Regierung mit diesen Entwürfen ihre neuen arbeitspolitischen Ziele verdeutlichen wollte.
Für die agrarpolitischen Vorlagen stellt sich die Frage, warum sie die Bundesregierung in der Arbeitspolitik einbrachte. Tabelle 16 zeigte mit der Auflistung der Befürworter und Gegner der einzelnen Initiativen, daß agrarpolitischen Vorstellung der Bundesregierung im Politikfeld "Arbeit" keine Gegnerschaft hervorriefen und womöglich eine problemlose Verabschiedung garantieren.
Bei dem in beiden Modellen drittplazierten Trümmerfrauen-Babyjahr-Gesetzentwurf der SPD-Bundestagsfraktion sollte noch angemerkt werden, daß die Bundesregierung zum selben Zeitpunkt ein gleichnamiges Vorhaben einbrachte und verabschiedete, wovon der Wert der SPD-Initiative sicherlich positiv beeinflußt worden ist. Dennoch erreichten die sieben Initiativen der SPD-Fraktionen mit .0249 im AMM und .0258 im ADM geringere Durchschnittspreise wie die sechs CDU/CSU/FDP-Einbringungen (AMM: .0358, ADM: .0342), deren Hauptaktivitäten zeitlich in der Mitte der 10. Wahlperiode lagen.
Die fünf Länderinitiativen liegen mit .0252 (AMM) und .0225 (ADM) nahe an den SPD-Mittelwerten, während die beiden Gesetzesaktivitäten der GRÜNEN mit durchschnittlich .0109 und .0091 am günstigsten gehandelt wurden.
Die Preisunterschiede der beiden Modelle fallen äußerst gering aus; die Preisreihenfolge ist fast identisch, und nur eine Initiative, das Beamten-

nebentätigkeitsgesetz, weist größere Preisdifferenzen auf. Dieses Ergebnis ist in Anbetracht der unterschiedlichen Einflußverteilung in beiden Modellen umso erstaunlicher. Während die p-Werte des AMM 16 politische Akteure als die einflußreichsten Organisationen aufführten, waren im ADM acht private Organisationen unter den ersten zwanzig vertreten. Zudem ließen die p-Werte des AMM auf eine vergleichsweise hierarchische Einflußstruktur schließen. Im geschlossenen System ergeben sich also die Preisähnlichkeiten bei unterschiedlicher Kontrollverteilung aus der Interessenausrichtung der Organisationen an den 32 Ereignissen, die die Kontrolldifferenzen beider Modelle nivelliert. Organisationen richten sich in der Arbeitspolitik an ihrer tatsächlichen Interessenrealisierung aus und verfolgen keine reinen Machtgewinnstrategien. Mit diesen Ergebnissen werden die Modellannahmen bestätigt.

2.3 Der Entscheidungsausgang vor dem Hintergrund ökonomischen Tauschs

Die zumeist an den Bundestagsmehrheitsverhältnissen ausgerichteten Interessen bzw. Preise lassen aber auch eine zunächst trivial erscheinende Schlußfolgerung über das Akteurverhalten zu, die weitreichende Konsequenzen für das Tauschmodell hat: Relevante Organisationen interessieren sich stärker für Einbringungen, die aufgrund der politischen Mehrheitsverhältnisse eine Realisierungschance haben.

Die Konsequenzen für das Tauschmodell ergeben sich aus der Nachfrage C^*_{ij} eines Akteurs j nach Kontrolle über ein Ereignis i. Die Nachfrage eines Akteurs nach Kontrolle verläuft proportional zu seinem Interesse und zum Preis des Ereignisses (X_{ji} / v_i). Es wird also dort nachgefragt, wo der Preis für Kontrolle niedrig und die Interessen hoch sind, indem die Einflußmittel P_j proportional zu diesem Verhältnis auf die Ereignisse verteilt werden:

$$p_j = \sum_{i=1}^{m} V_i C_{ij} \qquad \text{oder } p = vC$$

Die Formulierung für die zentrale Nachfragegleichung C^*_{ij} erfolgt über

$$C^*_{ij} = X_{ji} / v_i * P_j.$$

Danach ergibt sich eine bewertete Gesamtnachfrage N_i an Kontrolle für Ereignis i

$$N_i = \sum_{j=1}^{n} V_i C^*_{ij} \qquad \text{bzw. } N = pX = vCX$$

oder

$$N_i = \sum_{j=1}^{n} P_j X_{ji} = \sum_{k=1}^{m} V_k \left[\sum_{j=1}^{n} C_{kj} X_{ji} \right]$$

oder

$$N = pX = vCX.$$

Die Gesamtnachfrage folgt aus den Interessen nachfragemächtiger, d.h. mit Kontrolle als der "Währung des Systems" ausgestatteter Akteure[227]. Das bewertete Gesamtangebot resultiert aus

$$A_i = \sum_{j=1}^{n} V_i C_{ji} = V_i \qquad \text{oder } A = v,$$

wobei sich bei der oben genannten Annahme eines Marktgleichgewichts Angebot und Nachfrage entsprechen:

$$v_i = \sum_{k=1}^{m} V_k \left[\sum_{j=1}^{n} C_{kj} X_{ji} \right] \qquad \text{oder } v = pX = vCX.$$

Eine Analogie mit v als linkem Eigenvektor zu W besteht zunächst zu p als linkem Eigenvektor zu Z. Daß dem Gleichgewicht auf dem Kontrollmarkt ein Gleichgewicht auf dem Einflußmarkt entspricht, macht das duale Konzept des Modells mit dem Einfluß der Akteure und dem Wert der Ereignisse deutlich.

Die oben genannten Konsequenzen für das Tauschmodell werden schon

227 siehe Pappi/Kappelhoff: "Abhängigkeit, Tausch und kollektive Entscheidung in einer Gemeindeelite", Zeitschrift für Soziologie 13, S. 102, 1984

in Tabelle 16 angedeutet. Oppositionsvorlagen und Regierungseinbringungen weisen ein gleiches Verhältnis von Gegnern und Befürwortern auf.

Faßt man die Einbringungen der CDU/CSU/FDP-Koalition und der Regierung zusammen, so riefen sie, ebenso wie die Initiativen der SPD-Fraktion, doppelt soviele Befürworter wie Gegner hervor. Nur die Ländereinbringungen und die Gesetzentwürfe der GRÜNEN erzielten genausoviel Befürwortung wie Widerspruch bei den befragten Akteuren. Da zudem Oppositionsinitiativen einen niedrigen Preis erzielten, können ihre Befürworter im Modell relativ preisgünstig benötigte Kontrolle erwerben; für fast alle Ereignisse wird dann ein positiver Ausgang vorhergesagt werden.

Bei dieser Ausgangslage erübrigt sich eine detaillierte Auflistung von Angebots- und Nachfrageüberschüssen der Organisationen an den einzelnen Ereignissen[228]. Vielmehr kann direkt auf die Prognose für den Entscheidungsausgang eingegangen werden.

Die Richtung der Interessen (dafür/dagegen) wird zuvor aus der Interessenmatrix X in die Y-Matrix (Vorzeichenmatrix) übernommen.

Während X und C Aufschluß über die Interesse- und Kontrollverteilung vor dem Tausch geben, gibt C* an, wieviel Kontrolle Akteur j nach dem Tausch über Ereignis i in Relation zu seinem Interesse und zu dem Preis für Ereignis i erworben hat.

Nach diesem Konzept kann anschließend mit der Hinzunahme der Y-Matrix die Richtung (befürwortend / ablehnend) der Kontrollverteilung nach dem Tausch bestimmt werden; in die C^*_{ij}-Matrix wird mit der Y-

---

228 Die effektive Nachfrage eines Akteurs j an einem Ereignis i mit dem Preis v_i hängt von seinem Einfluß p_j ab, den er über i ausübt. Danach gilt

$$d_{ji} = p_j x_{ji} - v_i c_{ij},$$

wobei D die Matrix der disaggregierten Nachfrage und Angebots der bewerteten Kontrolle ist. Ein positives d_{ji} weist darauf hin, wieviel Nachfrageüberschuß Akteur j an Ereignis i hat; ein negatives d_{ji} bezeichnet seinen Angebotsüberschuß.

Matrix eingetragen, in welche Richtung die Einflußausübung geht[229]. Die endgültige Prognose für den Entscheidungsausgang wird über die Aufsummierung von i aus $C^*_{ij} = X_{ji} * p_j / v_i$ berechnet.

Weisen die Summen von i positive Werte aus, so ist von der Verabschiedung einer Gesetzesinitiative auszugehen; negative Werte prognostizieren das Scheitern einer Vorlage.

Für die 32 Ereignisse zeichnet sich folgender Ausgang nach dem AMM und dem ADM ab:

229 Nach ihren Interesseangaben für die Einzelereignisse sollten die befragten Organisationsvertreter ihre Position (dafür, dagegen) nennen.

Tabelle 20: Prognostizierter Entscheidungsausgang nach dem AMM und ADM

Platz	Initiator	AMM	ADM	Platz
1. Agrarsoziale Ergänzung	BReg	.996	1.000	1.
2. Entlastung der Landwirte	BReg	.995	1.000	2.
3. Überbetriebliche Ausbildung	BReg	.995	.999	3.
4. Anspruch Arbeitslosengeld	CDU/CSU/FDP	.905	.892	4.
5. Gesamtsozialversicherung	BReg	.863	.867	5.
6. Vermögensbeteiligungsgesetz	BReg	.840	.860	6.
7. Rückkehrbereitschaft Ausländer	BReg	.773	.740	7.
8. Jugend- und Auszubildende	CDU/CSU/FDP	.639	.527	11.
9. Schutz Teilzeitbeschäftigter	SPD	.618	.555	9.
10. Schwerbehindertengesetz	BReg	.578	.551	10.
11. Trümmerfrauen-Babyjahrgesetz	SPD	.531	.275	20.
12. Änderung AFG 85	CDU/CSU/FDP	.496	.597	8.
13. Betriebliche Mitbestimmung	SPD	.495	.416	18.
14. Bekämpf. Wirtschaftskriminalität	He	.483	.497	12.
15. Vorruhestandsgeld	BReg	.482	.486	14.
16. Gleichbehandlung Mann/Frau	SPD	.439	.488	13.
17. Sprecherausschüsse	CDU/CSU/FDP	.414	.195	26.
18. Neutralität der BA	BReg	.413	.318	19
19. Überstundenabbau	GRÜNEN	.384	.206	24.
20. Montan-Mitbestimmung	SPD	.356	.324	18.
21. Sozialplan bei Konkurs	SPD	.353	.202	25.
22. Beschäftigungsförderung	BReg	.333	.170	27.
23. Montan-Mitbestimmung	BReg	.294	.416	16.
24. Arbeitszeitgesetz	SPD	.137	.232	23.
25. Aussperrungsverbot	GRÜNEN	.128	.131	28.
26. Änderung AFG 87	CDU/CSU/FDP	.115	-.017	29.
27. Jugendarbeitsschutz	RP/SH	.068	.350	17.
28. Einschränkung der Leiharbeit	NRW/He	.053	.274	21.
29. Haushaltsbegleitgesetz 84	BReg	-.172	-.205	31.
30. Zulassung Kassenarzt	NRW/Bre/Sa	-.308	-.123	30.
31. Schwerbehindertengesetz	BReg	-.367	.551	10.
32. Zuständigkeit Arbeitsgericht	Ber/SH	-.667	-.707	32.

Wie schon aufgrund der geringen Anzahl der Gegnerschaft zu vermuten war, wird im Modell für fast alle Ereignisse ein positiver Ausgang prognostiziert. Korrekt vorausgesagt wurde mit beiden Modellen der Ausgang von 19 Entscheidungen. Aber auch die meisten Oppositions- und Länderinitiativen müßten nach den Modellprognosen als Gesetz verabschiedet worden sein. Die große Befürworterschaft und das Desinteresse der Regierungsparteien versetzte die Opposition in die

Lage, preisgünstig Kontrolle über ihre Einbringungen in den Modellen zu erwerben und somit eine Verabschiedung zu garantieren.

Das AMM unterstützt noch stärker diese Tendenz und weist für sechs der sieben SPD-Einbringungen höhere positive Werte als das ADM auf. Auch der AMM-Wert der GRÜNEN-Initiative "Überstundenabbau" läßt mit .384 gegenüber .206 im ADM auf eine problemlose Verankerung schließen. Von den negativ vorausgesagten Entscheidungen fielen im AMM zwei und im ADM eine positiv aus.

Einerseits lassen diese Resultate die Schlußfolgerung zu, daß der Entscheidungsfindungsprozeß im Politikfeld "Arbeit" mit einem rationalen Entscheidungsmodell nicht abgebildet werden kann, das zudem Tauschmöglichkeiten über zwei Legislaturperioden hinweg unterstellt. Andererseits stellt sich in diesem Zusammenhang die Frage, inwieweit Präferenzen von Organisationen für Ereignisse, deren Ausgang zum Befragungszeitpunkt bekannt war, in einer Befragung erhoben werden können. Organisationen und ihre in der Regel festangestellten Politikakteure stehen in erster Linie unter Aufsicht ihrer Mitglieder, deren Interessen sie erfolgreich in die Politik einbringen sollen. Die Bedingungen für Erfolg oder Mißerfolg dieser Interessenrealisierung werden zunächst von den parlamentarischen Mehrheitsverhältnissen vorgegeben, an denen sich auch primär die Aktivitäten der Organisationen orientieren. Oppositionsinitiativen reduzieren sich auf die Präsentation anderer Problemlösungsmöglichkeiten, die ihre arbeitspolitische Kompetenz unterstreichen und möglicherweise ihre Politiklinie für die nächste Legislaturperiode verdeutlichen sollen. Auf diesem Wege werden Koalitionspartner gesucht, mit deren Hilfe eine erfolgversprechendere Politik zukünftig gestaltet werden kann. Die geringe Gegnerschaft an Oppositionseinbringungen zeigt aber auch die Doppeldeutigkeit von Erfolg auf. Die Ablehnung einer SPD-, GRÜNEN-, aber auch Ländereinbringung wird den Bundestags-Koalitionsparteien zugeschrieben, die teilweise noch nicht einmal Interesse für diese Initiativen aufbrachten bzw. hier große Kontroll-Angebotsüberschüsse im Modell hatten.

Aus Sicht der arbeitspolitischen Organisationen wird das Interesse bzw. die Beteiligung an diesen Initiativen als nicht rentabel eingestuft. Verlierer wären somit nicht nur die Befürworter, sondern auch die außerparlamentarischen Gegner von Oppositionseinbringungen, denen Verschwendung von Kontrollressourcen vorgeworfen werden könnte.
Im Gegensatz zu den Oppositionsresultaten verdienen die Modellergebnisse für die Regierungseinbringungen, einschließlich der Initiativen der CDU/CSU/FDP-Koalitionsfraktion, eine genauere Betrachtung. Hier werden konkret Interessen berührt, und ihre Ausgangswerte lassen Schlußfolgerungen über die Umstrittenheit und den Widerstand zu, der bei der Verabschiedungen der Vorlagen bestand.
Nach der eingangs aufgeführten Policy-Typologie schichtet eine redistributive Policy Ressourcen nach dem Kosten-Nutzen-Prinzip um. Eine Policy mit distributiver Form verursacht hingegen keine Umverteilungskosten und der Policy-Prozeß zeichnet sich durch eine hohe Konfliktlösungskapazität aus. Auf die Koalitionseinbringungen übertragen lassen hohe positive Modellwerte auf geringe Umverteilungskosten, negative Werte auf großen Widerstand der Gegnerschaft schließen.
Danach kann den ersten sieben Initiativen, die nach beiden Modellwerten am eindeutigsten verabschiedet wurden, ein distributiver Charakter nachgesagt werden. Von der agrarsozialen Ergänzung bis zur Förderung der Rückkehrbereitschaft von Ausländern wurden ausschließlich Gesetze durchgeführt, die keine Umverteilungskosten aus der Sicht der arbeitspolitisch relevanten Organisationen implizierten. Auch die Änderungen des Schwerbehindertengesetzes und des Arbeitsförderungsgesetzes im Jahr 1985 verursachten nach dem ADM kaum Widerstand und können als kostenneutral für die Arbeitspolitik angesehen werden.
Besonders heftig umkämpft waren offensichtlich das Haushaltsbegleitgesetz, die 1987 durchgeführte achte Änderung des Arbeitsförderungsgesetzes und das Beschäftigungsförderungsgesetz von 1985. Das Haushalts-

begleitgesetz wurde jedoch nicht unter der Federführung des Arbeits- und Sozialausschusses behandelt. Der in beiden Modellen bestätigte negative Entscheidungsausgang könnte politikfeldtypische Besonderheiten dokumentieren, wie sie auch bei den agrarpolitischen Vorlagen anzutreffen waren.

Daβ ausgerechnet die Werte für die Ereigniskomplexe "Haushaltsbegleitgesetz" und "Beschäftigungsförderungsgesetz" knapp ausfallen, legt die Vermutung nahe, daβ nicht die parlamentarische Verabschiedung als solche umkämpft war, sondern die inhaltlichen Streitfragen, die in den Gesetzen behandelt wurden. Für diese These sprechen auch die mit Abstand höchsten Preise der beiden Regierungsvorlagen. Nach dem Motto "Viele Themen berühren viele Interessen" steigen die Preise. Damit stellt sich die Frage nach der Interdependenzebene als Voraussetzung von Interaktion. Rationaler Tausch könnte über einzelne Streitfragen eines Gesetzes erfolgen und sich nicht über Ereignisse eines gesamten Politikfelds vollziehen. Diese Fragestellung wird im folgenden Abschnitt behandelt. Am Beispiel der teuersten Initiative, dem Beschäftigungsförderungsgesetz 1985, wird zu zeigen sein, in welcher Phase des Gesetzgebungsverfahrens Einfluβ auf den Entscheidungsfindungskomplex stattgefunden hat. Mit der Betrachtung aller Einzelphasen des Gesetzgebungsverfahrens wird der Frage nachgegangen, ob Organisationen prozessual Kontrollanteile erwerben und akkumulieren oder nur zu einem bestimmten Zeitpunkt die Möglichkeit haben, Einfluβ auf den Entscheidungsfindungsprozeβ auszuüben. Die Interessenausrichtung, die diesem Prozeβ zugrundeliegt, wird über eine Dokumentenanalyse herausgearbeit. Damit werden Dissonanzreduktionen der befragten Akteure vermieden, die bei Rückerinnerungsfragen an die damaligen Präferenzen auftreten können.

Die Darstellung des Entscheidungsmodells erfolgt aus den vorher aufgeführten inhaltlichen Gründen über das ADM-Modell, und steht damit im Gegensatz zu der Annahme, daβ Politikfeldakteure sich im

Entscheidungsfindungsprozeß lediglich mit Streitfragen auseinandersetzen, die ihnen von den formalen Entscheidungsträgern vorgegeben werden. Bei derartigen "interest politics"-Ansätzen liegt der Forschungsschwerpunkt auf den Koalitionsbildungen der Akteure, die maßgeblich den Entscheidungsausgang determinieren[230].

Der Relevanz der Institutionen wird hier mit der Operationalisierung der Kontrollmatrix nachgekommen. Für die Beurteilung des Entscheidungsausgangs werden auch, anders als bei den "interest politics"-Untersuchungen, keine "benchmarks" berechnet, die eine optimale Politikgestaltung aufzeigen sollen[231]. Erfolg oder Mißerfolg machen sich vielmehr an den konkreten Gesetzestextformulierungen fest und identifizieren eindeutige Gewinner und Verlierer.

Für die Untersuchung eines Ereigniskomplexes und gegen ein Entscheidungsmodell, das Tausch über alle Ereignisse unterstellt, spricht auch die zeitliche Nähe der Entscheidungsfindung, die den Akteuren geringere Tauschrestriktionen auferlegt. Gesetzesvorlagen werden in der Regel in einem Zeitraum von höchstens einem Jahr formuliert und verabschiedet; die Positionen der Befürworter und Gegner sind daher für den einzelnen Akteur erkennbar.

---

230 vgl. Salisbury: "Interest Group Politics in America", New York 1970 sowie Salisbury: "Interest representation: the dominance of institutions", American Political Science Review 78, S. 64-76, 1984

231 solche Vorgehensweisen finden sich bei Marmor/Christianson: "Health Care Policy. A Political Economy Approach", S. 61-216, Beverly Hills 1982

V. Das Beschäftigungsförderungsgesetz 1985

Grundlage und Ausgangspunkt des 1985 verabschiedeten Beschäftigungsförderungsgesetzes waren die Koalitionsvereinbarungen der neuen CDU/CSU/FDP-Koalition, die im Bereich der Arbeitspolitik eine flexiblere Gestaltung der Lebensarbeitszeit ohne zusätzliche Gesamtbelastung der Wirtschaft, die Schaffung von mehr Teilzeitarbeitsplätzen, Einsparungen bei der Bundesanstalt für Arbeit sowie die Verringerung der Personalausgaben im Öffentlichen Dienst vorsahen[232]. Diese Vorgaben sollten vom Bundesminister für Arbeit und Sozialordnung in einem Referentenentwurf konkretisiert und vom Bundestag noch im Verlauf der 10. Wahlperiode verabschiedet werden.

Termingerecht wurden die Landesvertretungen beim Bund am 23.3.1984 mit dem Hinweis konsultiert, der beiliegende Referentenentwurf eines Gesetzes zur Förderung der Beschäftigung solle wegen der drängenden Probleme am Arbeitsmarkt spätestens am 1.1.1985 in Kraft treten. Dieses setze voraus, daß das Bundeskabinett im Mai 1984 den Gesetzentwurf beschließe und sich die Landesvertretungen am 27.4. im Arbeitsministerium zur Diskussion der Vorschläge einfinden mögen[233]. Konkret umfaßte der Referentenentwurf insgesamt 33 Artikel mit 29 Gesetzes- und zwei Verordnungsänderungen. Aus der Begründung für diese Änderungen läßt sich die damalige Arbeitsmarkteinschätzung der Bundesregierung ableiten. Ausdrücklich wird darauf verwiesen, daß in Zeiten der Vollbeschäftigung sich das Arbeits- und Sozialrecht vorrangig an den Interessen der Arbeitnehmer auszurichten habe, die einen

---

232 vgl. "Wortlaut der Koalitionsvereinbarungen", CDU-Dokumentation 12/1983, S.1-8

233 Einen weiteren Hinweis auf die angestrebte rasche Verabschiedung liefert die Bemerkung, daß dieser Entwurf zwischen den Bundesministerien noch nicht abgestimmt sei (siehe Brief des Leiters der Abteilung "Arbeitsrecht" im Bundesministerium für Arbeit und Sozialordnung" vom 23.3.1984)

Arbeitsplatz besitzen. Zum gegenwärtigen Zeitpunkt müßte aber auch auf die Interessen der Arbeitnehmer eingegangen werden, die einen Arbeitsplatz suchen, und dies sei die Maßgabe für diesen Gesetzentwurf gewesen.

Wie schon zuvor erwähnt, soll die anschließende Untersuchung des Beschäftigungsförderungsgesetzes 1985 einen detaillierten Einblick über das Zustandekommen von "Artikelgesetzen" (Ereigniskomplexen) geben. Die in Kapitel IV durchgeführten Tauschanalysen zeigten einerseits, daß "Log-Rolling" über alle 32 arbeitspolitischen Gesetzesinitiativen mit rationalen Entscheidungsmodellen nicht hinreichend erklärt werden kann. Andererseits gaben die Resultate Aufschluß über die Schwierigkeiten, ex post Präferenzen in einer Befragung festzustellen.

Die Resultate lassen aber auch die Hypothese zu, daß gute Voraussetzungen für interessegeleiteten Tausch - nicht zuletzt aufgrund zeitlicher Restriktionen - über die Streitfragen einer Gesetzesinitiative existieren. Daher wird in den folgenden Abschnitten auf den Werdegang der "teuersten" arbeitspolitischen Initiative eingegangen. Neben der Beschreibung der einzelnen Phasen des Willensbildungs- und Entscheidungsprozesses wird per Dokumentenanalyse zu prüfen sein, ob und an welcher Stelle Organisationen auf die Formulierung eines Gesetzentwurfs einwirkten. Für die Dokumentenanalyse konnte Einsicht in die nichtöffentlichen Gesetzesdokumentation des Beschäftigungsförderungsgesetzes 1985 (Deutscher Bundestag, Band I - IV) genommen werden, in der sowohl die Stellungnahmen der Organisationen als auch die Verlaufsprotokolle mit den entsprechenden Änderungen des Entwurfs enthalten sind.

Mit den so gewonnenen Informationen können die verschiedenen Politikarenen, die Einflußversuche der Akteure in den einzelnen Phasen des Policy-Prozesses und deren Zusammenwirken herausgearbeitet und beurteilt werden. Ob die beschlossenen Änderungen im Rahmen eines Entscheidungsmodells nachvollzogen werden können, wird anhand des Policy-Prozesses zu analysieren sein.

Einzelne Punkte des Beschäftigungsförderungsgesetzes hatten ihren Ursprung zwar bereits in den Koalitionsvereinbarungen, ihre Konkretisierung erfolgte jedoch erst nach der Bundestagswahl 1983. Daher beginnt die Chronologie des Beschäftigungsförderungsgesetzes mit dem Referentenentwurf der Bundesregierung. Zunächst wird auf die Vorstellungen bzw. Vorhaben der Bundesregierung eingegangen. Nach einer kurzen inhaltlichen Zusammenfassung der arbeitspolitischen Schwerpunkte des Gesetzentwurfs werden im weiteren Verlauf die einzelnen Stadien des Gesetzgebungsverfahrens, die das Beschäftigungsförderungsgesetzes zu durchlaufen hatte, vorgestellt. Nach der Verabschiedung des Referentenentwurfs, dessen Dringlichkeit nur eine kurze Absprache mit den Ländervertretungen erlaubte, wurde das Regierungsvorhaben dem Bundesrat vorgelegt. Hier finden sich die ersten schriftlichen Einwände, die anschließend in die Beratung des Federführend Ausschusses "Arbeit und Soziales" mit eingingen. Der Ausschuß benötigte seinerseits fast genau ein halbes Jahr bis zu seiner endgültigen Empfehlung; zwei Tage später wurde das Beschäftigungsförderungsgesetz vom Bundestag in seiner zweiten und dritten Lesung verabschiedet. Nach weiteren elf Tagen wurde das Gesetz verkündet.
Schon die zeitliche Abfolge läßt die Schwerpunkte des Gesetzgebungsverfahrens vermuten: Von den insgesamt acht Monaten, die von der Einbringung des Entwurfs bis zu seiner Verkündung vergingen, beanspruchte der Ausschuß sechs Monate zur Beratung; zusätzlich fiel die zweimonatige Beratungsphase des Bundesrates noch in die Sommerpause.
Anhand der Stellungnahmen der beteiligten Akteure, den Ausschußänderungen des federführenden Ausschusses "Arbeit und Soziales" und dem endgültigen Gesetzestext wird zu untersuchen sein, was von der "ursprünglichen" Konzeption des Beschäftigungsförderungsgesetzes noch übrig geblieben ist bzw. welche Einwände und Interessen der beteiligten Akteure im Gesetzestext berücksichtigt wurden.

1. Vorhaben der Bundesregierung

Bei der Gesetzgebung des Bundes sind die Staatsorgane Bundesregierung, Bundestag und Bundesrat an allen drei Hauptstadien beteiligt: sowohl bei der Initiative wie bei der parlamentarischen Beratung und der verbindlichen Verabschiedung. Zur Gesetzesinitiative heißt es in Art. 76 Abs. 1 GG: "Gesetzesvorlagen werden beim Bundestag durch die Bundesregierung, aus der Mitte des Bundestages oder durch den Bundesrat eingebracht". Daß als erste die Bundesregierung genannt wird, deren Kanzler über die politische Richtlinienkompetenz verfügt, unterstreicht deren Führungsrolle im Gesetzgebungsprozeß[234].

Die Regierungsvorlagen müssen zunächst vom Bundesrat und dann mit dessen Stellungnahme dem Bundestag zugeleitet werden[235].

Das Beschäftigungsförderungsgesetz 1985 wurde als Regierungsvorlage eingebracht und damit unter Einbindung der Ministerialverwaltung ausgearbeitet. Bei der Gesetzesanalyse birgt dessen Paragraphenvielfalt die Gefahr, die inhaltiche Dimension zu vernachlässigen. Das eigentliche Anliegen mit der zentralen Fragestellung, inwieweit die am Verfahren beteiligten Akteure Einfluß auf arbeitspolitische Entscheidungen nahmen, kann durch die juristische Sprachweise leicht ins Hintertreffen geraten. Daher werden im folgenden die 33 Einzelartikel inhaltlich zusammengefaßt und die konzeptionelle Ausrichtung der Bundesregierung vorgestellt.

---

234 vgl. Steffani: "Parteien und Ausschüsse im Deutschen Bundestag", S. 263, 1988

235 Initiativen des Bundesrates, von denen es trotz zunehmender Tendenz relativ wenig gibt, müssen dem Bundestag mit einer Stellungnahme der Bundesregierung zugehen. Soweit Initiativen nicht aus der Mitte des Bundestages hervorgehen, werden sie dem Parlament als Vorlagen zugestellt, zu denen bereits Stellungnahmen der anderen zwei Staatsorgane vorliegen. Die meisten der aus der Mitte des Bundestages eingebrachten Gesetzesvorlagen stammen von der parlamentarischen Opposition und haben daher wenig Erfolgsaussichten (siehe Steffani: "Parteien und Ausschüsse im Deutschen Bundestag", S. 263, 1988)

1. Befristeter Arbeitsvertrag

Die Bundesregierung ging in Artikel 1 und Artikel 5 Nr. 2 des Referentenentwurfs von der Vorstellung aus, daß durch eine Lockerung der Rechtsgrundsätze zur Zulässigkeit befristeter Arbeitsverträge eine beschäftigungspolitische Schubwirkung zu erzielen sei. Die Höchstdauer von zwei Jahren bei Unternehmensneugründungen (bei Unternehmen mit weniger als 20 Beschäftigten) und die erstmalige Befristung von Arbeitsverträgen bis zu einem Jahr bei Einstellung eines Arbeitslosen sollten hierzu beitragen.

2. Längere Arbeitnehmerüberlassung

Eine weitere arbeitspolitische Maßnahme, die vor allem zum Abbau von Überstunden beitragen sollte, sah die Bundesregierung in der Verlängerung der Höchstdauer bei der Überlassung von Leiharbeitnehmern von bisher drei auf bis zu acht Monate (Artikel 18 Nr. 1 bis 3 und 8 des Gesetzentwurfs).

3. Abgeltung von Überstunden durch Arbeitsbefreiung (Artikel 3)

Die notwendige Flexibilisierung des Arbeitsmarktes erfordere gerade bei Teilzeitbeschäftigten Überstunden, die innerhalb eines Ausgleichzeitraums von einem Jahr durch Arbeitsbefreiung ausgeglichen werden sollten. Der Vorrang von tariflichen Regelungen wurde allerdings festgehalten.

4. Teilzeitarbeit (Artikel 4, Artikel 7 Nr. 2, Artikel 8 Nr.2 und 3 und Artikel 9 Nr. 2 und 3)

Die Ausweitung der Teilzeitbeschäftigung wurde als effizientes beschäftigungspolitisches Instrument angesehen. Daher sollte einerseits der Übergang von Voll- auf Teilzeitarbeit gefördert, andererseits kapazitätsorientierte variable Arbeitszeit- und Arbeitsplatzformen ermöglicht werden.

5. Erweiterung des Ausgleichverfahrens bei der Lohnfortzahlung

Eine Erweiterung der Lohnfortzahlung, die vorher nur an Arbeitgeber mit bis zu 20 Arbeitnehmern erfolgte, wurde angestrebt. Bei der Feststellung der Beschäftigtenzahl sollten Schwerbehinderte ausgeklammert, Teilzeitbeschäftigte gemäß ihrer Arbeitsstundenzahl mitgewertet werden.

6. Förderung von Arbeitsbeschaffungsmaßnahmen (Artikel 17 Nr. 4 bis 8 und 14)
   Die Bundesanstalt für Arbeit sollte bei der Vergabe von AB-Maßnahmen die Möglichkeit erhalten, anstatt eines Darlehens einen Zinszuschuß zu zahlen. Weiterhin sollte der Katalog der bevorzugt zu fördernden Arbeiten geändert werden.

8. Ausweiskarte für Arbeitnehmer im Baugewerbe (Artikel 2)
   Zur Bekämpfung von Schwarzarbeit, illegaler Arbeitnehmerüberlassung und illegaler Ausländerbeschäftigung wurde die Einführung einer Ausweiskarte im Baugewerbe angestrebt.

9. Höhere Bestrafung bei illegaler Beschäftigung (Artikel 17 Nr. 13 und Artikel 18 Nr. 4 und 5)
   Die illegale Beschäftigung von nichtdeutschen Arbeitnehmern sollte künftig eine schärfere Bestrafung nach sich ziehen.

10. Erweiterung der beitragsrechtlichen Begünstigung des Alleinhandwerks
    Die Ausbildung von Lehrlingen durch Alleinhandwerker sollte in der gesetzlichen Rentenversicherung begünstigt werden, indem die Einstellung von mehreren Lehrlingen keine höheren Beiträge für den Alleinhandwerker verursacht.

11. Klarstellung im Kündigungsschutzgesetz (Artikel 7)
    Für Baubetriebe war eine Angleichung der Vorschriften bei "Massenentlassungen" avisiert.

12. Auflockerung der Dreijahresfrist bei Kassenkuren
    Zur Verbesserung der Wirtschaftslage im Kur- und Heilbäderwesen sollte die Regelung des auf drei Jahre befristeten Kassenzuschusses für Kuren aufgelockert werden.

Die weitgefaßte Aufgabenstellung der Bundesregierung erfuhr im Juli eine Ergänzung. Am 12.7.1984 wurden die Landesregierungen informiert, daß im Rahmen des Beschäftigungsförderungsgesetzes eine weitere Änderung des Arbeitsförderungsgesetzes geplant sei. Im wesentlichen beinhaltete der zusätzliche Entwurf die Ausbildungsvermittlung im Auftrag der Bundesanstalt für Arbeit, die - wie schon bis 1969 - befähigt werden sollte, Aufträge zur Vermittlung (an Dritte) in berufliche Ausbildungsstätten zu erteilen.
Neben dieser Erweiterung erreichte eine Woche später die Landesvertretungen die Nachricht, daß auch eine Änderung des Betriebsverfassungsgesetzes (Sozialplan) innerhalb des Beschäftigungsförderungsgesetzes anstehe. Die vorgesehene Novellierung betraf unter Federführung des Justizministers die Sozialplanregelungen im Konkursfall. Darin sollten die Sozialplanleistungen zweieinhalb Bruttomonatsverdienste des von der Entlassung betroffenen Arbeitnehmers enthalten und das Sozialplanvolumen neu berechnet werden.
Die Erweiterung fanden ohne Einschränkung ihre Berücksichtigung im Regierungsentwurf eines Beschäftigungsförderungsgesetzes 1985, der am 24.08.1984 in den Bundesrat eingebracht wurde[236].

2. Der Bundesrat

Der föderalistische Aufbau der Bundesrepublik Deutschland wird in der sogenannten "Ewigkeitsklausel" (Artikel 79 Abs. 3 GG) mit der grundsätzlichen Mitwirkung der Länder bei der Gesetzgebung unterstrichen. Diese Mitwirkungsklausel, die auch durch eine Verfassungsreform

---

236 vgl. Gesetzentwurf der Bundesregierung: "Entwurf eines Beschäftigungsförderungsgesetzes 1985 (BeschFG 1985)", S. 1-35, 1984
Der in den Bundesrat eingegangene Entwurf bezog sich auf 12 Gesetzes- und eine Verordnungsänderung. Trotz dieser Reduzierung wurden keine Veränderungen vorgenommen. Vielmehr erfuhr dieser Entwurf nach Absprache der einzelnen Ministerien eine klarere Gliederung.

nicht aufgehoben werden kann, gibt dem Bundesrat die Möglichkeit, Einfluß auf die Gesetzgebung des Bundestages zu nehmen. Darüberhinaus hat der Bundesrat in Fällen, die z. B. den Behördenaufbau, die Verwaltungskompetenz oder aber die Finanzen der Länder betreffen, ein vom Bundestag unüberwindbares Vetorecht. Im Konfliktfall wird durch den von Bundestag und Bundesrat paritätisch besetzten Vermittlungsausschuß häufig ein Kompromiß entwickelt[237].

Dieser Konfliktfall mit der Einberufung des Vermittlungsausschusses ist im Untersuchungszeitraum des Politikfelds "Arbeit" (1983-1988) nie eingetreten. Vielmehr sicherte die CDU/CSU/FDP-Mehrheit im Bundestag und auf Länderebene einen relativ reibungslosen Verfahrensablauf für die von der Regierung eingebrachten Gesetze. Allerdings weist nicht nur die im Rahmen des Beschäftigungsförderungsgesetzes von der Bundesregierung erbotene Eile, sondern auch die vielfältigen Änderungsanträge des Bundesrates auf unterschiedliche Vorstellungen zwischen Bundesregierung und Ländermehrheit bei der Formulierung eines Gesetzes hin. Aus diesem Grund wird im folgenden auf die Änderungsanträge des Bundesrates eingegangen, der als eigenständige Politikarena im Verlauf der Untersuchung des Beschäftigungsförderungsgesetzes betrachtet wird. Es wird zu prüfen sein, inwieweit die Stellungnahme des Bundesrates von dem Regierungsentwurf abweicht bzw. seine Vorstellungen und Einwände berücksichtigt wurden. Der Bundesrat wird über seine Ländervertretungen als eigenständiger Akteur angesehen, der per Mehrheitsentscheid seine Änderungswünsche formuliert und dem Parlament übermittelt. Die Stellungnahme des Bundesrats zum Beschäftigungsförderungsgesetz wird anschließend inhaltlich zusammengefaßt.

Trotz der von der Bundesregierung erbotenen Eile nahm der Bundesrat erst nach der Sommerpause am 5.10.84 ausführlich Stellung zu dem

237 vgl. Busch/Handschuh/Kretschmer/Zeh: "Wegweiser Parlament", S. 113-115, 1988)

Entwurf und stellte seine Zustimmungsbedürftigkeit fest[238]. Im einzelnen richteten sich seine Änderungsanträge gegen die Formulierungen in den Bereichen

- Teilzeitbeschäftigung mit der Kritik, daβ nur bei Vorliegen eines sachlichen Grundes Teilzeitbeschäftigte gegenüber Vollzeitbeschäftigten benachteiligt werden dürften[239];
- AB-Maβnahmen, deren bisheriger Status beizubehalten sei[240];
- Arbeitnehmerüberlassung, deren Beschränkung auf die geltende Drei-Monats-Frist nicht zu verändern sei[241];

Der Gesetzentwurf der Bundesregierung wurde, zusammen mit den Einwänden des Bundesrates, am 11.10.84 dem Deutschen Bundestag vorgelegt[242]. In Anlage 3 der Drucksache 10/2102 ging die Bundesregierung auf die Stellungnahme des Bundesrates ein. In den Bereichen Teilzeitbeschäftigung, AB-Maβnahmen und Arbeitnehmerüberlassung

---

238 Infolge der geplanten Änderung des Lohnfortzahlungsgesetzes wurde die Zuständigkeit bestimmter Landesbehörden geregelt.

239 Der Bundesrat begründete die Notwendigkeit der Streichung dieser Klausel mit der Feststellung, daβ im öffentlichen Dienst nebenberuflich tätige Lehrkräfte geringer entlohnt werden. Eine Erhöhung dieser Vergütungen würde die Länderhaushalte zu Mehrausgaben zwingen, die aber anstelle der angestrebten zusätzlichen Beschäftigung zu deren Verminderung führen würde.

240 Die Ländermehrheit hob den positiven Effekt von AB-Maβnahmen und die Gemeinden als Träger dieser beschäftigungspolitischen Instruments hervor, die aufgrund ihrer angespannten Haushaltslage die erforderliche Aufstockung nicht leisten könnten.

241 Der Bundesrat ordnete die Arbeitnehmerüberlassung den umstrittenen Instrumenten der Beschäftigungspolitik zu, die häufig von illegaler Beschäftigung begleitet werden würde. Eine Ausweitung dieser Beschäftigungsform mit der geplanten Erweiterung der Drei-Monats-Frist ziehe das Ansteigen dieser unerwünschten Arbeitsform nach sich, die auch nicht mit einer Erhöhung der Strafen zu bekämpfen sei.

242 vgl. Gesetzentwurf der Bundesregierung: "Entwurf eines Beschäftigungsförderungsgesetzes 1985", Drucksache 10/2102, S. 35-40, 1984)

lehnte die Bundesregierung die Änderungsvorschläge des Bundesrates ab. Allerdings versprach die Regierung im Rahmen des Gesetzgebungsverfahrens die Prüfung von Maßnahmen, die eine Eingliederung von Jugendlichen in den Arbeitsmarkt erleichtern könnten. Dasselbe galt für die notwendige Erhöhung des Länderanteils bei der verstärkten ABM-Förderung. Die zugesagte Überprüfung der Arbeitsförderungsregeln waren jedoch die einzigen Zugeständnisse der Bundesregierung. Daher können die aus der Politikarena Bundesrat eingebrachten Änderungswünsche zunächst als abgelehnt betrachtet werden. Inwieweit diese Forderungen des Bundesrates Berücksichtigung in der endgültigen Gesetzestextformulierung fanden, kann an dieser Stelle noch nicht erörtert werden, da der Bundesrat mit seinen Landesvertretern an den Sitzungen der mit dem Gesetzentwurf befaßten Ausschüsse beteiligt war. Hier bot sich den einzelnen Ländervertretungen ein weiteres Forum, ihre Interessen darzustellen und Einflußversuche zu unternehmen.
Es bleibt festzuhalten, daß der Politikarena Bundesrat im Verlauf des Policy-Prozesses des Beschäftigungsförderungsgesetzes keine gestaltende Funktion zukam. Die abgestimmten Länderinteressen werden bei der Analyse des Entscheidungsprozesses, der mit der Überweisung des von der Bundesregierung eingebrachten Entwurfs eines Beschäftigungsförderungsgesetzes 1985 zur federführenden Beratung an den Ausschuß für Arbeit und Sozialordnung am 18.10.84 seine Fortsetzung fand, weiterhin Berücksichtigung finden[243].

243 Zur Mitberatung wurde der Entwurf an den Rechtsausschuß, den Ausschuß für Wirtschaft und den Ausschuß für Bildung und Wissenschaft überwiesen, siehe Deutscher Bundestag: "Amtliches Protokoll der 91. Sitzung des Deutschen Bundestags", Drucksache 10/2102, 18.10.1984.

3. Der Ausschuß

Das differenzierte Ausschußsystem des Deutschen Bundestags wurde schon im Kapitel "Das Access-Entscheidungsmodell" ausführlich besprochen. Die politische Bedeutung der Ausschußarbeit steht jedoch im krassen Gegensatz zu ihrer öffentlichen Anerkennung: Ausschußarbeit hat wenig Einfluß darauf, welche Politik öffentlich vorgestellt wird bzw. welches Gesetz das Parlament erreicht, aber sie hat entscheidenden Einfluß auf den inhaltlichen Wert der Gesetzgebung[244]. Eine rechtliche Gebundenheit des Abgeordneten an die Beschlußfassung der Fraktionsgremien liegt natürlich im Ausschuß ebensowenig wie im Plenum vor. Die realen Erfordernisse einer effektiven politischen Auseinandersetzung sind jedoch gleich oder sogar noch stärker, da die Mehrheitsverhältnisse in den Ausschüssen häufig sehr viel knapper bemessen sind als im Bundestag. Zum Beispiel ergibt sich bei einer Bundestagsmehrheit von 20 Stimmen in einem Ausschuß von 25 Mitgliedern ein Verhältnis von 13:12, und ein einzelner Abgeordneter könnte die Ausschußmehrheit gefährden.

Daneben versuchen insbesondere die Oppositionsparteien, über die Einberufung von Öffentlichen Informationssitzungen neue Argumente in die Betrachtung der vorliegenden Entwürfe einzubringen[245]. Der Stellenwert der Öffentlichen Anhörungen, die einen starken zahlenmäßigen Anstieg seit der 10. Wahlperiode verzeichnen, kann mit der Formel "Gesetzgebungslast entspricht Häufigkeit der Anhörungen" nicht genau

---

244 vgl. Melzer: "Vorbereitung und Gestaltung der Ausschußarbeit durch die Fraktionen", in: Schneider/Zeh, Parlamentsrecht und Parlamentspraxis, S. 1131, 1132, Berlin 1989

245 Dies erbrachte die "Erhebung der Sekretäre der Bundestagsverwaltung vom 23.4.1987 über die Erfahrungen bei Anhörungen in den Fachausschüssen und Enquete-Kommissionen des Deutschen Bundestags", in die freundlicherweise eingesehen werden durfte.

bestimmt werden[246]. Der Ausschuß für Arbeit und Sozialordnung nimmt beispielsweise hinter dem Finanz-, Rechts- und Innenausschuß Platz vier bei den federführend behandelten Gesetzesvorlagen ein, während er bei den Öffentlichen Anhörungen an erster Stelle liegt[247]. Wessel vermutet, daß "die Materie dieses Ausschusses an der Nahtstelle zwischen Kapital und Arbeit ein Interessenclearing häufiger nötig macht als in anderen Politikbereichen"[248]. Auch wird die Reichweite der Öffentlichen Anhörungen in der Literatur sehr strittig bewertet. Einerseits wird darauf verwiesen, daß Ausschußmitglieder von ihrer Fraktion oder dem entsprechenden Minister vorgefaßte Meinungen übernehmen und "der Wert der Information nicht einmal den Aufwand der Durchführung rechtfertige"[249]; zudem zeige deren häufige Beantragung durch die Opposition, daß Öffentliche Anhörungen lediglich als Obstruktionsinstrument benutzt werden würden[250]. Andererseits gaben in einer Umfrage der Ausschußsekretäre nur zwei Ausschüsse an, daß die Einberufung von Anhörungen "gelegentlich auch strittig" waren. Als häufige Gründe für die Durchführung von Öffentlichen Informationssitzungen in der 10. Wahlperiode wurden "ein umfassendes und zunehmendes Informationsbedürfnis der Abgeordneten" und "die Gewinnung zusätzlichen Rats von

---

246 siehe Schüttemeyer: "Öffentliche Anhörungen", in: Schneider/Zeh, Parlamentsrecht und Parlamentspraxis, S. 1151, Berlin 1989

247 Von der 6. Wahlperiode (1969-1972) bis zur 10. Wahlperiode (1983-1987) hat sich die Zahl der öffentlichen Anhörungen mehr als verdoppelt (von 80 auf 165). Besonders der Ausschuß für Arbeit und Sozialordnung war in dieser Hinsicht aktiv (vgl. Schindler 1983, BD. I, S. 603-616, und Bd. II, S. 586ff.).

248 siehe Wessels: "Öffentliche Anhörungen, informelle Kontakte und innere Lobby in wirtschafts- und sozialpolitischen Parlamentsausschüssen", ZParl 2 (Jg. 18), S. 292, 1987

249 siehe Mengel: "Die Funktion der parlamentarischen Anhörung im Gesetzgebungsprozeß", DÖV, S. 229, 1983

250 vgl. Schindler: "Öffentliche Anhörungen und Aktuelle Stunden des 6. Bundestages", Das Parlament 1, S. 10-17, 1973

Fachleuten für die Gesetzesberatungen" genannt[251]. Die regelmäßig einvernehmlich gefaßten Beschlüsse zur Durchführung einer Anhörung und das Defizit an Sachinformation widersprechen den Kritikern und unterstreicht den hohen Stellenwert der Öffentlichen Anhörungen im Gesetzgebungsprozeß[252].

Aus Sicht der Interessengruppen bieten Öffentliche Anhörungen die Möglichkeit, das auf vorangegangenen Ebenen des Gesetzgebungsvorhabens Erreichte zu sichern oder aber ihre Interessen in den Entscheidungsprozeß einzubringen[253]. Nicht zuletzt durch die Unterstützung dieser interessengerichteten Fachöffentlichkeit erfahren die Ausschüsse mit der zunehmenden Nutzung der Öffentlichen Anhörungen eine Stärkung, die ihrem generellen Bedeutungszuwachs im Parlamentarismus der Bundesrepublik entspricht[254]. Welche Stellung dem Ausschuß Arbeit und Sozialordnung zukommt, und inwieweit eine Realisierung dieser Einzelinteressen im Rahmen des Beschäftigungsförderungsgesetzes 1985 stattfand, wird im folgenden zu prüfen sein.

4. Rationaler Tausch im Ausschuß ?

Der Bundestagsauschuß für Arbeit und Sozialordnung benötigte im Rahmen des Beschäftigungsförderungsgesetzes insgesamt 15 nichtöffentliche Sitzungen und eine Öffentliche Anhörung, ehe er zur abschließenden Abstimmung kam. Für die öffentliche Informationssitzung reichten

---

251 vgl. "Erhebung der Sekretäre der Bundestagsverwaltung vom 23.4.1987 über die Erfahrungen bei Anhörungen in den Fachausschüssen und Enquete-Kommissionen des Deutschen Bundestages", S. 1, 2

252 vgl. Schüttemeyer: "Öffentliche Anhörungen", in: Schneider/Zeh, Parlamentsrecht und Parlamentspraxis, S. 1153-1155, Berlin 1989

253 vgl. Appoldt: "Die Öffentlichen Anhörungen des Deutschen Bundestages", S. 62, Berlin 1971

254 vgl. Schüttemeyer: "Öffentliche Anhörungen", in: Schneider/Zeh, Parlamentsrecht und Parlamentspraxis, S. 1159, Berlin 1989

24 private Organisationen schriftliche Stellungnahmen ein. Hinzu kamen die Änderungsanträge der CDU/CSU/FDP-Fraktionen und der SPD- und GRÜNEN-Fraktionen, sowie die Stellungnahme des Bundesrats. Mit dem Arbeitsministerium, das die Position der Bundesregierung im Ausschuß vertrat, nahmen insgesamt 40 Organisationen an der Beratung des Beschäftigungsförderungsgesetzes 1985 teil. Die Stellungnahmen und Vorschläge dieser Organisationen konnten auf die folgendene 18 Streitpunkte inhaltlich reduziert werden:

1. Verlängerung der Dauer von befristeten Arbeitsverträgen auf ein Jahr ohne Sachgrund;
2. flexiblere Arbeitszeitgestaltung für Teilzeitbeschäftigte;
3. Berücksichtigung der Stundenzahl von Teilzeitbeschäftigten zur Feststellung der Beschäftigtenzahl eines Unternehmens;
4. Neuregelung des Anwendungsbereichs des Lohnfortzahlungsgesetzes;
5. Aufhebung des Vermittlungsmonopols der Bundesanstalt für Arbeit;
6. Reglementierung der Arbeitszeit von Teilzeitbeschäftigten;
7. höhere Bestrafung bei illegaler Ausländerbeschäftigung;
8. Rentenversicherungsbegünstigung des Alleinhandwerks bei Ausbildungsverpflichtungen;
9. Einbeziehung des Mutterschaftsgeldes in die Lohnfortzahlung;
10. Abbau von Sozialplanvorschriften;
11. allgemeine Verlängerung der Arbeitnehmerüberlassungsfrist auf sechs Monate;
12. Vorrang des Tarifvertrags bei der Festlegung der Arbeitszeit für Teilzeitbeschäftigte;
13. Verbot der unterschiedlichen Behandlung von Teil- und Vollzeitbeschäftigten;
14. Erhöhung des Länderbeitrags für AB-Maßnahmen;
15. Änderung der Frist für die Inanspruchnahme von Kassenkuren;
16. Änderung des Kündigungsschutzgesetzes im Baugewerbe;
17. Änderung der Beitragsregelung in der Lohnfortzahlungsversicherung;

18. Neuregelung des Förderungskatalogs bei AB-Maßnahmen[255].

Nach der inhaltlichen Auswertung der schriftlichen Stellungnahmen konnte die im Kapitel "Das Access-Entscheidungsmodell" vorgestellte Interessenmatrix berechnet werden (X_{jl}). Nahm eine Organisation in ihrer schriftlichen Stellungnahme Bezug auf eine der achtzehn Streitfragen, so wurde ihr Interesse an dieser Streitfrage zugewiesen bzw. die Streitfrage in die Interessenmatrix aufgenommen.

Die Kontrollmatrix C (C_{lj}) leitet sich aus dem modifizierten Access-Deployment-Model ab. Alle Akteure, die von den politischen Agenten (Ausschußmitgliedern) als wichtige Informationsgeber genannt wurden, kontrollieren anteilsmäßig die Agenten. Die Agenten sind je nach Mitgliederzahl im Ausschuß in Besitz unterschiedlicher Kontrollanteile: Ein Akteur verfügt über den höchsten Kontrollanteil, wenn er allen vier korporativen Ausschußagenten wichtige Informationen bereitstellen konnte. Von den insgesamt 40 Organisationen wurden 38 Akteure als wichtige Informationsgeber anerkannt. Lediglich der Zentralverband des Deutschen Baugewerbes (ZDB) und der Richterbund der Arbeitsgerichtsbarkeit (RAgb) hielten diesem Kriterium nicht stand und wurden aus der weiteren Betrachtung ausgeschlossen.

4.1 Die Macht der Akteure und die Preise der Streitfragen des Beschäftigungsförderungsgesetzes

Aus der Multiplikation der Interessenmatrix X mit der Kontrollmatrix C ergibt sich die Interessenverflechtungsmatrix Z (38x38), deren linker Eigenvektor p_j zum Eigenwert 1.0 das Einflußpotential der 38 Akteure bestimmt. Die standardisierten p-Werte der einfußreichsten Organisationen werden in der folgenden Tabelle aufgeführt:

255 Der Zentralverband des Deutschen Baugewerbes (ZDB) brachte als einzige Organisation die Einführung eines Sozialversicherungsausweises zur Sprache. Das Thema wurde jedoch herausgenommen, da der ZDB keine Kontrolle im Beschäftigungsförderungsgesetz 1985 ausübte (siehe Erstellung der Kontroll-Matrix).

Tabelle 21: Einflußpotentiale der am Beschäftigungsförderungsgesetz beteiligten Organisationen

Organisation	p-Wert
CDU/CSU/FDP-Fraktionen	.052
SPD-Fraktion	.044
BMA	.044
LV Rheinland-Pfalz	.044
BDA	.044
HDE	.044
DGB	.044
BAGFW	.044
BvIK	.044
AOK	.044
BvBK	.044
BK	.044
DAG	.044
NGG	.044

Die p-Werte der CDU/CSU- und der FDP-Fraktion wurden hier zusammengefaßt, da die Koalitionspartner gemeinsam ihre Positionen zu den einzelnen Streitfragen einbrachten. Ansonsten werden insgesamt 13 Organisationen von allen politischen Agenten als bedeutsame Informationsgeber angesehen; ihnen steht daher dasselbe Einflußpotential zur Verfügung.

Neben dem Einflußpotential p_j eines Akteurs zeigt die Kontrollverflechtungsmatrix W (CX) an, wie die Streitfragen im System miteinander verbunden sind. Der Preis v_i einer Streitfrage kann über den linken Eigenvektor zum Eigenwert 1.0 der Kontrollverflechtungsmatrix W definiert werden. Für die 18 Streitfragen ergab sich ein standardisierter Preis von:

Tabelle 22: Preise der 18 Streitfragen

Nr.	Streitfrage	v-Wert
1.	Befristete Arbeitsverträge	.161
13.	Verbot Unterschied TZeit und VZeit	.145
11.	Verlängerung ANehmerüberlassung	.095
14.	Höherer Länderbeitrag bei ABM	.084
5.	Aufhebung Vermittlungsmonopol BA	.082
15.	Änderung Kassenkurenfrist	.069
2.	Flexiblere AZeit von TZeit	.060
4.	Änderung Lohnfortzahlung	.055
10.	Abbau von Sozialplanvorschriften	.048
9.	Mutterschaftsgeld bei Lohnfortzahlung	.047
7.	Höhere Bestrafung illeg. Beschäft.	.032
3.	BeschZahl über TZeit-Stundenzahl	.023
8.	Rentenversicherung Alleinhandwerk	.023
6.	Reglementierung AZeit von TZeit	.019
17.	Neureg. Lohnfortzahlungsversicherung	.018
18.	Änderung Förderungkatalog bei ABM	.016
12.	Überordung Tarifvertrag bei TZeit	.015
16.	Änderung Kündigung im Baugewerbe	.008

Den höchsten Preis erzielte die auch von der Bundesregierung in den Mittelpunkt des Gesetzesvorhabens gestellte Ausweitung von befristeten Arbeitsverträgen, gefolgt von dem Verbot einer unterschiedlichen Behandlung von Teil- gegenüber Vollzeitbeschäftigten. Teuer erkauft mußten aber auch die Verlängerung der Arbeitnehmerüberlassungsfrist und die Erhöhung des Länderbeitrags bei Arbeitsbeschaffungsmaßnahmen werden, während die Überordnung des Tarifvertrags bei Teilzeitbeschäftigten und die Änderung des Kündigungsschutzgesetzes im Baugewerbe preiswert gehandelt wurden.

4.2. Angebot und Nachfrage an Kontrolle über die Streitfragen des Beschäftigungsförderungsgesetzes

Da der Akteureinfluß p und der Ereigniswert v duale Konzepte darstellen, kann auch v aus v = pX und p aus p = vC berechnet werden. Mit dieser in der Ökonomie üblichen Sicht wird Kontrolle über Ereignisse auf dem Markt gehandelt, und es stellt sich ein Gleichgewichtspreis (Wert der Ereignisse) ein; die Ressourcenmacht ergibt sich als bewertete Summe der Kontrollausstattung[256].

Die effektive Nachfrage eines Akteurs j an einer Streitfrage i mit dem Preis v_i ist dann in Zusammenhang mit seinem Einfluß p_j zu betrachten, den er über i ausübt. Die Differenz dieser Ausgangspunkte gibt Aufschluß über einen profitablen Tausch:

$$\text{Pdiag } X - (\text{Vdiag } C)T = D \quad \text{oder}$$

$$d_{ji} = p_j \, x_{ji} - (v_i \, c_{ij})^t$$

D ist die Matrix der disaggregierten Nachfrage und des disaggregierten Angebots der bewerteten Kontrolle. Ein positives d_{ji} zeigt auf, wieviel Nachfrageüberschuß Akteur j an Kontrolle über Streitfrage i hat; ein negatives d_{ji} bezeichnet den Angebotsüberschuß. Im Extremfall ist zum Beispiel Akteur j nur an einer Streitfrage interessiert, über die er keine Kontrolle ausübt (x_{ji} = 1 und c_{ji} = 0) und ist damit völlig tauschabhängig (d_{ji} = p_j). Tabelle 23 weist die Kontrollangebots- und Nachfrageüberschüsse der Organisationen an den 18 Streitfragen auf:

256 vgl. Kappelhoff: "Soziale Tauschsysteme", S. 168, 169, Kiel 1988

Tabelle 23: Nachfrage und Angebot der Organisationen an Kontrolle über die 18 Streitfragen (dji * 100000)

	1	2	3	4	5	6	7	8	9	10	11	12	13	14	15	16	17	18
ZDH	-203	60	158	74	4	168	135	158	93	93	-30	178	-378	-219	-181	-20	-48	-42
HDE	-158	-266	-100	307	-360	467	-140	450	340	340	-417	483	-86	-369	-305	-33	-81	-71
BDA	-370	72	239	96	-22	-83	198	-100	129	128	-79	271	-298	-31	33	-33	-81	-71
BvZ	636	-113	-42	-103	-154	-35	878	-42	-89	-90	-178	-29	-271	-157	-130	-14	-35	-30
DIHT	-118	-44	-17	-41	675	-14	-23	-17	-35	-35	-70	-11	-106	-62	-51	-6	-14	-12
BAGFW	-708	-266	-100	-243	4036	-83	-140	-100	-209	-210	-417	-67	-636	-369	-305	-33	-81	-71
BvIK	-708	-266	1366	1223	-360	-83	-140	-100	1256	-210	-417	-67	-636	-369	-305	-33	-81	-71
VdAK	-420	-158	-59	726	-214	-49	-83	-59	-124	-125	-248	-40	-378	-219	689	-20	822	-42
VDR	140	297	-36	-87	-129	-30	-50	357	-75	-75	-149	-24	-227	-132	283	-12	-29	-25
AOK-BV	25	-266	-100	490	-360	-83	593	-100	524	-210	-417	-67	-636	-369	428	-33	651	-71
BvBK	1490	-266	-100	-243	-360	-83	-140	-100	-209	-210	-417	-67	-636	-369	1893	-33	-81	-71
PKV	1316	-95	-36	-87	-129	-30	-50	-36	-75	-75	-149	-24	-227	-132	-109	-12	-29	-25
BK	391	833	-100	856	-360	-83	-140	-100	-209	-210	-417	-67	-636	-369	794	-33	-81	-71
BA	-420	-158	-59	-144	439	-49	-83	-59	-124	-125	405	-40	-378	433	-181	-20	-48	611
BfA	-253	428	-36	-87	-129	-30	-50	487	-75	-75	-149	-24	-227	-132	414	-12	-29	-25
DBB	-56	-95	-36	-87	67	-30	146	-36	-75	121	-149	-24	-31	64	87	-12	-29	171
IGBSE	6	111	-24	-57	88	-20	-33	-24	-50	124	75	-16	-151	-87	-72	166	-19	-17
CGB	-78	79	-36	-87	46	-30	124	-36	-75	99	25	150	-53	-132	-109	-12	-29	149
DAG	-370	72	-100	-243	-22	-83	198	239	129	128	-79	-67	-298	-31	33	305	-81	268
HBV	180	284	-24	-57	-85	-20	-33	-24	-50	297	-99	-16	-151	-87	-72	-8	-19	-17
NGG	1490	-266	-100	-243	-360	-83	-140	-100	-209	-210	-417	-67	1562	-369	-305	-33	-81	-71
DGB	1490	-266	-100	-243	-360	-83	-140	-100	-209	-210	-417	-67	1562	-369	-305	-33	-81	-71
CDU-BT	15	277	-59	-144	-214	386	-83	-59	311	310	-248	-40	58	-219	-181	-20	-48	-42
FDP-BT	15	277	-59	-144	-214	386	-83	-59	311	310	-248	-40	58	-219	-181	-20	-48	-42
SPD-BT	25	467	-100	-243	372	-83	-140	-100	-209	523	315	-67	97	-369	-305	-33	-81	-71
GRÜ-BT	308	487	-40	-99	-146	-34	-57	-40	-85	510	-170	-27	-258	-150	-124	-13	-33	-29
BMA	-464	-22	145	2	-116	162	104	145	35	34	-173	177	-392	-125	-60	211	163	174
LVBW	-253	-95	-36	-87	-129	-30	-50	-36	-75	-75	374	-24	296	391	-109	-12	-29	-25
LVBay	-253	-95	-36	-87	-129	-30	-50	-36	-75	-75	374	-24	296	391	-109	-12	-29	-25
LVBerl	-118	-44	-17	-41	-60	-14	-23	-17	-35	-35	175	-11	139	183	-51	-6	-14	-12
LVBre	-286	-107	-40	-98	-146	-33	-56	-40	-85	-85	424	-27	335	443	-123	-13	-33	-29
LVHH	-420	-158	-59	-144	-214	-49	-83	-59	-124	-125	622	-40	493	651	-181	-20	-48	-42
LVHe	-253	-95	-36	-87	-129	-30	-50	-36	-75	-75	374	-24	296	391	-109	-12	-29	-25
LVNS	-253	-95	-36	-87	-129	-30	-50	-36	-75	-75	374	-24	296	391	-109	-12	-29	-25
LVNRW	-118	-44	-17	-41	-60	-14	-23	-17	-35	-35	175	-11	139	183	-51	-6	-14	-12
LVRP	-708	-266	-100	-243	-360	-83	-140	-100	-209	-210	1048	-67	830	1096	-305	-33	-81	-71
LVS	-118	-44	-17	-41	-60	-14	-23	-17	-35	-35	175	-11	139	183	-51	-6	-14	-12
LVSH	-420	-158	-59	-144	-214	-49	-83	-59	-124	-125	622	-40	493	651	-181	-20	-48	-42

1 Befristete Arbeitsverträge
2 Flexiblere AZeit von TZeit
3 BeschZahl über TZeit-Stundenzahl
4 Änderung Lohnfortzahlung
5 Aufhebung Vermittlungsmonopol BA
6 Reglementierung AZeit von TZeit
7 Höhere Bestrafung ille. Beschäftigung
8 Rentenversicherung Alleinhandwerk
9 Mutterschaftsgeld bei Lohnfortzahlung
10 Abbau von Sozialplanvorschriften
11 Verlängerung Arbeitnehmerüberlassung
12 Überordnung Tarifvertrag bei Teilzeit
13 Verbot Unterschied TZeit und VZeit
14 Höherer Länderbeitrag bei ABM
15 Änderung Kassenkurenfrist
16 Änderung Kündigung im Baugewerbe
17 Neuregelung Lohnfortzahlungsversicherung
18 Änderung Förderungskatalog bei ABM

Mit diesem über das Kontrollpreisgleichgewicht und dem Einflußeinkommen der Akteure gewichteten Nachfrage- und Angebotsüberschuß entsprechen sich im System die Beträge von Angebot und Nachfrage[257]. Die meisten Arbeitgeberverbände hatten laut Tabelle 23 einen Angebotsüberschuß an dem "Verbot der unterschiedlichen Behandlung von Teilzeit- und Vollzeitbeschäftigten" (Streitfrage 13) und an der ersten Streitfrage mit der "Verlängerung der Dauer befristeter Arbeitsverträge". Nur der Bundesverband Zeitarbeit (BvZ) fragte hier und in der "Höheren Bestrafung illegaler Ausländerbeschäftigung" (Streitfrage 7) mehr Kontrolle nach. Der Deutsche Gewerkschaftsbund (DGB) und die ihm nahestehenden Einzelgewerkschaften (HBV, NGG) wiesen bei diesen Streitfragen ein konträres Angebots- und Nachfrageüberschußprofil zu den Arbeitgeberverbänden auf und waren bei der ersten Streitfrage in weniger Kontrollbesitz, als sie gemäß ihren bewerteten Interessen benötigten; auch bei Streitfrage 13 findet sich bei DGB und NGG ein ähnliches Muster.

Das Bundesministerium für Arbeit und Sozialordnung (BMA) als Regierungsvertreter und alle Ländervertretungen konnten wie die Arbeitgeber bei der ersten Streitfrage große Kontrollanteile anbieten. Daß der DGB im gesamten Bereich Teilzeitbeschäftigte nicht über zuwenig Kontrollanteile verfügte, wird an seinem Angebotsüberschuß an Streitfrage 2 ("Flexiblere Arbeitszeit von Teilzeitbeschäftigten") deutlich. Den insgesamt höchsten Nachfrageüberschuß (4036) erzielte die Bundesarbeitsgemeinschaft der Freien Wohlfahrtspflege (BAGFW) bei dem Thema "Aufhebung des Vermittlungsmonopols der Bundesanstalt für Arbeit", die auch direkter Nutznießer bei einer Umsetzung dieser Streitfrage gewesen wäre.

Interessanterweise waren sich alle vier Bundestagsfraktionen in ihrem Angebots- und Nachfrageüberschußprofil sehr ähnlich. Die Regierungsko-

---

257 vgl. Pappi: "Political Exchange in the American and German Labor Policy Domain", S. 4,5, Köln 1989

alition hatte in der Frage der Zustimmungsbedürftigkeit des Betriebsrats bei der Festlegung der Arbeitszeit von Teilzeitbeschäftigten (Streitfrage 6) die größten Kontrolldefizite, während die Oppositionsfraktionen den höchsten Nachfrageüberschuß bei dem Abbau von Sozialplanvorschriften (Streitfrage 10) erzielten.

Erwartungsgemäß mußten die gesetzlichen Krankenkassen mehr Kontrolle über das Thema "Herabsetzung der Frist für die Inanspruchnahme von Kassenkuren" (Streitfrage 15) nachfragen, während die Ländervertretungen ausreichend Kontrolle über die Frage einer "Erhöhung des Länderbeitrags für Arbeitsbeschaffungsmaßnahmen" besaßen.

Inhaltlich ist in einem Tauschmodell davon auszugehen, daß Organisationen bestrebt sind, ihre jeweiligen Angebots- und Nachfrageüberschüsse an Kontrolle auszugleichen. Zur optimalen Interessenbefriedigung werden sie versuchen, weniger benötigte gegen geeignete Kontrollanteile zu tauschen. Aus diesem Zusammenhang ergibt sich die relative Tauschabhängigkeit eines Akteurs:

$$g_j = [\Sigma_j \, |d_{ji}| \,] \, / \, 2p_j$$

Je näher g_j an 1.0 liegt, desto abhängiger ist ein Akteur für seine optimale Interessenrealisierung vom Tausch.

Die Organisationen werden bezüglich der Höhe ihrer Tauschabhängigkeit in der folgenden Tabelle aufgeführt:

Tabelle 24: Tauschabhängigkeit der Organisationen

Organisation	g-Wert	Organisation	g-Wert
BAGFW	.918	LVHe	.676
DIHT	.918	LVNS	.676
BvIK	.875	LVNRW	.676
VdAK	.857	LVRP	.676
BfA	.848	LVS	.676
PKV	.839	LVSH	.676
BvZ	.807	BK	654
BvBK	.770	AOK-BV	.617
GRÜ-BT	.731	IGBSE	.546
HBV	.731	HDE	.543
BA	.723	FDP-BT	.520
NGG	.694	CDU-BT	.520
DGB	.694	CGB	.430
VDR	.687	ZDH	.429
LVBW	.676	DBB	.419
LVBay	.676	SPD-BT	.409
LVBerl	.676	DAG	.312
LVBre	.676	BMA	.307
LVHH	.676	BDA	.265

Die Summe, die über alle Akteure einen Wert von .626 erbrachte, verweist auf die Tauschabhängigkeit des Gesamtsystems; je näher g an 0 liegt, desto mehr ist das System ohne Tausch im Gleichgewicht:

$$g = [\sum_{j} \sum_{i} |d_{ji}|] / 2p_j$$

Auf Organisationsebene lagen der Deutsche Industrie- und Handelstag (DIHT) und die Bundesarbeitsgemeinschaft der Freien Wohlfahrtshilfe (BAGFW) an der Spitze der Tauschabhängigkeit, während die Bundesvereinigung der Deutschen Arbeitgeberverbände (BDA) am geringsten an den Tausch gebunden war. Auch das BMA als Regierungsvertreter und die Deutsche Angestellten-Gewerkschaft (DAG) wiesen niedrige Tauschabhängigkeiten auf.

Außer der Bundestagsfraktion der GRÜNEN befanden sich auch alle anderen politischen Akteure unter dem Mittelwert der Tauschabhängigkeit des Gesamtsystems.

Allgemein kann angemerkt werden, daß einflußreiche Organisationen mit breitgefächertem Interesse in der Regel über ausreichend Kontrollanteile verfügen, ohne Tausch ihre Interessen zu realisieren.

Dasselbe Konzept kann auch auf die Streitfragen angewandt werden:

$$e_i = [\Sigma_i |d_{ji}|] / 2v_i$$

Hier stellt sich die Frage, wieviel Kontrolle schon in Besitz der an dieser Streitfrage interessierten Akteure und wie hoch der Angbotsüberschuß ist.

Der höchste Wert kann dadurch erzielt werden, daß ein Akteur alleine eine Streitfrage kontrolliert, an der er nicht interessiert ist.

Daher folgt, daß umso näher e_i bei 0 liegt, je mehr Kontrolle über Streitfrage i besitzen die an i interessierten Akteure.

Tabelle 25: Tauschabhängigkeit der Streitfragen

Nr.	Streitfrage	e-Wert
16.	Änderung Kündigung Baugewerbe	.902
17.	Neureg. Lohnfortzahlungsversicherung	.886
18.	Änderung Förderungkatalog bei ABM	.855
3.	BeschZahl über TZeit-Stundenzahl	.842
6.	Reglementierung AZeit bei TZeit	.834
12.	Überordnung Tarifvertrag bei TZeit	.826
8.	Rentenversicherung Alleinhandwerk	.811
7.	Höhere Bestrafung illeg. Beschäft.	.748
5.	Aufhebung des Vermittlungsmonopols BA	.698
4.	Änderung Lohnfortzahlung	.684
15.	Änderung Kassenkurenfrist	.672
9.	Mutterschaftsgeld Lohnfortzahlung	.658
14.	Höherer Länderbeitrag bei ABM	.650
10.	Abbau Sozialplanvorschriften	.632
2.	Flexiblere AZeit von TZeit	.620
11.	Verlängerung ANehmerüberlassung	.585
13.	Verbot Unterschied TZeit und VZeit	.490
1.	Befristete AV	.467

Hypothetisch kann für den Verlauf eines Gesetzes davon ausgegangen werden, daß sich dessen Verabschiedung umso problemloser gestaltet, je ausgeglichener die Kontroll- und Interessenverteilung seiner Inhalte vor dem Tausch waren. Die Summe e über alle Streitfragen erbrachte einen Wert von .729; dies zeigt, daß sehr große Unterschiede in der Interessen- und Kontrollverteilung an den Streitfragen bestanden.

Besonders die Änderung des Kündigungsschutzgesetzes im Baugewerbe macht die Diskrepanz zwischen Interessen- und Kontrollverteilung deutlich. Nur acht der 18 Streitfragen liegen unter dem Gesamtssystemwert und belegen das Ungleichgewicht, das auf dem Streitfragenmarkt des Beschäftigungsförderungsgesetzes vorherrschte.

4.3 Prognostizierter und tatsächlicher Streitfragenausgang

Der Ausgang einer Streitfrage wird jedoch nicht allein über den Preis oder die Verteilung von Interessen und Kontrolle bestimmt. Daneben müssen die Richtung der Interessen (Befürworter / Gegner) und das Einflußpotential, das jedem interessegeleiteten Akteur zur Verfügung steht, beachtet werden.

Aus den Stellungnahmen der Organisationen konnte die Richtung der Interessen für eine Streitfrage entnommen werden (befürwortende / ablehnende Position). Diese Interessenrichtung wurde in die Vorzeichen-Matrix Y übernommen.

Wie in Kapitel IV beschrieben gibt C* Aufschluß über die Kontrollverteilung nach dem Tausch; mit der Hinzunahme der Y-Matrix wird anschließend die Richtung der Kontrollverteilung nach dem Tausch berechnet.

Mit der Aufsummierung von i aus $C^*_{ij} = X_{ji} * p_j / v_i$ lassen sich dann die Bedingungen für den Ausgang einer Streitfrage feststellen. Positive Werte prognostizieren die Verabschiedung einer Streitfrage; negative Werte lassen auf die Änderung oder die Streichung einer Streitfrage aus dem Gesetzestext schließen.

Für die 18 Streitfragen erbrachte dies folgende Werte:

Tabelle 26: Ausgang der 18 Streitfragen

Streitfrage	C*-Wert
1. Befristete AV	.018
2. Flexible AZeit von TZeit	-.448
3. BeschZahl über TZeit-Stundenzahl	1.000
4. Änderung Lohnfortzahlung	.153
5. Aufhebung Vermittlungsmonopol BA	.649
6. Reglementierung AZeit von TZeit	.185
7. Höhere Bestrafung bei illeg. Besch.	-.400
8. Rentenversicherung Alleinhandwerk	-.323
9. Mutterschaftsgeld in Lohnfortzahlung	-.081
10. Abbau von Sozialplanvorschriften	-.070
11. Verlängerung ANehmerüberlassung	-.694
12. Überordnung Tarifvertrag bei TZeit	.271
13. Verbot Unterschied TZeit und VZeit	-.647
14. Höherer Länderbeitrag bei ABM	-.942
15. Änderung Kassenkurenfrist	-.154
16. Änderung Kündigung Baugewerbe	1.000
17. Neureg. Lohnfortzahlungsversicherung	.207
18. Änderung Förderung bei ABM	1.000

Nach diesen Ergebnissen müßte die Hälfte der 18 Streitfragen gescheitert sein. Besonders negativ wären die Themen für einen höheren Länderbeitrag bei Arbeitsbeschaffungsmaßnahmen, im Bereich der Verlängerung der Arbeitnehmerüberlassungsfristen, dem Verbot einer unterschiedlichen Behandlung von Teil- und Vollzeitbeschäftigten und

der Neuregelung der Kassenkurenfristen ausgefallen. Die Berücksichtigung der Stundenzahl von Teilzeitbeschäftigten bei der Feststellung der Beschäftigtenzahl eines Unternehmens, die Änderungen des Kündigungsschutzgesetzes im Baugewerbe und des Förderungskatalogs bei AB-Maßnahmen müßten im Rahmen des Beschäftigungsförderungsgesetzes problemlos verankert worden sein.
Zur Überprüfung der Resultate wurden die einzelnen Beschlüsse des Ausschusses herangezogen. Anhand der inhaltlichen Änderungen des Ausschusses und des zur zweiten und dritten Lesung im Bundestag eingebrachten Gesetzestextes wird im folgenden untersucht, ob der aus dem Modell abgeleitete Erfolg bzw. Mißerfolg der einzelnen Streitfragen in der Gesetzesvorlage des Beschäftigungsförderungsgesetzes 1985 nachvollzogen werden kann[258].
Am 17.04.1985 wurde die Beschlußempfehlung des Ausschusses für Arbeit und Sozialordnung abgefaßt. Im ersten Abschnitt des Artikels 1 wurde die Dauer der einmaligen Befristung des Arbeitsvertrags auf 18 Monate festgesetzt. Der Entwurf der Bundesregierung sah lediglich eine Befristung auf ein Jahr vor, und auch die von ihr beantragte Bindung, die ein befristetes Arbeitsverhältnis nur für arbeitslos gemeldete oder unmittelbar aus der Berufsausbildung entlassene Arbeitnehmer vorsah, wurde gestrichen. Allerdings schränkte der Ausschuß die Dauer der Zulässigkeit dieser Regelung mit einem ursprünglich vorgesehenen Zeitraum vom 1.1.1985 bis zum 31.12.1991 auf eine Frist vom 1.5.85 bis zum 1.1.1990 ein. Dies bestätigt einerseits den positiven Ausgang der Streitfrage, andererseits erklärt die zeitliche Einschränkung den relativ niedrigen Wert, der für die erleichterte Zulassung befristeter Arbeitsverträge errechnet wurde. Im Bereich der Flexibilisierung der Arbeitszeit für Teilzeitbeschäftigte bzw. der Reglementierung der Arbeitszeit für

258 hierzu wurde die Drucksache 10/3206 des Deutschen Bundestages und die Beigabe 1 mit der Gegenüberstellung des "geltenden Rechts" und dem Gesetzentwurf der Bundesregierung herangezogen.

Teilzeitbeschäftigte wurden die Arbeitgeber an strenge gesetzliche Vorlagen gebunden. Entgegen dem Regierungsentwurf wurde der Arbeitgeber in Paragraph 4 des zweiten Abschnitts im Bereich der Anpassung der Arbeitszeit an den Arbeitsanfall verpflichtet, eine bestimmte Dauer der Arbeitszeit festzulegen; ansonsten wird von einer wöchentliche Arbeitszeit mit zehn Stunden ausgegangen. Daneben wird der Arbeitgeber angehalten, den Arbeitnehmer jeweils für mindestens drei aufeinanderfolgende Stunden zur Arbeitsleistung in Anspruch zu nehmen. Nach Absatz 2 wird der Arbeitnehmer nur zur Arbeitsleistung verpflichtet, wenn der Arbeitgeber ihm die Lage seiner Arbeitszeit jeweils mindestens vier Tage im voraus mitteilt.

Die im Gesetzestext aufgeführten Regelungen können nicht den Eindruck verhindern, das im Modell erzielte positive Ergebnis im Bereich "Reglementierung der Arbeitszeit bei Teilzeitbeschäftigten" und das negative Resultat der Streitfrage "Mehr flexible Arbeitszeit für Teilzeitbeschäftigte" zu bestätigen. Ähnlich gestaltet sich das Thema "Abbau von Sozialplanvorschriften", dem im Modell ein "relativ niedriger" negativer Ausgang bescheinigt wird. Die im Rahmen der Änderung des Betriebsverfassungsgesetzes getroffenen Regelungen zum Sozialplan umfassen insgesamt 13 Abschnitte, wobei die Sozialplanvorschriften bei Personalabbau und Neugründungen exakt nach Betriebsgröße bzw. Beschäftigtenzahl bemessen werden. Der leichte negative Ausgang kann sich aber auch aus der Einschränkung für größere Betriebe mit mindestens 500 Arbeitnehmern ableiten, deren Feststellung der Beschäftigtenzahl mit der Einfügung "in der Regel" variabel gehandhabt wird.

Streitfrage 12 mit dem Vorrang des Tarifvertrags, der eine tarifvertragliche Änderung der o.g. Vorschriften für Teilzeitbeschäftigte zuungunsten des Arbeitnehmers ermöglicht, wurde im Gesetzestext (Paragraph 6) unverändert übernommen. Lediglich werden im öffentlichen Dienst die Kosten des Betriebes mit Zuwendung im Sinne des Haushaltsrechts und nicht aus überwiegenden öffentlichen Mitteln gedeckt. Auch der Kündigungsschutz im Baugewerbe (Streitfrage 16) wurde wie die Berücksichtigung der Stundenzahl von Teilzeitbeschäftigten bei der Feststellung der Beschäftigtenzahl (Streitfrage 3) ohne Änderungen weitergegeben und entsprechen den hohen positiven Werten im Modell (1.00). Die Neuregelung des Lohnfortzahlungsgesetzes betraf drei der 18 Streitfragen:

1. Neuregelung des Anwendungsbereichs;
2. Einbeziehung des Mutterschaftsgeldes;
3. Änderung der Beiträge in der Lohnfortzahlungsversicherung.

Sowohl die Neuregelungen des Anwendungsbereich als auch der Beitragsänderungen erfolgten in Artikel 6. Der Ausschuß nahm jedoch gravierende Einschränkungen bei der Einbeziehung des Mutterschaftsgelds vor. Die Ortskrankenkassen, die Innungskrankenkassen, die Bundesknappschaft und die Seekrankenkassen müssen nur denjenigen Arbeitgebern 80% der nach dem Mutterschaftsgesetz vom Arbeitgeber gezahlten Zuschüsse zum Mutterschaftsgeld rückerstatten, die in der Regel weniger als zwanzig Arbeitnehmer beschäftigen. Auch für diesen Themenkomplex liefert das Modell brauchbare Ergebnisse: Während die Mutterschaftsregelungen einen geringen negativen Wert aufweisen, wird der Ausgang der Neuregelung des Anwendungsbereichs und der Beitragsveränderung der Lohnfortzahlungsversicherung positiv bestätigt und findet seine Festschreibung im Gesetzestext.

Ein weiterer inhaltlicher Schwerpunkt betraf mit der Aufhebung des Vermittlungsmonopols der Bundesanstalt für Arbeit, der Finanzierung und Neuregelung des Förderungskatalog von Arbeitsbeschaffungsmaßnahmen die Änderung des Arbeitsförderungsgesetzes. Für die Aufhebung des Vermittlungsmonopols sprach sich selbst der Vertreter der Bundesanstalt in seiner schriftlichen Stellungnahme aus; entsprechend dem Regierungsentwurf wurde auch sie im Auschuß umgesetzt. Auch hier wird der positive Ausgang der Streitfrage (5) im Modell vorhergesagt.

Die Änderung des Förderungskatalogs von AB-Maßnahmen mit einer stärkeren Berücksichtigung von Projekten, die der Erhaltung oder Verbesserung der Umwelt dienen, wurde vom Ausschuß unverändert übernommen (Paragraph 91 Abs. 3 Nr. 4). Dieser problemlose positive Ausgang kommt auch durch den Modellwert 1.00 der Streitfrage zum Ausdruck (Streitfrage 18).
Bei der Finanzierung wurde in Paragraph 96 Abs. 2 des AFG ein höherer Länderbeitrag gefordert, den der Bundesrat schon in seiner Stellungnahme aufgrund der angespannten Haushaltslage der Kommunen- und Länderkassen ablehnte. Diese Streitfrage (14) weist den höchsten negativen Wert im Modell auf. Ihr Mißerfolg wurde vom Ausschuß mit der ersatzlosen Streichung des Paragraphen umgesetzt. Innerhalb der Änderung des AFG wurde auch das Thema einer höheren Bestrafung bei illegaler Ausländerbeschäftigung (7) behandelt, dessen Ausgang einen negativen Wert aufweist. Eine Gegenüberstellung des "geltenden" Rechts und des Regierungsentwurfs macht das Resultat plausibel:
In Paragraph 227a Abs. 1 lautet die Rechtslage vor dem Regierungsentwurf wie folgt:
"Wer als Arbeitgeber einen nichtdeutschen Arbeitnehmer, der eine nach Par. 19 Abs. 1 Satz 1 erforderliche Erlaubnis nicht besitzt, zu Arbeitsbedingungen beschäftigt, die in einem auffälligen Mißverhältnis zu den Arbeitsbedigungen stehen, die die gleiche oder eine vergleichbare Tätigkeit ausüben, wird mit einer Freiheitsstrafe bis zu drei Jahren oder mit Geldstrafe bestraft". Nach Abs.2 ist
"In besonders schweren Fällen die Strafe Freiheitsstrafe von sechs Monaten bis zu fünf Jahren. Ein besonders schwerer Fall liegt in der Regel vor, wenn der Täter gewerbsmäßig oder aus grobem Eigennutz handelt".
Der Regierungsentwurf faßte lediglich beide Absätze in Par. 227a Abs. 1 zusammen:
"Wer als Arbeitgeber einen nichtdeutschen Arbeitnehmer, der eine nach

Par 19 Abs. 1 Satz 1 erforderliche Erlaubnis nicht besitzt, zu Arbeitsbedingungen beschäftigt, die in einem auffälligen Mißverhältnis zu den Arbeitsbedingungen deutscher Arbeitnehmer stehen, die die gleiche oder eine vergleichbare Tätigkeit ausüben, wird mit Freiheitsstrafen bis zu drei Jahren oder mit Geldstrafe bestraft. In besonders schweren Fällen ist die Strafe eine Freiheitsstrafe von sechs Monaten bis zu fünf Jahren; ein besonders schwerer Fall liegt in der Regel vor, wenn der Täter gewerbsmäßig oder aus grobem Eigennutz handelt".

Die identische Abfassung des "alten" und "neuen" Paragraphen würde schon ausreichen, das Scheitern der "höheren Bestrafung illegaler Ausländerbeschäftigung" zu belegen. Der Regierungsentwurf geht jedoch in Abs. 2 mit der Einschränkung der Höchststrafe in besonders schweren Fällen darüber hinaus:

"Wer als Arbeitgeber

1. gleichzeitig mehr als fünf nichtdeutsche Arbeitnehmer, die eine nach Paragraph 19 Abs. 1 Satz 1 erforderliche Erlaubnis nicht besitzen, mindestens dreißig Kalendertage beschäftigt

oder

2. eine in Par 229 Abs 1 Nr. 2 bezeichnete vorsätzliche Zuwiderhandlung beharrlich wiederholt,

wird mit Freiheitsstrafe bis zu einem Jahr oder mit Geldstrafe bestraft. Handelt der Täter aus grobem Eigennutz, ist die Strafe eine Freiheitsstrafe bis zu drei Jahren oder eine Geldstrafe."

Auch in der Frage nach einem Verbot der unterschiedlichen Behandlung von Voll- und Teilzeitbeschäftigten (Streitfrage 13) können ähnliche Tendenzen ausgemacht werden. Während der Entwurf der SPD-Fraktion die Beweislast im Benachteiligungsfall dem Arbeitgeber aufbürden und explizit die gleiche Behandlung und Vergütung von Voll- und Teilzeitbeschäftigten festschreiben wollte, eröffnet der Regierungsentwurf in Paragraph 2 erst die Möglichkeit einer gesetzlich vorgeschriebenen unterschiedlichen Behandlung von Teil- und Vollzeitbeschäftigten: "Der

Arbeitgeber darf einen teilzeitbeschäftigten Arbeitnehmer nicht wegen der Teilzeitarbeit gegenüber vollzeitbeschäftigten Arbeitnehmern unterschiedlich behandeln, es sei denn, daß sachliche Gründe eine unterschiedliche Behandlung rechtfertigen". Da diese sachlichen Gründe nicht weiter spezifiziert werden, wird mit diesem Passus die unterschiedliche Behandlung legalisiert und auch der negative Ausgangswert für die Streitfrage findet nach dieser inhaltlichen Betrachtung seine Bestätigung. Streitfrage 11 mit der Verlängerung der Arbeitnehmerüberlassungsfrist wurde über eine Änderung des Arbeitnehmerüberlassungsgesetzes geregelt. Der Streitfrage wird im Modell ein negativer Ausgang vorausgesagt, der sich nur durch die Reduzierung der Bestimmungsdauer um zwei Jahre (anstatt bis zum 1.1.1992 auf den 1.1.1990) rechtfertigen ließe. Ansonsten aber folgte der Ausschuß dem Regierungsentwurf und erhöhte die Arbeitnehmerüberlassungsfrist von drei auf sechs Monate. Einen ähnlichen Ausgang weist die Rentenversicherungsbegünstigung des Alleinhandwerks auf, die sich trotz negativer Vorhersage im Gesetzestext unverändert wiederfindet.

Eine Streitfrage, die im Rahmen der Anhörung zum Beschäftigungsförderungsgesetz diskutiert wurde, findet im Gesetzestext keine Berücksichtigung: Der im Modell bestätigte Erfolg der Gegner einer Änderung der Kassenkurenfristen wird in vollem Umfang durch die Nichtberücksichtigung dieses Themas im Beschäftigungsförderungsgesetz ausgedrückt.

Abschließend kann festgehalten werden, daß der Ausgang von 16 der insgesamt 18 Streitfragen mit den Modellresultaten exakt bestätigt werden konnte. Die Regelung für die Verlängerung der Arbeitnehmerüberlassungsfristen wurde trotz ihrer Verabschiedung zeitlich eingeschränkt. Nur eine Streitfrage, die Rentenversicherungsbegünstigung des Alleinhandwerks, wurde entgegen der Modellprognose positiv entschieden.

Die Ergebnisse machen aber auch deutlich, daß die in Gesetzestexten abgefaßten Streitfragen einer genauen inhaltlichen Analyse unterzogen werden müssen. Überschriften, wie zum Beispiel das Verbot der unterschiedlichen Behandlung von Voll- und Teilzeitbeschäftigten, können keinerlei Hinweise über die Behandlung der Streitfrageninhalte geben. Erfolg oder Mißerfolg bei der Implementierung einer Streitfrage hängen vielmehr von der konkreten Formulierung ab, deren juristische "Verpackung" eine Beurteilung erschwert. Hier zeigen sich auch die Vorzüge des Modells: Die über die Dokumentenanalyse gewonnen Interessen der Akteure reduzieren selbst komplexe Artikelgesetze wie das Beschäftigungsförderungsgesetz auf seine thematischen Schwerpunkte. Anstelle des außenstehenden Betrachters übernehmen die Rechts- und Sozialabteilungen der relevanten Organisationen die Aufgabe, die Auswirkungen einzelner Gesetzesartikel und -abschnitte zu überprüfen bzw. zu bewerten.

Theoretisch entsprechen die sich hieraus ergebenden Modellimplikation der inhaltlichen Systemabgrenzung, die sich aus den gemeinsamen Bezugspunkt herleitet, der die Abhängigkeit der Akteure voneinander verdeutlicht.

Die Resultate sprechen aber auch für den zweiten Modellausgangspunkt, die Kontrollmatrix C. Ihre Operationalisierung erfolgte über das Empfänger-Sender-Kommunikationsnetzwerk. Danach üben zwar Agenten, wie die Mitglieder des Ausschusses für Arbeit und Sozialordnungen, direkte Entscheidungsgewalt bzw. ihrer Sitzverteilung entsprechende Kontrolle aus, werden aber selbst von Akteuren kontrolliert, die sie mit wichtigen politischen Informationen versorgen.

4.4 Gewinner und Verlierer des Streitfragentauschs

Ebenso können mit dem Entscheidungsmodell auch die Gewinner und Verlierer über die Aufsummierung von j aus $C^*_{ij} = X_{ji} * p_j / v_i$ herausgearbeitet werden. Ein Akteur gewinnt/verliert, je mehr/weniger Streitfragen in Relation zu seinem Einflußpotential und dem Streitfragenwert in seinem Sinne entschieden wurden. Für die 38 Akteure ergab sich folgende Gewinn-/Verlustrechnungen, die weiteren Aufschluß über die Modellqualität geben können:

Tabelle 27: Gewinner/Verlierer des Streitfragentauschs

Organisation	C*j	Organisation	C*j
BMA	1.530	HDE	-.079
FDP-BT	.543	HBV	-.152
CDU-BT	.543	LVNS	-.154
BAGFW	.536	LVHe	-.154
BA	.477	LVBay	-.154
VdAK	.439	LVBW	-.154
DAG	.396	LVBre	-.154
BK	.244	BvBK	-.181
CGB	.238	ZDH	-.189
BfA	.220	BvZ	-.237
DBB	.125	LVSH	-.255
IGBSE	.114	LVHH	-.255
PKV	.097	GRÜ-BT	-.260
DIHT	.090	NGG	-.289
BvIK	.073	DGB	-.289
LVS	-.072	VDR	-.319
LVNRW	-.072	LVRP	-.430
LVBerl	-.072	SPD-BT	-.436
BDA	-.077	AOK-BV	-.492

Der Bundesminister für Arbeit und Sozialordnung, der das Beschäftigungsförderungsgesetz 1985 im Regierungssinne vertrat, kann sich nach dem Tausch als absoluter Gewinner betrachten (BMA: 1.53), gefolgt von der CDU/CSU- und FDP-Fraktion, deren Änderungsanträge positiv im Ausschuß für Arbeit und Sozialordnung aufgenommen wurden. Im Gegensatz dazu wurden die Anträge der SPD-Fraktion (-.436) und der Fraktion der GRÜNEN (-.260) abgelehnt, und beide Akteure finden sich auf der Verliererseite.

Mit diesem Resultat können die faktischen Verhältnissen im Gesetzgebungsverfahren nachvollzogen werden: Die Bundesregierung bringt zunächst ihre Vorstellungen, die sie im Verlauf des Verfahrens in einigen Punkten revidieren muß, über das zuständige Ministerium im Rahmen eines Gesetzentwurfs ein.

Zu den Änderungen tragen die partizipierenden Organisationen bei, die als wichtige Informationsgeber Fachausschüsse interessengeleitet kontrollieren. Die Regierungsfraktionen fungieren dabei als Korrektiv, indem sie neue Erkenntnisse des Regierungslagers einbringen und umsetzen. Für die Regierung, die einerseits am geringsten vom Tausch abhängig ist und andererseits keinen dominanten Machtfaktor darstellt, ergeben sich durch die Einbindung der relevanten Organisationen die meisten Vorteile. Die Oppositionskräfte, die ihre Problemsicht in Änderungsanträgen formulieren, können ihre Vorstellungen in diesem Verfahren nicht realisieren und kamen über eine demonstrative Position nicht hinaus. Neben den Oppositionsfraktionen weisen aber auch alle Ländervertretungen ein negatives Vorzeichen auf, obwohl sie ihre finanzielle Höherbelastung im Bereich der AB-Maßnahmen abwenden konnten. In der Stellungnahme des Bundesrates lehnten die Ländervertretungen die Veränderung der Arbeitnehmerüberlassungsfrist und die generelle Verankerung eines Verbots von Voll- und Teilzeitbeschäftigten bei Vorliegen eines sachlichen Grundes ab. Dennoch fanden beide Themen ihre Umsetzung im Ausschuß und lassen besonders Rheinland-Pfalz, das den höchsten Einflußpotentialwert aller Ländervertretungen aufwies, auf der Verliererseite erscheinen. Mit den negativen Vorzeichen auch der von CDU/CSU/FDP geführten Länder wird die Konkurrenz der Länder- und Bundesinteressen im Gesetzgebungsverfahren herausgestellt. Vermutlich verhindern die Mehrheitsverhältnisse in Bundestag und Bundesrat nur die institutionelle Verlängerung eines Bund/Länderkonflikts, wie er zum Beispiel mit der Einberufung des Vermittlungsausschusses möglich wäre.

Der Bundesarbeitsgemeinschaft der Freien Wohlfahrtspflege (BAGFW), die sich für die Aufhebung des Vermittlungsmonopols der Bundesanstalt für Arbeit aussprach und dies auch im Ausschuß realisieren konnte, kommt der größte Profit einer privaten Organisation nach dem Tausch zu. Von den Arbeitnehmervertretungen konnten die eher konservativen

Verbände (DBB, CGB, DAG) Vorteile erlangen und auch die Industriegewerkschaft Bau-Steine-Erden setzte sich mit ihrem primären Ziel, der Änderungen des Kündigungsschutzgesetzes im Baugewerbe, durch. Ansonsten wurde den Vorstellungen des DGB, der NGG und der HBV genausowenig nachgekommen wie denen der Arbeitgeberverbände (ZDH, HDE, BDA, BvZ). Zuviele Regelungen und arbeitsrechtliche Einschränkungen verhinderten einen Arbeitgebererfolg. Nur der Deutsche Industrie- und Handelstag (DIHT), der sich wie die BAGFW für die Aufhebung des Vermittlungsmonopols der BA einsetzte, konnte auf der Arbeitgeberseite leichte Gewinne verbuchen. Ein recht heterogenes Bild zeigen die Resultate für die Sozialversicherungsbehörden und -verbände auf. Verbände, die mehr als 50% der Streitfragen des Regierungsentwurfs ablehnten (VDR, AOK), mußten die größten Verluste in Kauf nehmen. Den Interessen der Bundesanstalt für Arbeit (BA), der Bundesknappschaft (BK) und der Bundesversicherungsanstalt für Angestellte (BfA) wurde dafür mit der Verabschiedung des Beschäftigungsförderungsgesetzes im Ausschuß nachgekommen.
Der vom Ausschuß in wesentlichen Punkten veränderte Gesetzentwurf zum Beschäftigungförderungsgesetz wurde am 19.04.1985 in die zweite Lesung des Bundestags eingebracht und in der dritten Lesung, die am selben Tag stattfand, ohne weitere Korrekturen in namentlicher Abstimmung verabschiedet. Der Bundesrat gab eine Woche später ohne Einwände seine Zustimmung, und mit der Verkündung im Bundesgesetzblatt wurde das Beschäftigungsförderungsgesetz 1985 am 30.04.1985 implementiert[259].

259 vgl. Bundesgesetzblatt I, "Beschäftigungsförderungsgesetz 1985 (BeschFG 1985)", S. 710f., 1985

VI. Fazit

Die vorliegende Untersuchung ging von der Beobachtung aus, daß staatliche Politik als ein Produkt von komplexen Interaktionen zwischen politischen und privaten Organisationen, die sich alle um die Beeinflussung kollektiv bindender Entscheidungen bemühen, angesehen werden kann. Die beteiligten Organisationen sind eingebettet in Interaktionsnetzwerke, deren Struktur einerseits die prozessuale Dimension der politischen Willens- und Entscheidungsfindung, andererseits strukturell den Ausgang der Entscheidungen prägt.

Die inhaltliche Abgrenzung des Politikfelds "Arbeit" umfaßte alle Themen und Regelungen, die das Verhältnis von Kapital und Arbeit in der Zeit von 1983 bis Mitte 1988 betrafen. Dieser Politikfeldabgrenzung lag die Annahme eines sozialen Systems zugrunde, dessen Basis die gemeinsamen Symbolbezüge sind: Die gemeinsame Bedeutung oder die gemeinschaftliche Orientierung kommt einem verbindenden Bezugspunkt gleich, der die Abhängigkeit der Akteure voneinander verdeutlicht. Nach dieser Definition wurden zunächst die wesentlichen inhaltlichen Fragen ausgewählt, und anschließend die arbeitspolitisch relevanten Organisationen identifiziert. Dies erbrachte ein Sample von 126 Organisationen, die von Oktober 1988 bis März 1989 Fragen erstens zu ihrer Interessenstruktur und zweitens zu ihren Beziehungen zu den anderen arbeitspolitischen Organisationen (Interaktionsstruktur) beantworteten.

Die Teilbereichsinteressenstruktur zeigte die vergangenen Arbeitspolitikschwerpunkte auf: Im Vordergrund standen mit den Bereichen "Tarifvertragsrecht", "Unternehmensmitbestimmung" und "Betriebsverfassung" die "klassische" Arbeitspolitik, die von korporativen Elementen ergänzt wurde. In diesem Zusammenhang konnte aufgezeigt werden, daß sich in diesen Resultaten die Grundzüge sozialliberaler Arbeitspolitik der siebziger Jahre wiederfinden.

Über die Streitfragen, die sich auf den Untersuchungszeitraum von 1983 bis 1988 bezogen, fand eine Aktualisierung der Arbeitspolitik statt. Neue

Problemlagen standen auf der Tagesordnung, die untereinander konkurrieren und zu einer Veränderung der Interessenstruktur führten. Die räumliche Anordnung der Streitfragen bestätigte die Politikfeldabgrenzung, die sich an den symbolischen Bezugspunkten der Akteure orientierte. Die Interessenstrukturveränderung steht im engen Zusammenhang mit dem Regierungswechsel 1982/83. Schon aus der Vercodung aller arbeitspolitischen Gesetzesinitiativen wurde ersichtlich, daß von nun an speziell auf das Arbeitsvertragsrecht und die Sozialpolitik eingegangen wurde. Besonders zu Beginn der 10. Wahlperiode stellte die CDU/CSU/-FDP-Koalition ihre arbeitspolitischen Zielsetzung zur Diskussion.

Die thematischen Schwerpunkte hatten aber auch Auswirkungen auf die Interaktionsmerkmale der Organisationen, die sich vornehmlich aus den Kommunikationsnetzwerken ableiten ließen. Kommunikation ist die wichtigste Voraussetzung zur Beeinflussung politischer Ereignisse, und die Dichten der Netzwerke gaben einen ersten Einblick in diesen vertrauensvollen und teilweise privilegierten Informationsfluß. Obwohl sich die Gesamtdichten der Sender-Empfänger- und der Empfänger-Sender-Matrix nicht unterschieden, war die Informationsflußrichtung für die Zentralitätsberechnung einzelner Organisationen zu beachten: Die Bewertung der direkten Zugangsmöglichkeiten oder der Kommunikationsabhängigkeiten zog bei der Sender-Empfänger-Richtung größere Differenzen nach sich, als dies bei der Empfänger-Sender-Matrix der Fall war. Beide Vorgehensweisen erbrachten Spitzenpositionen der politischen Akteure, die sie gemeinsam mit einigen hochspezialisierten und gut ausgerüsteten privaten Organisationen innehatten.

Für die Modalitäten des Konflikt- und Problemverarbeitungsprozesses bedeutet diese Konstellation, daß Handlungsoptionen mit den staatlichen Funktionsträgern ausgearbeitet werden müssen. Teilweise werden sie auch innerhalb der einzelnen Organisationstypen sehr intensiv besprochen und anschließend an die politischen Akteure weitergereicht. Die Funktionsträger kooperieren sehr stark untereinander und stimmen ihre Vorgehensweisen ab.

Als Validitätskriterium für die Wichtigkeit der zentralen Informationspositionen konnte die Machtreputationseinschätzung der 126 befragten Akteure herangezogen werden. Nach diesem eindimensionalen Machtkonzept erhielten diejenigen Organisationen die meisten Stimmen, die auch eine sehr zentrale Rolle in den Kommunikationsnetzwerken besaßen. Generell wurden politische Akteure innerhalb ihres Organisationstyps als weitaus einflußreicher angesehen. Vielleicht überschätzen staatliche Organisationen ihre formale Entscheidungsgewalt im Entscheidungsfindungsprozeß und sehen keine Unterschiede zwischen Verfassungstheorie und -praxis.

Beide Netzwerke müssen jedoch vor dem Hintergrund einer Potentialsichtweise gesehen und an konkreten Entscheidungen gemessen werden. Für Politikfelder finden sich einzelne und teilweise eigenständige Einflußkanäle, die zumeist von den institutionellen Verfahrensregeln vorgegeben werden. Im Politikfeld "Arbeit" sind dies das Gesetzgebungsverfahren, der Verordnungsweg, Gerichtsurteile und die Allgemeinverbindlichkeitserklärungen. Alle vier Verfahren weisen unterschiedliche Zugänge bzw. Zuständigkeitsbereiche auf, deren Bedeutung im Untersuchungszeitraum festzustellen war.

Im parlamentarischen Regierungssystem der Bundesrepublik wird auch das Politikfeld "Arbeit" von den Gesetzesinitiativen der Bundesregierung, des Bundestags und des Bundesrats dominiert. Nicht nur die Häufigkeitsverteilung der arbeitspolitischen Ereignisse, die im Untersuchungszeitraum hohe öffentliche Aufmerksamkeit auf sich zogen, sondern auch die Möglichkeit, die über den Verordnungsweg oder Gerichtsurteile getroffenen Entscheidungen zu korrigieren, unterstreichen die Vormachtstellung des Parlaments. Nach Relevanzgesichtspunkten zeigt sich das Gesetzgebungsverfahren für den arbeitspolitischen Willensbildungs- und Entscheidungsfindungsprozeß verantwortlich, das auch im Mittelpunkt der vorliegenden Untersuchung stand.

Allerdings wies schon der Abschnitt über die Partizipation von Organisationen an den 32 Ereignissen auf die Schwierigkeiten hin, ex post Präferenzen an Ereignissen festzustellen, deren Ausgänge zum Befragungszeitpunkt bekannt waren, und diese anschließend in eine rationales Entscheidungsmodell einzubinden.
Sowohl Regierungsvorlagen als auch Oppositionseinbringungen riefen doppelt soviele Befürworter wie Gegner hervor.
Beide Modelle (ADM und AMM) verbanden Interdependenz- und Interaktionsstruktur der arbeitspolitischen Organisationen. Über die Informationsnetzwerke wurde einerseits die Einbindung der privaten Organisationen in den Entscheidungsfindungsprozeß vorgenommen; andererseits wurden die Kontroll- oder Machtanteile der Akteure ereignisspezifisch operationalisiert. Damit wurde sowohl den Bedingungen der Geschlossenheit des Systems als auch den institutionellen Rahmenbedingungen Rechnung getragen.
Obwohl die für den Entscheidungsausgang der 32 Ereignisse prognostizierten Werte keine befriedigenden Resultate erbrachten, konnten die Angaben einige Aufschlüsse über den Verlauf von Policies geben. Agrarpolitische Initiativen fanden im Politikfeld "Arbeit" keine Widersacher und konnten aus Sicht der Befragten als distributiv eingeordnet werden.
Hohe Preise erzielten die "Ereigniskomplexe" der Regierung zu Beginn ihrer Amtszeit, die auch die meisten Aktivitäten der interessierten Organisationen nach sich zogen. Dies ließ auf Umverteilungskosten bzw. -nutzen schließen, d.h. auf einen redistributiven Charakter.
Die Präferenzangaben brachten die Doppeldeutigkeit von Erfolg zum Vorschein. Generell kann die außerparlamentarische Gegnerschaft die Ablehnung einer Oppositions- oder Ländereinbringung nicht auf ihrem Konto verbuchen; bei zu starkem Engagement könnte sie sich dem Vorwurf der Verschwendung von Kontrollressourcen aussetzen.
Allerdings können schon jetzt die Vorteile der Dokumentenanalyse

festgehalten werden. Nicht zuletzt aus den vermutlichen Interessendissonanzen, die sicherlich in einigen empirischen Untersuchungen auch zum Aufschwung von "garbage can"-Modellen beigetragen haben, kann der Versuch einer Einbindung dieser Befragungsergebnisse in ein rationales Tauschmodell über alle relevanten Politikfeldereignisse als gescheitert angesehen werden. Abgelehnte Einbringungen zogen noch nicht einmal Interessenangaben der Entscheidungsverantwortlichen nach sich.

Weiterhin kann nicht davon ausgegangen werden, daβ Tausch den direkten Ausgang mit der Ablehnung oder der Verabschiedung einer Gesetzesinitiative in der Bundesrepublik bestimmt. Nach dem Motto "Für Zugeständnisse im Montanbereich gestaltet sich die Arbeitsmarktflexibilisierung leichter" kam Gesetzesinitiativentausch nicht zustande. Die direkten Entscheidungsausgänge wurden primär von den parlamentarischen Mehrheitsverhältnissen bestimmt.

Daher wird auch einer getrennten Aufarbeitung von Regierungs- und Oppositionseinbringungen der Vorzug eingeräumt. Die Vorstellung, daβ die Verabschiedung bzw. Ablehnung einer Gesetzesinitiative einer dichotomen kollektiven Entscheidung gleichkommt, erscheint aber auch angesichts des juristisch-administrativen Verwaltungsapparats, der in der Arbeitspolitik besonders ausgeprägt ist, zu vereinfacht. Es sollten vielmehr die einzelnen Initiativen auf ihre Streitfragen und deren Inhalte ausgeweitet und Tauschmöglichkeiten erstens innerhalb einer Initiative und zweitens über einige Initiativen hinweg untersucht werden. Die Identifikation der wesentlichen Themen eines Gesetzestextes kann aus den Stellungnahmen der relevanten Organisationen erfolgen, deren arbeits- und sozialrechtlichen Abteilungen selbst umfangreiche Änderungen auf wesentliche Punkte reduzieren. Diese Vorgehensweise entspricht zudem der theoretischen Politikfeldabgrenzung: Die Systemmitgliedschaft in einem sozialen System wird festgelegt durch die gemeinsame Bedeutung und Betroffenheit, die die Mitglieder bei ihren Interaktionen in Rechnung stellen; dabei umfaβt das Politikfeld sämtliche Bezugspunkte, die ihm von den Akteuren beigemessen werden.

Die Analyse des Entscheidungsfindungsprozesses im Rahmen des Beschäftigungsförderungsgesetzes kam dieser inhaltlichen Vorgabe nach. Die Modellresultate lieferten eine fast exakte Prognose für den Streitfragenausgang und belegten rationalen Streitfragentausch im Gesetzgebungsprozeß. Ausführlich wurden die einzelnen Policy-Phasen des Beschäftigungsförderungsgesetzes betrachtet und hinsichtlich der Einflußmöglichkeiten und Einflußnahme erörtert. Es stellte sich heraus, daß nur auf der Ausschußebene einschneidende Änderungen vorgenommen und im Modell umgesetzt wurden. Agenten waren in diesem Zusammenhang die Ausschußmitglieder des federführenden Ausschusses Arbeit und Sozialordnung, deren unterschiedliche Kontrollanteile sich auf die partizipierenden Organisationen verteilte. Welche Organisation Kontrollanteile erwarb, hing von den Kommunikationsnennungen der Agenten ab: Gab ein Agent an, wichtige arbeitspolitische Informationen von einem Akteur zu erhalten, so verteilten sich seine Kontrollanteile auf die angekreuzten Organisationen.
Mit dieser Operationalisierung bzw. mit der Prognose des Entscheidungsausgangs wird die Relevanz von Informationsnetzwerken in einem Politikfeld unterstrichen. Die im Kapitel "Das Access-Entscheidungsmodell" vorgestellte Kontrollmatrix würde dann über die Aufsummierung der Phasenkontrollanteile operationalisiert werden, in denen tatsächlich Änderungen des Gesetzestextes vorgenommen wurden.
Die Ausgangsbeurteilung, die im Rahmen der Änderungen des Beschäftigungsförderungsgesetzes per Dokumentenanalyse vorgenommen wurde, ließ weitere Vorteile der Entscheidungsmodellierung erkennen. Juristisch verklausulierte Gesetzestexte geben zunächst keinen Aufschluß über Erfolg bzw. Mißerfolg einer Streitfrage, die aus Sicht der Organisationen im Mittelpunkt eines Ereigniskomplexes stand. Erst mit einem Vergleich der einzelnen Formulierungsvorschläge und einer Gegenüberstellung des "geltenden" Rechts und des Gesetzestextes

konnten eindeutige Gewinner und Verlierer identifiziert und der Gesetzestextinhalt beurteilt werden.
Abschließend sei noch erwähnt, daß bei dieser Arbeit eine bewußte Abgrenzung von der Neokorporatismusdiskussion vorgenommen wurde. Die weniger empirisch und meist präskriptiv geführte Debatte dürfte wohl eher die Einstellungen und Meinungen ihrer Befürworter und Widersacher abbilden und, gegebenenfalls, besser für einen internationalen Systemvergleich geeignet sein. Beispielsweise könnten Kommunikationsstrukturen Aufschluß über die Zusammenarbeit von Arbeitgebervertretern, Gewerkschaften und Regierung geben und systemtypische Interaktionsmerkmale aufzeigen.
Aus den Modellresultaten wurde einerseits ersichtlich, daß beide klassischen Konfliktpartner bei der Verabschiedung des Beschäftigungsförderungsgesetzes auf der Verliererseite standen. Andererseits sind sowohl die einzelnen Gewerkschaften als auch die Arbeitgeberverbände eng untereinander verbunden. Bei der konkreten Streitfragenrealisierung fanden sich aber erhebliche Interessenunterschiede. Deutscher Gewerkschaftsbund und Deutsche Angestelltengewerkschaft unterschieden sich genauso in ihren Präferenzen wie beispielsweise die Bundesvereinigung der Deutschen Arbeitgeberverbände und der Zentralverband des Deutschen Handwerks. Dieses Fehlen von Klassengegensätzen im Politikfeld "Arbeit", das die Nahtstelle der Austauschbeziehungen zwischen Kapital und Arbeit darstellt, läßt die These von einer Fortsetzung des klassischen Arbeitgeber/Arbeitnehmer-Konflikts über die Beeinflussung von kollektiven Entscheidungen in den Hintergrund treten.

VII. Literatur

Aldrich, H.: "Organizations and Environments", Englewood Cliffs 1979

Aldrich, H./Pfeffer, J.: "Environments of Organizations", Annual Review of Sociology 2, 1976

v. Alemann, U.: "Neokorporatismus", Frankfurt/New York 1981

v. Alemann, U.: "Der Wandel organisierter Interessen in der Bundesrepublik", Aus Politik und Zeitgeschichte 49, 1985

v. Alemann, U./Heinze, R.G.: "Verbände und Staat. Vom Pluralismus zum Korporatismus. Analysen, Positionen, Dokumente", Opladen 1979

Alford, R./Friedland, R.: "Powers of Theory: Capitalism, the State, and Democracy", New York 1985

Almond, G.: "Comparative Study of Interest Groups and the Political Process", The American Political Science Review 52, 1958

Appoldt, F.W.: "Die Öffentlichen Anhörungen des Deutschen Bundestags", Berlin 1971

Armingeon, K.: "Neo-Korporatistische Einkommenspolitik: eine vergleichende Untersuchung von Einkommenspolitiken in westeuropäischen Ländern in den 70er Jahren", Frankfurt 1983

Arndt, H.: "Markt und Macht", Tübingen 1973

Arrow, K.: "Social choice and individual values", New York 1951

Avenarius, H.: "Kleines Rechtswörterbuch", Bonn 1985

Banfield, E. C.: "Political Influence", New York 1961

Benson, J. K.: "A Framework for Policy Analysis", in: Rogers et al (Hrsg.), Interorganizational Coordination: Theory, Research, and Implementation, 1982

Berger, S.: "Organizing Interests in Western Europe. Pluralism, corporatism, and the transformation in politics", Cambridge 1981

v. Beyme, K.: "Interessengruppen in der Demokratie", München 1974

v. Beyme, K.: "Der Gewerkschaftsstaat - eine neue Form der gemischten Verfassung ?", in: Haungs (Hrsg.), Res Publica, München 1977

v. Beyme, K.: "Das politische System der Bundesrepublik Deutschland", München 1981

v. Beyme, K.: "Staat", 1985

Boje, D. M./Whetten, D. A.: "Effects of Organizational Strategies and Constraints on Centrality and Attributions of Influence in Interorganizational Networks", Administrative Science Quarterly 26, 1981

Buchholz, E. H.: "Interessen, Gruppen, Interessengruppen", Tübingen 1970

Bundesgesetzblatt I,"Beschäftigungsförderungsgesetz 1985 (BeschFG 1985), 1985

Bundesgesetzblatt (1983 bis 1988)

Bundesminister der Justiz (Hrsg.): "Bekanntmachung der öffentlichen Liste über die Registrierung von Verbänden und deren Vertretern", Bundesanzeiger, Nr. 144a, Bonn 31.3.1988

Bundesminister für Arbeit und Sozialordnung: "Brief des Leiters der Abteilung Arbeitsrecht", 23.3.1984

Bundestagsverwaltung: "Erfahrungen in den Fachausschüssen und Enquete-Kommissionen des Deutschen Bundestags", 23.4.1987

Bundesvereinigung der Deutschen Arbeitgeberverbände, Jahresberichte 1983-1987

Burt, R. S.: "Positions in networks", Social Forces 55, 1976

Burt, R. S.: "Cohesion versus structural equivalence as a basis for network subgroups", Sociological Methods and Research 7, 1978

Burt, R. S./Minor, M.: "Applied Network Analysis. A Methodological Introduction", Beverly Hills 1982

Burton, M. G./Higley, J.: "Elite theory: the basic contentions", San Antonio 1984

Busch, E./Handschuh, E./Kretschmer, G./Zeh, W.: "Wegweiser Parlament", Bonn 1988

CDU-Dokumentation: "Wortlaut der Koalitionsvereinbarungen", 12/1983

Clark, T. N.: "Community Structure and Decision-Making: Comparative Analyses", Palo Alto 1968

Coleman, J. S.: "Foundations for a Theory of Collective Decisions", American Journal of Sociology 71, 1966

Coleman, J. S.: "The Mathematics of Collective Action", Chicago 1973

Coleman, J. S.: "Social action systems", in: Szaniawski (Hrsg.), Problems of Formalization in the Social Science, 1977

Coleman, J. S.: "Individual Interests and collective action", 1986

Coleman, J. S.: "Foundations of Social Theory", Cambridge 1990

Das Parlament, 1983-1987, 1988 (Heft 1-32)

Däubler, W.: "Das Arbeitsrecht - 2. Arbeitsplatz - Arbeitslosigkeit - Kündigung - Arbeitsgerichtsbarkeit", Hamburg 1981

Deutsch, K. W.: "The Nerves of Government", New York 1966

Deutscher Bundesrat - Abteilung Dokumentation und Datenverarbeitung; "Zustimmungsbedürftige Verordnungen - Stand 10.3.1988", Bonn 1988

Deutscher Bundestag: "Amtliches Protokoll der 91. Sitzung des Deutschen Bundestags", Drucksache 10/2102, 18.10.1984

Deutscher Bundestag: "Beigabe 1 mit der Gegenüberstellung des geltenden Rechts und dem Gesetzentwurf der Bundesregierung zum Beschäftigungsförderungsgesetz 1985", Drucksache 10/3206, 1985

Deutscher Bundestag: "Geschäftsordnung des Deutschen Bundestags", Stand 1986

Deutscher Bundestag/Bundesrat: "Stand der Gesetzgebung des Bundes", Abschlußband 10. Wahlperiode 1983-1987, Bonn 1987

Deutscher Bundestag/Bundesrat: "Stand der Gesetzgebung des Bundes", Loseblattsammlung 11. Wahlperiode, Bonn 1989

Deutscher Gewerkschaftsbund: "Die Mitbestimmung", 1985-1987, 1988 (Heft 3-6)

DiMaggio, P. J./Powell, W. W.: "The iron cage revisited: institutional isomorphism and collective rationality in organizational fields", American Sociological Review 48, 1983

Domhoff, W. G.: "Who Rules America Now ? A View for the '80s", New York 1983

Dye, T. R.: "Understanding Public Policy", Englewood Cliffs 1976

Ehrmann, F.: "Interest Groups", 1968

Ellwein, T.: "Das Regierungssystem der Bundesrepublik Deutschland", Opladen 1977

Endruweit, G. et al.: "Handbuch der Arbeitsbeziehungen", Berlin 1985

Eschenburg, T.: "Herrschaft der Verbände?", Stuttgart 1955

Evans, P. B./Rueschemeyer, D./Skocpol, T.: "Bringing the State Back", 1989

Falter, J./Fenner, C./Greven, M.: "Politische Willensbildung und Interessenvermittlung", Opladen 1984

Field, L. G./Higley, J.: "Elitism", London 1980

Feldman, M. S./March, J. G.: "Information in organizations as signal and symbol", Administrative Quarterly 26, 1981

Fox, H. W./Schnitzer, M.: "Doing Business in Washington: How to Win Friends and Influence Government", New York 1981

Freeman, L. C.: "A set of measures of centrality based on betweeness", Sociometry 40, 1977

Freeman, L. C.: "Centrality in social networks: Conceptual clarification", Social Networks 1, 1979

Galaskiewicz, J.: "Exchange Networks and Community Politics", Beverly Hills 1979

Gamson, W. A.: "Understanding the careers of challenging groups: a commentary on Goldstone", American Journal of Sociology 85, 1980

Geschäftsordnung des Deutschen Bundestages, Bonn 1988

Gesetzentwurf der Bundesregierung, Drucksache 393/84

Gesetzentwurf der Bundesregierung: "Entwurf eines Beschäftigungsförderungsgesetzes 1985 (BeschFG 1985), Drucksache 10/2102, 1984

Gold, D./Lo, C./Wright, E. O.: "Recent developments in Marxists theories of the capitalist state", Monthly Review 27, 1975

Goldstone, J.: "The weakness of organization: a new look at Gamsons The strategy of Social Protest", American Journal of Sociology 85, 1980

Granovetter, M. S.: "Economic action, social structure, and embeddeness", American Journal of Sociology 91, 1985

Grimes, M. D./Bonjean, C. M./Lyon, J. C./Lineberry, R. L.: "Community structure and leadership arrangements: a multidimensional analysis", American Sociological Review 41, 1976

Grimm, A./Henning, C.: "Vorhersage des politischen Tauschs mit dem Coleman-Modell und anderen Determinanten", Seminararbeit, Kiel 1989

Haasis, H.: "Kommunalpolitik und Machtstruktur", Frankfurt 1978

Halbach, G./Mertens, A./Schwedes, R./Wlotzke, O.: "Recht der Arbeit", Bonn 1987

Hall, R./Quinn, R.: "Organizational Theory and Public Policy", London 1983

Hanf, K./Scharpf, F. W.: "Interorganizational Policy Making. Limits to Coordination and Central Control", London 1977

Hartwich, H.-H.: "Gesellschaftliche Probleme als Anstoß und Folge von Politik", Opladen 1983

Hayes, M. T.: "Lobbyists and Legislators", New Brunswick 1981

Heclo, H.: "Issue Networks and the Executive Establishment", in: King (Hrsg.), The New American Political System, Washington 1978

Heinz, J. P./Laumann, E. O./Nelson, R./Salisbury, R.: "Washington representatives and national policy making", New York 1982

Heinze, R. G.: "Verbändepolitik und Neokorporatismus", Opladen 1981

Heinze, R. G./Olk, T.: "Sozialpolitische Steuerung: Von der Subsidiarität zum Korporatismus", in: Glagow (Hrsg.), Gesellschaftssteuerung zwischen Korporatismus und Subsidiarität, 1984

Heisler, M.: "Corporate Pluralism Revisted: Where is the Theory ?", Scandinavian Political Studies, Vol. 2, No. 3, 1979

Hennis, W.: "Verfassungsordnung und Verbandseinfluß", Politische Vierteljahreszeitschrift 2, 1961

Hennis, W.: "Der Deutsche Bundestag 1949-1965", Der Monat 8, 1966

Hill, H.: "Einführung in die Gesetzgebungslehre", Heidelberg 1982

Hirsch-Weber, W.: "Gewerkschaften in der Politik. Von der Massenstreikdebatte zum Kampf um das Mitbestimmungsrecht", Opladen 1959

Hockerts, H. G.: "Sozialpolitische Entscheidungen im Nachkriegsdeutschland. Alliierte und deutsche Sozialversicherungspolitik 1954 bis 1957", Stuttgart 1980

Hubbel, C. H.: "An input-output approach to clique identification", Sociometry 28, 1965

Hummell, H. J./Sodeur, W.: "Strukturbeschreibungen von Positionen in sozialen Beziehungsnetzen", in: Pappi (Hrsg.), Methoden der Netzwerkanalyse , Bd. I, Oldenbourg 1988

Jordan, A./Richardson, J.: "Policy communities: the British and European style", Policy Studies Journal 11 (June), 1983

Jürgens, U./Naschold, F.: "Thesen und Materialien zur Arbeitspolitik", in: Hartwich (Hrsg.), Gesellschaftliche Probleme als Anstoß und Folge von Politik, Opladen 1983

Kappelhoff, P.: "Macht- und Netzwerkansatz bei der Analyse von Machtbeziehungen. Kollektive Entscheidungen als Tausch von Kontrolle", Arbeitsbericht Analyse sozialer Netzwerke, Wien 1977

Kappelhoff, P.: "Soziale Tauschsysteme", Habilitationsschrift, Kiel 1988

Kastendiek, H.: "Die Selbstblockierung der Korporatismus-Diskussion", in: Alemann (Hrsg.), Neokorporatismus, Frankfurt/New York 1981

Katz, L.: "A new status index derived from sociometric analysis", Psychometrica 18, 1953

Katzenstein, P.: "Between Power and Plenty. Foreign Economic Policies of Advanced Industrial States", Madison 1978

Kenis, P./Schneider, V.: "Policy Networks and Policy Analysis", Köln 1989

Kenis, P./Schneider, V.: "Policy Networks as an Analytical Tool for Policy Analysis: A Review and some Suggestions", Beitrag zur Konferenz "Policy Networks: Structural Analysis of Policy Making", Köln 1989

King, A.: "The New American Political System", Washington 1978

Klages, H.: "Beiträge der Organisationsforschung zur Analyse industrieller Gesellschaften", Berlin 1979

Knoke, D.: "Power Structures", in: Long (Hrsg.), The Handbook of Political Behavior 3, 1981

Knoke, D.: "Organization Sponsorship and Influence Reputation of Social Influence Associations", Social Forces 61, 1983

Knoke, D./Burleigh, F.: "Collective action economic policy domains", Manuskript zur Tagung der American Political Science Association, Washington 1986

Knoke, D./Burt, R. S.: "Prominence", in: Burt/Minor (Hrsg.), Applied Network Analysis. A Methodological Introduction, Beverly Hills 1982

Knoke, D./Kuklinski, J. H.: "Network Analysis", Beverly Hills 1982

Knoke, D./Laumann, E. O.: "The social organization of national policy domain: an exploration of some structural hyptheses", in: Marsden/Lin (Hrsg.), Social Structur and Network analysis, Beverly Hills 1982

Kocka: "Class formation, interest articulation, and Public policy: The origins of the German white-collar class in the late nineteenth and early twentieth centuries", in: Berger (Hrsg.), Organizing Interests in Western Europe, Cambridge 1981

Kruskal, J. B./Wish, M.: "Multidimensional Scaling", Beverly Hills 1978

Langeheine, R.: "Measures of Social Proximity and their Use in Sociometric Research", Zeitschrift für Soziologie 2, 1977

Latham, E.: "The Group Basis of Politics: Notes for a Theory", American Political Science Review 46, 1952

Laumann, E. O./Heinz, J. P.: "Washington lawyers - and others; the structure of Washington representatives", Stanford Law Review 37, 1985

Laumann, E. O./Knoke, D.: "The Organizational State: A Perspective on National Energy and Health Domains", Madison 1987

Laumann, E. O./Knoke, D.: "The Organizational State", Wisconsin 1987

Laumann, E. O./Knoke, D./Kim, Y.-H.: "An organizational approach to State policy formation: A comparative study of energy and health domains", 1985

Laumann, E. O./Pappi, F. U.: "Networks of Collevtive Action: A Perspective on Community Influence Systems", New York 1976

Lehmbruch, G.: "Einige Entwicklungslinien und Probleme in der "Korporatismus"-Diskussion", Neuss 1979

Lehmbruch, G.: "Wandlungen der Interessenpolitik im liberalen Korporatismus", in: Alemann/Heinze (Hrsg.), Verbände und Staat. Vom Pluralismus zum Korporatismus. Analysen, Positionen, Dokumente, Opladen 1979

Lehmbruch, G.: "Some Problems of Defining Corporatism as State/Interest Groups Constellation, Journal of Voluntary Action Research, Vol. 11, No. 4, 1982

Lehmbruch, G.: "Interorganisatorische Verflechtungen zwischen Parteien und organisierten Interessen im Neokorporatismus", in: Falter/Fenner/-Greven (Hrsg.), Politische Willensbildung und Interessenvermittlung, Opladen 1984

Lehmbruch, G./Lang, W.: "Die Konzertierte Aktion. Ansätze zu einem neuen Korporatismus in der Bundesrepublik", in: Landeszentrale für Politische Bildung in Baden-Württenberg (Hrsg.), Der Bürger im Staat, Jg. 12, Heft 1, 1977

Liebert, R. J./Imersheim, A. W.: "Power, Paradigms, and Community Research", London 1977

Lipset, S. M./Coleman, J. S.: "Union Democracy", New York 1956

Lowi, T. J.: "American Bussines, Public Policy, Case-studies and Political Theory", World Politics 16, 1964

March, J. G.: "Power of Power", in: March (Hrsg.), Decisions and Organizations, New York 1989

March, J. G.: "Decisions and Organizations", New York 1989

Marin, B.: "Die paritätische Kommission. Aufgeklärter Technokorporatismus in Österreich", Wien 1982

Marmor, T. R./Christianson, J. B.: "Health Care Policy. A Political Economy Approach", Beverly Hills 1982

Marsden, P. V./Laumann, E. O.: "Collective action in a community elite: exchange, influence resources, and issue resolution", in: Liebert/Imersheim (Hrsg.), Power, Paradigms, and Community Research, London 1977

Marsden, P. V./Lin, N.: "Social Structur and Network analysis", Beverly Hills 1982

Mayntz, R.: "Political Intentions and Legal Measures: The Determinants of Policy Decisions", in: Dainith (Hrsg.), Law as an Instrument of Economic Policy: Comparativ and Critical Approaches, 1988

Meier, K.: "Emile Durkheims Konzeption der Berufsgruppen", 1984

Melbeck, C.: "Kommunale Machtstruktur und Community Power Structure", Kiel 1987

Melbeck, C.: "Die Machtsruktur deutscher und amerikanischer Städte in Abhängigkeit von institutionellen Rahmenbedingungen", Aus Politik und Zeitgeschichte, 25/90

Melzer, M.: "Vorbereitung und Gestaltung der Ausschußarbeit durch die Fraktionen", in: Schneider/Zeh (Hrsg.), Parlamentsrecht und Parlamentspraxis, Berlin 1989

Mengel, H. J.: "Die Funktion der parlamentarischen Anhörung im Gesetzgebungsprozeß", DÖV, 1983

Meyer, J. W./Rowan, B.: "Institutionalized organizations: formal structure as myth and ceremony", American Journal of Sociology 83", 1977

Mickel, W.: "Handlexikon zur Politikwissenschaft", 1986

Miliband, R.: "The State in Capitalist Society", London 1969

Milbrath, L. W.: "The Washington Lobbyists", Chicago 1963

Moe, T. M.: "On the scientific status of rational models", American Journal of Political Science 23, 1979

Müller-Jentsch, W. et al.: "Beiträge zur Soziologie der Gewerkschaften", Frankfurt 1979

Müller-Jentsch, W.: "Soziologie der industriellen Beziehungen", Frankfurt 1986

Müller-Rommel, F.: "Interessengruppenvertretung im Deutschen Bundestag", in: Thaysen/Davidson/Livingston (Hrsg.), US-Kongress und Deutscher Bundestag, 1988

Naschold, F./Narr, F. W.: "Theorie der Demokratie", in: Einführung in die moderne politische Theorie, Bd. 3, Stuttgart 1971

Nipperdey I, Stand Januar 1987)

Nipperdey II, Stand Februar 1988

Nuscheler, F./Steffani, W.: "Pluralismus", 1972

Oberndörfer, D.: "Zur Typologie der Verbände", 1977

Offe, C./Ronde: "Theses on the theory of the state", New German Critique 6, 1975

Olson, M.: "The Logic of Collective Action", Cambridge 1965

Ornstein, N. J./Elder, S.: "Interest Groups, Lobbying and Policymaking", Washington 1978

Pappi F.U.: "Methoden der Netzwerkanalyse", München 1988

Pappi F. U.: "Political Exchange in the American and German Labor Policy Domain", unveröff. Manuskript, Köln 1989

Pappi, F. U./Kappelhoff, P.: "Abhängigkeit, Tausch und kollektive Entscheidung in einer Gemeindeelite", Zeitschrift für Soziologie 13, 1984

Pappi, F. U./Melbeck, C.: "Das Machtpotential von Organisationen in der Gemeindepolitik", Kölner Zeitschrift für Soziologie und Sozialpsychologie 3, 1984

Parsons, T.: "An outline of the social system", in: Parsons/Shils/Naegele/Pitts (Hrsg.), Theories of Society: Foundation of Modern Sociological Theory, New York 1961

Parsons, T.: "On the concept of influence", Public Opinion Quarterly, 1963

Parsons, T.: "On the concept of political power", American Philosophical Society 107, 1963

Parsons, T.: "On the concept of value-commetments", Sociological Inquiry 38, Nr. 2, 1968

Parsons, T./Shils, E./Naegele, K. P./Pitts, J. R.: "Theories of Society: Foundation of Modern Sociological Theory", New York 1961

Pike, F./Stritch, T.: "The New Corporatism. Social Political Structures in The Iberian World", London 1974

Pool, I. d. S.: "Tracking the flow of information", Science 221, 1983

Poulantzas, N.: "State, Power, and Socialism", London 1978

Ragin, C./Coverman, S./Hayward, M.: "Major labor disputs in Britain, 1902-1938: the relationship between resource expenditure and outcome", American Sociological Review 47, 1982

Rainey/Milward: "Public Organizations: Policy Networks and Environment", in: Hall/Quinn (Hrsg.), Organizational Theory and Public Policy, London 1983

Richardson, J./Jordan, A.: "Overcrowded Policy-Making. Some British and European Reflections", Policy Science 15, 1983

Rogers et al.: "Interorganizational Coordination: Theory, Research, and Implementation", Ames 1982

Sabatier, P.: "Knowledge, Policy-Oriented Learning, and Policy Change: An Advocacy Coalition Framework", Knowledge: Creation, Diffusion, Utilization 8, 1987

Salisbury, R. H.: "Interest Group Politics in America", New York 1970

Salisbury, R. H.: "Interest representation: the dominance of institutions", American Political Science Review 78, 1984

Scamenta, E. A./Skocpol, T.: "States and Social Policies", Annual Review of Sociology 12, 1986

Scase, R.: "Industrial Society. Class, Cleavage and Control", London 1977

Scharpf, F. W.: "Interorganizational Policy Studies: Issues, Concepts and Perspectives", in: Hanf/Scharpf (Hrsg.), Interorganizational Policy Making. Limits to Coordination and Central Control, 1977

Schindler, P.: "Datenhandbuch des Deutschen Bundestags 1949-1982, Bonn 1983

Schindler, P.: "30 Jahre Deutscher Bundestag. Dokumentation, Statistik, Daten", in: Deutscher Bundestag (Hrsg.), Datenhandbuch zur Geschichte des Deutschen Bundestags 1980 bis 1984, Baden-Baden 1986

Schindler, P.: "Öffentliche Anhörungen und Aktuelle Stunden des 6. Deutschen Bundestags", Das Parlament 1, 1973

Schindler, P.: "Datenhandbuch zur Geschichte des Deutschen Bundestags 1980 bis 1987", Bonn 1988

Schlozman, K. C./Tierney, J. T.: "Organized Interests and American Democracy", New York 1986

Schmitter, P. C.: "Still the Century of Corporatism", in: Pike/Stritch, The New Corporatism. Social Political Structures in The Iberian World, London 1974

Schmitter, P. C.: "Modes of Interest Intermediation and Models of Societal Change in Western Europe", Comparative Political Studies 10, no.1, 1977

Schmitter, P. C.: "Interest Intermediation an Regime Governability in Contemporary Western Europe and North America", in: Berger (Hrsg.), Organizing Interests in Western Europe. Pluralism, corporatism, and the transformation in politics, Cambridge 1981

Schneider, H.: "Gesetzgebung. Ein Lehrbuch", Heidelberg 1982

Schneider, V.: "Politiknetzwerke der Chemikalienkontrolle", Berlin 1988

Schneider V.: "Technikentwicklung zwischen Politik und Markt: Der Fall Bildschirmtext", Franfurt/New York 1989

Schneider, H. P./Zeh, W.: "Parlamentsrecht und Parlamentspraxis", Berlin 1989

Shrum, W./Wuthnow, R.: "Reputational Status of Organizations in Technical Systems", American Journal of Sociology 93, 1988

Schüttemeyer, S. S.: "Öffentliche Anhörungen", in: Schneider/Zeh (Hrsg.), Parlamentsrecht und Parlamentspraxis, Berlin 1989

Simon, H. A.: "Administrativ Behavior: A Study of Decision-Making Processes in Adminstrative Organization", New York 1957

Simon, H./Smithburg, D./Thompson, V.: "Public Adimnistration", New York 1950

Söllner, A.: "Grundriβ des Arbeitsrechts", München 1987

Steffani, W.: "Parteien (Fraktionen) und Ausschüsse im Deutschen Bundestag", in: Thaysen/Davidson/Livingston (Hrsg.): US-Kongreβ und Deutscher Bundestag, Opladen 1988

Streeck, W./Schmitter, P. C.: "Community, market, state - and associations ?", in: Streeck/Schmitter (Hrsg.), Private Interest Government, London 1985

Streeck, W./Schmitter, P. C.: "Private Interest Government", London 1985

Schwarz, J./Winship, C.: "Welfare approach to measuring inequality", in: Schuessler (Hrsg.), Sociology Methodology, San Francisco 1980

Szaniawski, I.: "Problems of Formalization in the Social Science", 1977

Thomas, G. M./Meyer, J. W.: "The expansion of the state", Annual Review of Sociology 10, 1984

Thaysen, U./Davidson, R./Livingston, R.: "US-Kongress und Deutscher Bundestag", Opladen 1988

Tilly, C.: "From Mobilization to Revolution", Addison-Wesley 1978

Truman, D. B.: "The Governmental Process", New York 1951

Useem, M.: "The Inner Circle: "Large Corporations and Business Politics in the United States and the United Kingdom", New York 1983

Vieler, A.: "Interessen, Gruppen und Demokratie", Tübingen 1986

Voelzkow, H./Hilbert, J./Heinze, R. G.: "Regierung durch Verbände - am Beispiel der umweltschutzbezogenen Techniksteuerung, PVS 1 (Jg. 28), 1987

Walker, J. L.: "The origins and maintenance of interest groups in America", American Political Science Review 77, 1983

Weber, W.: "Das Kräftesystem in der wohlfahrtsstaatlichen Demokratie", in: Nuscheler/Steffani (Hrsg.), Pluralismus, München 1972

Weber J.: "Die Interessengruppen im politischen System der Bundesrepublik Deutschland", Stuttgart 1977

Weber, M.: "Wirtschaft und Gesellschaft", Köln 1964 (Erstveröffentlichung Tübingen 1921, 1922)

Weitbrecht/Berger: "Zur Geschichte der Arbeitsbeziehungen: Deutschland, Österreich, Schweiz", in: Endruweit et al. (Hrsg.), Handbuch der Arbeitsbeziehungen, Berlin 1985

Wessels, B.: "Öffentliche Anhörungen, informelle Kontakte und innere Lobby in wirtschafts- und sozialpolitischen Parlamentsausschussen", Das Parlament 2, 1987

Wiesenthal, H.: "Die Konzertierte Aktion im Gesundheitswesen: Ein korporatistisches Verhandlungssystem der Sozialpolitik", in: v. Alemann (Hrsg.), Neokorporatismus, Frankfurt/New York 1981

Windhoff-Héritier, A.: "Policy-Analyse", Frankfurt 1987

Winkler, J.: "The Corporatist economy. Theory and Administration", in: Scase/Richard (Hrsg.), Industrial Society. Class, Cleavage and Control, London 1977

Winkler, J.: "The Industrial State and Corporatism", in: Klages (Hrsg.), Beiträge der Organisationsforschung zur Analyse industrieller Gesellschaften, Berlin 1979

VIII. Anhang

ORGANISATIONSLISTE

I. Arbeitnehmer-, Beamtenverbände, Betriebsräte

CGB	Christlicher Gewerkschaftsbund
DAG	Deutsche Angestellten-Gewerkschaft
DBB	Deutscher Beamtenbund
DGB	Deutscher Gewerkschaftsbund
GEW	Gewerkschaft Erziehung und Wissenschaft
GGLF	Gewerkschaft Gartenbau, Land- und Forstwirtschaft
HBV	Gewerkschaft Handel, Banken und Versicherungen
NGG	Gewerkschaft Nahrung, Genuß, Gaststätten
ÖTV	Gewerkschaft Öffentliche Dienste, Transport und Verkehr
GTB	Gewerkschaft Textil-Bekleidung
IGBSE	Industriegewerkschaft Bau - Steine - Erden
IGCh	Industriegewerkschaft Chemie - Papier - Keramik
IGM	Industriegewerkschaft Metall
ULA	Union der Leitenden Angestellten
BrDB	Gesamtbetriebsrat der Daimler-Benz
BrMAN	Betriebsrat MAN-Werk, Salzgitter
BrHÖSH	Betriebsrat der Hoesch Stahl AG, DO
BrVW	Betriebsrat des VW-Werkes, Wolfsburg

II. Wirtschafts-, Arbeitgeberverbände, Einzelunternehmen

ASU	Arbeitsgemeinschaft selbständiger Unternehmer
BAG	Bundesarbeitsgemeinschaft der Mittel- und Großbetriebe des Einzelhandels e.V.
BgsLBS	Bundesgeschäftsstelle Landesbausparkassen
BvDB	Bundesverband Deutscher Banken

BVI	Bundesverband Deutscher Investment-Gesellschaften
BvD	Bundesverband Druck
BvZ	Bundesverband Zeitarbeit-Dienstleistungen auf Zeit
BDI	Bundesverband der Deutschen Industrie
BDA	Bundesvereinigung der Deutschen Arbeitgeberverbände
DBäV	Deutscher Bäderverband
DHG	Deutscher Hotel- und Gaststättenverband
DIHT	Deutscher Industrie- und Handelstag
DSG	Deutscher Sparkassen- und Giroverband
Gesmet	Gesamtverband der metallindustriellen Arbeitgeberverbände
HDE	Hauptgemeinschaft des Deutschen Einzelhandels
HDB	Hauptverband der Deutschen Bauindustrie
VPBsp	Verband der Privaten Bausparkassen
PKV	Verband der Privaten Krankenversicherung
ZDB	Zentralverband des Deutschen Baugewerbes
ZDH	Zentralverband des Deutschen Handwerks
DB	Deutsche Bundesbahn
DBenz	Firma Daimler Benz, Stuttgart
VMAN	Vorstand der MAN AG, Augsburg
DBV	Deutscher Bauernverband

III. Kommunale Spitzenverbände, Öffentliche Arbeitgeber

BvKS	Bundesvereinigung der Kommunalen Spitzenverbände
DL	Deutscher Landkreistag
DS	Deutscher Städtetag
DStGB	Deutscher Städte- und Gemeindebund
TGdL	Tarifgemeinschaft deutscher Länder
VKA	Vereinigung der kommunalen Arbeitgeberverbände

IV. Gesundheitswesen

BÄK	Bundesärztekammer
DKG	Deutsche Krankenhaus-Gesellschaft
FdV	Fachvereinigung der Verwaltungsleiter Deutscher Krankenanstalten
HB	Hartmannbund
KBV	Kassenärztliche Bundesvereinigung
MB	Marburger Bund
VDBW	Verband Deutscher Betriebs- und Werksärzte

V. Sonstige Berufsverbände

BFB	Bundesverband der Freien Berufe
DAB	Deutscher Akademikerinnenbund
HLB	Hochschullehrerbund
DHV	Deutscher Hochschulverband
RAgb	Richterbund der Arbeitsgerichtsbarkeit

VI. Sozialversicherungsverbände, -behörden

AGfbA	Arbeitsgemeinschaft für betriebl. Altersversorgung
BA	Bundesanstalt für Arbeit
BK	Bundesknappschaft
BvBK	Bundesverband der Betriebskrankenkassen
BvIK	Bundesverband der Innungskrankenkassen
BvLK	Bundesverband der Landwirtschaftl. Krankenkassen
AOK-BV	Bundesverband der Ortskrankenkassen
BfA	Bundesversicherungsanstalt für Angestellte
GdLA	Gesamtverband der Landwirtschaftl. Alterskassen
HdGB	Hauptverband der Gewerbl. Berufsgenossenschaften
VDR	Verband Deutscher Rentenversicherungsträger
VdAK	Verband der Angestellten-Krankenkassen
AEV	Verband der Arbeiter-Ersatzkassen

VII. Kirchen und Wohlfahrtsverbände

BAGFW	Bundesarbeitsgemeinschaft der Freien Wohlfahrtspflege
AW	Bundesverband der Arbeiterwohlfahrt
DCV	Deutscher Caritasverband
DW	Diakonisches Werk der Evangelischen Kirche in Deutschland
EvFAM	Evangelische Aktionsgemeinschaft für Familienfragen
FDK	Familienbund der Deutschen Katholiken
KDB	Kommissariat der Deutschen Bischöfe
EKD	Rat der Evangelischen Kirche in Deutschland

VIII. Benachteiligtenverbände

BAGWfB	Bundesarbeitsgemeinschaft der Werkstätten für Behinderte
DBJR	Deutscher Bundesjugendring
DF	Deutscher Frauenrat
RKBSH	Reichsbund der Kriegsopfer, Behinderten, Sozialrentner und Hinterbliebenen
Vdk	Verband der Kriegs- und Wehrdienstopfer, Behinderten und Sozialrentner

IX. Fraktionen des Bundestages, Parteien, Parteivereinigungen

CDU-BT	CDU/CSU-Bundestagsfraktion
CDU-AS	CDU/CSU - Mitglieder des BT-Ausschuß für Arbeit und Sozialordnung
CDU-BV	Bundesvorstand der CDU
CSU-LL	Landesleitung der CSU
CDA	Sozialauschüsse der Christlich-Demokratischen Arbeitnehmerschaft Deutschlands

CDU-WR	Wirtschaftsrat der CDU
MIT	Mittelstandsvereinigung der CDU/CSU
SPD-BT	SPD - Bundestagsfraktion
SPD-AS	SPD - Mitglieder im BT-Ausschuß für Arbeit- und Sozialordnung
SPD-PV	Parteivorstand der SPD
AfA	Arbeitsgemeinschaft für Arbeitnehmerfragen
FDP-BT	FDP-Bundestagsfraktion
FDP-AS	FDP - Mitglieder im BT-Ausschuß für Arbeit- und Sozialordnung
FDP-BV	Bundesvorstand der FDP
GRÜ-BT	Bundestagsfraktion DIE GRÜNEN
GRÜ-AS	Mitglieder DIE GRÜNEN im BT-Ausschuß für Arbeit- und Sozialordnung
GRÜ-BV	Bundesvorstand DIE GRÜNEN

X. Bundesministerien

BMI	Bundesministerium des Innern (insbes. Abteilung D 'Beamtenrecht, Personalrecht')
BMJ	Bundesministerium der Justiz (insbes. Abteilung IV 'Öffentliches Recht')
BMF	Bundesministerium der Finanzen (insbes. Abteilung II 'Bundeshaushalt')
BMWI	Bundesministerium für Wirtschaft (insbes. Abteilung I 'Wirtschaftspolitik')
BMJFFG	Bundesministerium für Jugend,Familie,Frauenund Gesundheit (insbes. Abteilung V 'Familie und Soziales')
BMA	Bundesministerium für Arbeit und Sozialordnung (allgemein)
BMAI	Bundesministerium für Arbeit und Sozialordnung (Abteilung I 'Grundsatz und Planungsabteilung')

BMAII	Bundesministerium für Arbeit und Sozialordnung (Abteilung II 'Arbeitsmarktpolitik, Arbeitslosenversicherung, Ausländerpolitik')
BMAIII	Bundesministerium für Arbeit und Sozialordnung (Abteilung III 'Arbeitsrecht, Arbeitsschutz')
BMAIV	Bundesministerium für Arbeit und Sozialordnung (Abteilung IV 'Sozialversicherung, Sozialgesetzbuch')
BMAV	Bundesministerium für Arbeit und Sozialordnung (Abteilung V 'Gesundheit,Krankenversicherung')
BMAVI	Bundesministerium für Arbeit und Sozialordnung (Abteilung VI 'Kriegsopferversorgung, Versorgungsmedizin, Rehabilitation')
BMBW	Bundesministerium für Bildung und Wissenschaft

XI. Ländervertretungen (Bundesrat)

LVBW	Landesvertretung Baden-Württemberg
LVBay	Landesvertretung Bayern
LVBerl	Landesvertretung Berlin
LVBre	Landesvertretung Bremen
LVHH	Landesvertretung Hamburg
LVHe	Landesvertretung Hessen
LVNS	Landesvertretung Niedersachsen
LVNRW	Landesvertretung Nordrhein-Westfalen
LVRP	Landesvertretung Rheinland-Pfalz
LVS	Landesvertretung Saarland
LVSH	Landesvertretung Schleswig-Holstein

GESETZESVORHABEN UND GESETZENTWÜRFE VON 1983 BIS MITTE 1988

1983

1) 1. Juni: Einbringung in den BRat des Gesetzentwurfs von Berlin und Schleswig-Holstein zur *Neuregelung der Zuständigkeiten in der Arbeitsgerichtsbarkeit.*

2) 1. Juli: Stellungnahme des BRats zum Gesetzentwurf von Hessen zur *Bekämpfung der Wirtschaftskriminalität*: u.a. Freiheitsstrafe für unbefugte Überlassung von Leiharbeitnehmern.

3) 22. Juli: Einbringung in den BRat des Gesetzentwurfs der BReg "*Haushaltsbegleitgesetz 1984*": Kürzungen u.a. der Arbeitslosenhilfe, der Behindertensubventionen, des Mutterschaftsurlaubsgelds, der Eingangsbesoldung im öff. Dienst.

4) 12. Oktober: Öff. Anhörung des BT-Ausschusses ArbS zum Gesetzentwurf der BReg "*Förderung der Rückkehrbereitschaft von Ausländern*".

1984

5) 22. Februar: Öff. Anhörung des BT-Ausschusses ArbS zum Gesetzentwurf der BReg zur Erleichterung des Übergangs vom Arbeitsleben in den Ruhestand: *Vorruhestandsgeld.*

6) 29. März: 2. Lesung im BT des Gesetzesvorhabens der SPD "*Arbeitszeitgesetz*": Einbeziehung von Sonntagsarbeit in die 40-Stunden--Woche unter Beibehaltung des 8-Stunden-Tages.

7) 24. Mai: Öff. Anhörung des BT-Ausschusses ArbS zum Gesetzesvorhaben der SPD zur Änderung der Konkursordnung: Ansprüche aus dem Sozialplan als bevorrechtigte Konkursforderungen.

8) 27. Juni: Öff. Anhörung des BT-Ausschusses ArbS zum Gesetzentwurf von Rheinland-Pfalz und Schleswig-Holstein "*Änderung des Jugendarbeitschutzgesetzes*": u.a. flexible Gestaltung der täglichen Arbeitszeit.

9) 24. August: Einbringung in den BRat des Gesetzentwurfs der BReg *Beschäftigungsförderungsgesetz*: u.a. Möglichkeit der Befristung des Arbeitsverhältnisses.

10) 3. Oktober: Beratung des Gesetzesvorhabens der CDU/CSU und FDP zur Änderung dienstrechtlicher Vorschriften im BT-Ausschuß ArbS: *Nebentätigkeitsbegrenzungsgesetz*.

11) 14. November: Öff. Anhörung des BT-Ausschusses ArbS zum Gesetzesvorhaben der CDU/CSU und FDP "Arbeitsförderungs- und Rentenversicherungs-Änderungsgesetz: *Heraufsetzung des Anspruchs auf Arbeitslosengeld von 12 auf 18 Monate für ältere Arbeitslose*.

12) 12. Dezember: Anhörung des BT-Ausschusses ArbS zum Gesetzesvorhaben der SPD "*Sicherung der Gleichbehandlung von Männern und Frauen am Arbeitsplatz*": u.a. Beweislastverteilung zu Lasten des Arbeitgebers für die Beachtung des Diskriminierungsverbots im Streitfall.

1985

13) 14. Juni: 1. Lesung im BT des Gesetzentwurfs der BReg zur Verbesserung sozialer Maßnahmen in der Landwirtschaft (*3. Agrarsoziales Ergänzungsgesetz*).

14) 17. Oktober: 1. Lesung im BT des Gesetzesvorhabens der Grünen zum *Überstundenabbau*: Mehrarbeit nur bis zu 2 Stunden wöchentlich.

15) 23. Oktober: Öff. Anhörung des BT-Ausschusses ArbS zum Gesetzesvorhaben der CDU/CSU und FDP "Siebtes Gesetz zur Änderung des Arbeitsförderungsgesetzes": u.a. *Verbesserung von Instrumenten der beruflichen Bildung, leichterer Zugang zu ABM für Ältere.*

1986

16) 19. Februar: Öff. Anhörung des BT-Ausschusses ArbS zum Gesetzesentwurf der BReg "*Änderung des Schwerbehindertengesetzes*": Anpassung des Kündigungsschutzes an die allgemeinen Regelungen.

17) 10. März: Öff. Anhörung des BT-Ausschusses ArbS zur Gesetzesvorlage der BReg "*Sicherung der Neutralität der Bundesanstalt für Arbeit bei Arbeitskämpfen*"

18) 23. April: Öff. Anhörung des BT-Ausschusses ArbS zum Gesetzesvorhaben der SPD zum *Ausbau der betrieblichen Mitbestimmung* z.B. bei der Einführung und Anwendung neuer Technologien.

19) 15. Mai: 1. Lesung des Gesetzentwurfes der BReg zur Änderung des Berufsförderungsgesetzes: *Verlängerung der Förderung über betrieblicher Ausbildungsstätten* bis zum 31.12.1991.

20) 16. Mai: Einbringung in den BRat des Gesetzentwurfs der BReg zur *Entlastung landwirtschaftlicher Unternehmer von Beiträgen zur landwirtschaftlichen Sozialversicherung.*

21) 3. Juni: 1. Lesung im BT des Gesetzesvorhabens der SPD zur Aufhebung der Stichtagsregelung bei der Anrechnung von Kindererziehungszeiten in der Rentenversicherung (*Trümmerfrauen-Babyjahrgesetz*).

22) 24. September: Beratung des BT-Ausschusses ArbS über das Gesetzesvorhaben der SPD "*Sicherung der Montan-Mitbestimmung bei Änderung der Unternehmensstruktur*".

23) 22. Oktober: Öff. Anhörung des BT-Ausschusses ArbS zum Gesetzentwurf der BReg "2. *Vermögensbeteiligungsgesetz*": indirekte außerbetriebliche Beteiligung der Arbeitnehmer an mittelständischen Unternehmen.

24) 3. Dezember: Öff. Anhörung des BT-Ausschusses ArbS zum Gesetzesvorhaben der Grünen "*Gesetzliches Verbot der Aussperrung*".

25) 10. Dezember: 2. Lesung im BT des Gesetzesvorhaben der SPD "*Schutz der Teilzeitbeschäftigten*".

1987

26) 20. Februar: Stellungnahme des BRats zum Gesetzesentwurf von Nordrhein-Westfalen und Hessen zur beschäftigungswirksamen *Einschränkung der Leiharbeit*.

27) 22. Mai: 1. Lesung des Gesetzentwurfs der BReg im Bundestag zur *Verlängerung der Auslaufzeiten der Montan-Mitbestimmung* bei Konzernobergesellschaften bis zum 31.12.1988.

28) 14. Oktober: Öff. Anhörung des BT-Ausschusses ArbS zum Gesetzesvorhaben der CDU/CSU und FDP zur *Änderung des Arbeitsförderungsgesetzes*: u.a. Übernahme bestimmter Zielgruppen in das Benachteiligtenprogramm und in die Förderung nach dem Bildungsbeihilfengesetz.

1988

29) 9. März: Öff. Anhörung des BT-Ausschusses ArbS zum Gesetzesvorhaben der CDU/CSU und FDP zur Bildung von *Jugend- und Auszubildendenvertretungen* in den Betrieben.

30) 18. März: Einbringung in den BRat des Gesetzentwurfs der BReg zur *Vereinheitlichung der Meldepflicht* des Arbeitgebers über den Einzug des *Gesamtsozialversicherungsbeitrags*.

31) 11. Mai: Einbringungin den BRat des Gesetzentwurfs von Bremen, Nordrhein-Westfalen u. Saarland zur Einführung einer *Altersgrenze für die Zulassung als Kassenarzt*.

32) 23. Juni: 1. Lesung des Gesetzesvorhabens der CDU/CSU und FDP zur *Änderung des Betriebsverfassungsgesetzes: Sprecherausschüsse* der leitenden Angestellten, Unterrichtung des Betriebsrats bei *Einführung neuer Techniken*, Sicherung der *Montan-Mitbestimmung*.

FRAGEBOGEN

Interview-Nummer:____________ Organisations ID:____________

Organisationstyp:____

Ort des Interviews: Hauptsitz / Geschäftsstelle Bonn (neben Hauptsitz)

Interview-Partner:____
Titel bzw. Funktion:______________________________________
Telefon (dienstl.):_______________________________________

Zweiter Interviewpartner:_________________________________
Titel bzw. Funktion:______________________________________
Telefon (dienstl.):_______________________________________

Interviewer: ____________________
Datum: ____________________
Uhrzeit: ____________________
Ort: ____________________

Wie wir in unserem Brief und unserer Unterhaltung am Telefon erwähnt haben, untersuchen wir mit unserem Forschungsprojekt den Prozeß der Politikformulierung im Politikbereich "Arbeit" auf Bundesebene. Wir möchten uns heute mit Ihnen über den Politikbereich "Arbeit" auf Bundesebene unterhalten und über die Rolle, die... (*NAME DER ORGANISATION*) in diesem Prozeß gespielt hat. Da wir mit vielen Organisationen über den Politikbereich Arbeit sprechen, benutzen wir für unser Gespräch einen Fragebogen, um sicher zu sein, daß wir alle Fragen in der kürzest möglichen Zeit ansprechen.

I. TEILBEREICHE DES POLITIKFELDS "ARBEIT"

1. Bitte sehen Sie sich *LISTE A* in diesem Heft an.

(*HEFT ÜBERREICHEN*)

Dies ist unsere Liste der Teilbereiche des Politikfelds "Arbeit". Bitte kreuzen Sie für jeden Teilbereich an, wie stark Ihre Organisation (*VERBAND, FRAKTION, ABTEILUNG ETC.*) an dem Teilbereich interessiert ist,

5. sehr stark
4. stark
3. mittel
2. wenig
1. sehr wenig
0. kein Interesse

2. Wenn Sie an alle Ihre Aktivitäten zur Gestaltung und Beeinflussung der Politik auf Bundesebene denken, und zwar in allen Politikbereichen wie Innenpolitik, Außenpolitik usw., wieviel Prozent Ihrer Zeit verwenden Sie etwa für den Politikbereich "Arbeit"? Uns genügt eine grobe Schätzung.

____________%

3. Wir haben hier eine Liste von Organisationen zusammengestellt, die im Politikbereich Arbeit sehr aktiv sind.

(*LISTE B AUSHÄNDIGEN*)

Kreuzen Sie bitte die Nummern der Organisationen an, die besonders einflußreich sind.

3a. Kennen Sie noch andere Organisationen, die im Politikbereich "Arbeit" besonders einflußreich sind, die aber nicht auf unserer Liste stehen?

1. Ja
2. Nein

WENN JA:

3b. Welche?

____________________ ____________________

____________________ ____________________

4. Wenn Sie an die einzelnen Teilbereiche des Politikfelds "Arbeit" denken (*BEZUG LISTE A*), über welchen Teilbereich wissen *Sie* am besten Bescheid?

__________________________(Teilbereich)

5. Wenn Sie nur diesen Teilbereich - (*INTERVIEWER: SIEHE ANTWORT BEI FRAGE VIER*) - berücksichtigen, kreuzen Sie bitte die Nummern der Organisationen in *LISTE C* an, die in diesem Politikbereich besonders einflußreich sind.

II. INFORMATIONSAUSTAUSCH

6. Manchmal benötigt man Informationen über politische Fragen, die nur von anderen Organisationen bereitgestellt werden können. Sehen Sie sich bitte noch einmal die Teilbereiche im Politikfeld "Arbeit" an.

(*KARTE I AUSHÄNDIGEN*)

In welchem Teilbereich benötigt Ihre Organisation wichtige Informationen über politische Fragen, die Ihnen andere Organisationen geben können?

__________________________ (Teilbereich)

6b. Kreuzen Sie bitte alle Organisationen in *LISTE D* an, die *Ihnen* diese Art der Information geben.

7a. Andere Organisationen können sich auch an...(*ORGANISATIONSNAME*) wenden, um Informationen über bestimmte Teilbereiche zu erhalten. In welchem Teilbereich (*AUF KARTE I*) sind die Informationen, die Sie geben können, am wertvollsten für andere?

__________________________ (Teilbereich)

7b. Bitte kreuzen Sie alle Organisationen in *LISTE E* an, *denen Sie* diese Art Information geben.

III. STREITFRAGEN IM POLITIKFELD "ARBEIT"

8. Als nächstes wollen wir über die wichtigen Streitfragen im Politikbereich Arbeit sprechen, die (*ORGANISATIONSNAME*) betreffen. An welchen dieser Streitfragen war Ihre Organisation seit 1983 interessiert? Bitte kreuzen Sie in der *LISTE F* an, wie stark Ihre Organisation an dieser Streitfrage interessiert war. Falls Ihre Organisation nicht interessiert war, gehen Sie einfach zur nächsten Streitfrage über.

8a. Gibt es noch andere Streitfragen im Politikbereich Arbeit, an denen (*ORGANISATIONSNAME*) interessiert war? (*WENN JA*) Welche waren dies?

8b. Sagen Sie mir bitte, wie stark (*ORGANISATIONSNAME*) an dieser Streitfrage interessiert war.

(INTERVIEWER SCHREIBT DIE STREITFRAGE(N) AUF UND KREUZT DEN GRAD DES INTERESSES AN)

1.________________________	5	4	3	2	1	0
2.________________________	5	4	3	2	1	0
3.________________________	5	4	3	2	1	0
4.________________________	5	4	3	2	1	0
5.________________________	5	4	3	2	1	0

IV. EREIGNISSE IM POLITIKBEREICH ARBEIT

9. Jetzt möchte ich Ihnen einige Fragen über politische Entscheidungen im Politikbereich "Arbeit" stellen, die uns besonders interessieren. Um unsere Diskussion zu vereinfachen, haben wir in *LISTE G* einige Entscheidungen ausgesucht, die im Politikbereich Arbeit in den letzten Jahren wichtig gewesen sind.
Lesen Sie bitte die Liste ganz durch, und sagen Sie mir gleich durch Angabe der Ziffer, an welchen Entscheidungen Ihre Organisation interessiert war.

(INTERVIEWER KREUZT IN SEINEM HEFT II (EREIGNISAUF-STELLUNG) DIE ENTSCHEIDUNG AN)

10. Sie haben ______(*ZAHL*) Entscheidungen genannt. Wie ist es mit Entscheidung (*ZAHL*), sagen Sie mir bitte, wie stark das Interesse Ihrer Organisation an dieser Entscheidung war.

5. sehr stark
4. stark
3. mittel
2. wenig
1. sehr wenig oder
0. gar kein Interesse

9. weiß nicht

(INTERVIEWER KREUZT BEI FRAGE DER FOLGENDEN EREIGNISAUFSTELLUNG AN (HEFT II))

11. Wenn Sie bitte einmal zurückdenken, nahm Ihre Organisation an der Formulierung des Gesetzesvorschlags (bzw. der vorgeschlagenen Verordnung bzw. der Vorbereitung der Gerichtsentscheidung) teil?

1. Ja
2. Nein
3. weiß nicht

12. Und ist Ihre Organisation für oder gegen diese Entscheidung gewesen?

1. Dafür
2. Dagegen
3. Sowohl dafür als auch dagegen (*NICHT VORLESEN*)
5. Keine Position; nur Informationssammlung
9. weiß nicht

13. Welche der folgenden Aktivitäten haben Sie unternommen, um das Ergebnis der Entscheidung zu beeinflussen? Sagen Sie mir bitte alle Aktivitäten, die in Frage kommen.

(*KARTE II AN BEFRAGTEN AUSHÄNDIGEN*)

1. Formelle Kontakte mit Regierung, Parlament oder Gericht (Hearings, Beiratstätigkeit, Sachverständiger vor Gericht etc.);
2. Informelle Kontakte mit Ministerialen, zuständigen Beamten, Abgeordneten, Verbandsvertretern;
3. Öffentliche Stellungnahmen, um über die Massenmedien Ihren Standpunkt bekannt zu machen;
4. Mobilisierung der eigenen Mitglieder oder der Öffentlichkeit, um die zuständigen Institutionen zu beeinflussen;

5. Bildung von Koalitionen mit anderen Organisationen

14. (*WENN BILDUNG VON KOALITIONEN...GENANNT WURDE*)
Mit welchen Organisationen auf *LISTE H* haben Sie in einer Koalition zusammengearbeitet, um das gewünschte Ergebnis zu erzielen?

15. Wenn Sie an die Ziele Ihrer Organisation denken, würden Sie sagen, daβ Ihre Organisation

1. alle ihre Ziele erreicht hat,
2. die meisten ihrer Ziele,
3. etwa die Hälfte ihrer Ziele,
4. weniger als die Hälfte ihrer Ziele,
5. oder keines ihrer Ziele? (*BIS HIER VORLESEN*)
6. Keine Position; dafür u. dagegen; nur Informationssammlung
7. Streitfrage noch nicht entschieden
8. weiβ nicht

(*INTERVIEWER: FRAGEN 11-15 FÜR JEDE ENTSCHEIDUNG FRAGEN, DIE AUF LISTE G ANGEKREUZT WORDEN IST*)

V. INFORMATIONEN ÜBER DIE ORGANISATION

16. Wieviele Beschäftigte hat (*ORGANISATIONSNAME*)? ________
Wieviele davon sind Juristen? ________

WENN EIN VERBAND, FRAGE:

Wieviele Personen oder Organisationen sind Mitglieder von (*ORGANISATIONSNAME*)? ____________

FRAGE 16a BIS 16i NUR AN VERBÄNDE (ORGANISATIONSTYP I - VIII)

16a. Die meisten Organisationen haben jemanden, der für die Beziehungen zu Regierung und Parlament und zu anderen Organisationen in Fragen der Arbeitspolitik zuständig ist, die die Organisation betreffen. Wer ist der Hauptverantwortliche für diese Aktivität bei (*ORGANISATIONSNAME*) und wie ist sein oder ihr Titel?

____

____

16b. Hat (*ORGANISATIONSNAME*) Mitarbeiter, deren normale Aufgabe die Beobachtung der politischen Ereignisse in Bonn auf allen Gebieten der Bundespolitik ist, die für (*ORGANISATIONSNAME*) wichtig sind?

1. Ja (*WEITER MIT FRAGE 16C*)
2. Nein (*WEITER MIT FRAGE 16F*)

16c. Wieviele Mitarbeiter sind das?

____________Mitarbeiter

16d. Und wieviele Mitarbeiter beobachten das politische Geschehen in Bonn auf dem Gebiet des Politikbereichs "Arbeit"?

____________ Mitarbeiter

16e. Haben einige oder alle dieser Mitarbeiter ihren Sitz in Bonn?

1. Ja
2. Nein

16f. Hat (*ORGANISATIONSNAME*) Mitarbeiter, deren Hauptaufgabe die Sammlung oder Aufbereitung statistischer Informationen ist, die für Fragen im Politikbereich "Arbeit" relevant sind?

1. Ja (*WEITER MIT FRAGE 16G*)
2. Nein (*WEITER MIT FRAGE 16H*)

16g. Wieviele Mitarbeiter sind das?

_____________Mitarbeiter

16h. Hat (*ORGANISATIONSNAME*) ein Programm oder einen Zielkatalog, dessen Zweck es ist, Personen wie Mitarbeiter, Kunden, Mitglieder usw. zu aktivieren, um Abgeordnete in Streitfragen des Politikfelds "Arbeit" im Interesse von (*ORGANISATIONSNAME*) zu beeinflussen?

1. Ja
2. Nein

16i. Hat (*ORGANISATIONSNAME*) jemand, der für Öffentlichkeitsarbeit zuständig ist?

1. Ja
2. Nein

17. Normalerweise arbeitet der Stab einer Organisation für die eigene Organisation. Aber manchmal kann sich die Notwendigkeit ergeben, daß die Mitarbeiter teilweise für andere Organisationen arbeiten. Kommt das bei Ihnen vor?

1. Ja
2. Nein

(*WENN DER BEFRAGTE UNSICHER IST: DIES SCHLIEßT NICHT GEMEINSAME PROJEKTE ODER KOALITIONEN EIN, SONDERN NUR ARBEIT UNTER KONTROLLE DER ANDEREN ORGANISATION*)

17a. *WENN JA:*
Welchen anderen Organisationen stellen Sie in solchen Situationen Mitarbeiter zur Verfügung?

(*BITTE NUMMERN NACH LISTE H AUFSCHREIBEN*)

______ ______ ______ ______ ______ ______ ______

______ ______ ______ ______ ______ ______ ______

17b. Arbeiten Sie mit anderen Organisationen im Politikfeld "Arbeit" kontinuierlich in Arbeitsgemeinschaften oder Arbeitskreisen zusammen?

1. Ja
2. Nein
3. Weiß nicht

WENN JA:

17c. Welche Organisationen sind dies. Benutzen Sie bitte wieder *LISTE H*.

(*BITTE NUMMERN AUFSCHREIBEN*)

______ ______ ______ ______ ______ ______

______ ______ ______ ______ ______ ______

18a. Manchmal beteiligt sich eine Organisation an einer Entscheidung, die für sie von geringerer Bedeutung ist, um einer zweiten Organisation einen Gefallen zu tun. Die zweite Organisation wird der ersten dadurch verpflichtet und die erste Organisation kann später eine Erwiderung der Gefälligkeit erwarten.
Bitte sagen Sie mir wieder mit Hilfe der *LISTE H*, mit welchen Organisationen Sie derartige Beziehungen haben?

(*BITTE NUMMERN AUFSCHREIBEN*)

______ ______ ______ ______ ______ ______

______ ______ ______ ______ ______ ______

18b. Oft muß eine Organisation ihre Gründe für eine politische Entscheidung der Öffentlichkeit erklären. In solchen Fällen ist es hilfreich, wenn man breite politische Unterstützung von anderen Organisationen hat. Von welchen anderen Organisationen auf dieser

Liste hat Ihre Organisation in der Vergangenheit solche öffentliche Unterstützung erhalten?
(BITTE NUMMERN AUFSCHREIBEN)

_______ _______ _______ _______ _______ _______

_______ _______ _______ _______ _______ _______

19. Im Politikbereich "Arbeit" treten oft starke Konflikte auf. Einige Organisationen spielen die Rolle eines unparteiischen Vermittlers bei solchen Konflikten. Welchen Organisationen vertraut Ihre Organisation als unparteiischen Vermittlern in Konflikten, an denen Ihre Organisation beteiligt ist?

_______ _______ _______ _______ _______ _______

_______ _______ _______ _______ _______ _______

GPSR Compliance

The European Union's (EU) General Product Safety Regulation (GPSR) is a set of rules that requires consumer products to be safe and our obligations to ensure this.

If you have any concerns about our products, you can contact us on ProductSafety@springernature.com

In case Publisher is established outside the EU, the EU authorized representative is:

Springer Nature Customer Service Center GmbH
Europaplatz 3
69115 Heidelberg, Germany

Batch number: 10815974

Printed by Printforce, the Netherlands